Américas entre comillas. Crítica, cultura y pensamiento interamericanos

Esta colección propone reflexiones centradas en la pluralidad y singularidad de las Américas, sus imaginarios compartidos y divergentes, así como en aquellos espacios críticos que abren las prácticas culturales que las recorren. "Américas entre comillas" quiere promover así miradas no-polarizadas sobre y desde el hemisferio, y enfoques que resalten las dinámicas diferenciales interamericanas sin caer en la trampa del pensamiento (o)posicional. Partiendo de que ninguna entidad geopolítica es definitiva y de que es propio de los imaginarios desbordar sus límites, nos interesa alentar desde esta plataforma editorial contribuciones que conceptualicen las Américas en sus diferentes dimensiones, discursos, prácticas y proyecciones en el mundo.

Autores varios

Disonancias interamericanas

Barcelona **2024**
Linkgua-ediciones.com

Créditos

Título original: Disonancias interamericanas.

© 2024, Red ediciones S.L.
© Adriana López Labourdette
© Valeria Wagner
© Silvana Carozzi
© Santiago Juan-Navarro
© James Cisneros
© Agnieszka Soltysik Monnet
© Carl Good
© Víctor Silva Echeto
© Rodrigo Browne Sartori
© Cornelia Sieber
© Claudia Gronemann
© Fernando Iwasaki

e-mail: info@linkgua-ediciones.com

Diseño de cubierta: Red ediciones S.L.

ISBN tapa dura: 978-84-1126-466- 2.
ISBN rústica: 978-84-9007-000-0.
ISBN ebook: 978-84-9007-001-7.

Sumario

Américas entre comillas. Crítica, cultura y pensamiento interamericanos_____1

Créditos_____4

Introducción_____7

Las Américas y sus revoluciones: filosofías y vínculos interculturales _____17
Bibliografía_____35

La ciudad anarquista americana: Utopías libertarias en el Nuevo Mundo ____ 39
Las utopías libertarias_____45
La ciudad anarquista americana_____48
Bibliografía_____59

El recorrido mágico de la serpiente: Aby Warburg en las Américas.
Antecedentes y disonancias para una teoría del entre _____61
Introducción: primeras disonancias de rituales y de imágenes_____61
Segunda disonancia: entre las Américas y el psiquiátrico _____62
Bibliografía_____72

Antropofagia como transgresión cultural. Una estrategia de différance
(contraimperial) _____75
Introducción: prohibición/transgresión_____75
La différance como transgresión de las transgresiones _____76
La multitud y el contraimperio _____78
Transgresiones: abaporu-multitud-différance_____82
Bibliografía_____97

Topografía de la violencia/violencia mediática en el cine actual
latinoamericano (Cidade de Deus y Amores perros)_____ 99
Introducción_____99
Bibliografía_____128

Whitman en la frontera: el Álamo y la fragmentación lírica en «Canto a mí
mismo» _____ 129

Bibliografía _____ 149

Del cuerpo eléctrico a los oscuros circuitos del deseo. Literatura queer transnacional de las Américas _____ **151**
Bibliografía _____ 179

Ritmos urbanos. La ciudad contemporánea en el cine latinoamericano _____ **181**
Ritmos sin futuro _____ 191
Recepción e interculturalidad _____ 196
Bibliografía _____ 198

Practicar espacios. Estrategias de localización e identificación en Todo Caliban, El Portero y How the Garcia Girls Lost their Accents _____ **201**
Bibliografía _____ 223

Ningún lugar también es un lugar _____ **225**

Sobre las editoras y los colaboradores _____ **229**

Libros a la carta _____ **235**

Introducción

Japón, Nuevo Mundo, Indias, América, América Latina, Hispanoamérica, América del Norte, el Hemisferio Sur... las tierras americanas han sido una entidad múltiple y contagiosamente inestable desde que Europa tuvo a bien agregarle al mundo una «cuarta parte».[1] Conocida historia que ha sido contada una y otra vez en la literatura, el cine, la crítica, la teoría cultural; novelada por historiadores, filósofos, economistas, y que ha venido a constituir uno de los mitos de origen de la Modernidad y de aquella configuración mundial que Occidente imaginó definitiva pero que hoy se cuestiona con buena dosis de vehemencia y ansiedad.

Según esta historia, antes del «descubrimiento» de América el Mundo se dividía en lo desconocido y lo conocido. El «más allá» terrestre, sede de todo tipo de alteridades, se confundía con lo celestial, engendrando leyendas en un «más acá» incierto por el miedo a represalias divinas y a la amenaza de una repentina metamorfosis del Mundo en «otro», maléfico por desconocido. Con la emergencia de un Nuevo Mundo la faz de la Tierra cambió paulatinamente hasta llegar a representarse como un todo, pleno, asequible y estable en su totalidad. Durante este proceso de reajuste cosmogónico y epistemológico, Europa se posicionó al centro del Mundo, concibiendo al nuevo continente como un reflejo especular de sí misma, que completó al Viejo Mundo y selló la nueva configuración mundial. Es así que América, como propuso Edmundo O'Gormann (1958) hace más de medio siglo, no fue descubierta, sino inventada. Fue a la vez el revés, la sombra, el otro femenino, monstruoso o idealizado de Europa, pero también su traslación geográfica, su eco prehistórico, su utopía.

Basta, sin embargo, regresar a la multiplicidad de entidades proyectadas sobre el continente —y no olvidemos que hasta no hace mucho tiempo, «hacer las Américas» todavía se perfilaba como objetivo real para muchos inmigrantes— para constatar que el proceso de invención no fue concluyente, y aún menos pacífico, ya que lo rigieron tanto el poder violento de las armas como el no menos implacable de la representación. Frente a ellos, las Amé-

---

1. Véanse Edmundo O'Gorman, *La invención de América* [1958] (Mexico D.F.: Fondo de Cultura Económica, 1995); Enrique Dussel, *The Invention of the Americas: Eclipse of «the Other» and the Myth of Modernity* (Continuum Intl Pub Group, 1995); y Serge Gruzinski, *Les Quatre parties du monde, Histoire d'une mondialisation* (París, les éditions de La Martinière, 2004).

ricas —las imaginadas, pero también las practicadas— han opuesto continua resistencia. Partimos, entonces, de que no hubo —como suele presuponerse tácitamente— una simple imposición de un imaginario sobre una dócil realidad, como tampoco hubo una simple imposición de modelos económicos, políticos y sociales sobre pueblos vencidos y tierras vírgenes. Y más allá de los recurrentes relatos nacionales, no hubo tampoco, lo sabemos, una resistencia heroica de pueblos unidos, que desemboca en las naciones independientes y reestablece la armonía entre auténticas identidades americanas y sus representaciones. No se trata de un proceso unilateral, limpio de antagonismos y agotado en escenarios de conflictos maníqueos u ontológicos. Más bien, estamos ante la renovada no-coincidencia entre las proyecciones normativas de América y su materialidad histórica.

Es cierto que toda proyección y representación, así como sus correspondientes discursos, implican necesariamente una «disidencia» de lo real histórico y material respecto del imaginario que trata de normativizarlo o, al menos, insertarlo en un esquema de conocimiento ya existente. Incluso podríamos decir que lo real se manifiesta de manera más contundentemente «real» a través de su resistencia a los discursos que lo producen y lo legitiman en el marco de cada sociedad. Pero si lo real siempre «discrepa», en el caso de «América» su discrepancia está continuamente tematizada e ilustrada, hasta formar parte integrante de las conceptualizaciones y representaciones de lo americano. Colón veía y escuchaba lo que no existía ni tampoco se decía; Cortés omitía en sus relaciones lo que consideraba menos conveniente; Moctezuma vio llegar a Quetzacoátl, cuando quien llegaba solo era Cortés; los indígenas creyeron (o por lo menos los españoles creían que los indígenas creyeron) que los conquistadores eran dioses... y no lo eran. En todos estos lugares comunes de los relatos inaugurales de América, la existencia histórica y material se vislumbra a través de evidentes grietas en el discurso que la genera, o de la rotunda negación del imaginario por parte de los hechos.

Uno de los ejes principales de resquebrajamiento de las Américas imaginadas, proyectadas e idealizadas fue desde un principio, y sin duda sigue siéndolo, su interculturalidad. Desde los primeros encuentros y desencuentros se han opuesto y superpuesto diferentes cosmovisiones, formas de vida, códigos sociales, modos de organizar la percepción, principios generadores de sentido. Incluso asumiendo los puntos en común y las zonas de contacto generadas en el entrecruzamiento de estas visiones y versiones de las Américas, no cabe duda de que la multiplicidad de marcos culturales no solo no ha favorecido la producción de relatos compartidos y versiones estables de los acontecimientos, sino que también ha generado sospechas en torno a toda versión fija —oficial o no— tanto de la Historia como del presente. Ambos tiempos son particularmente difíciles de aprehender en un continente donde, como se señala repetidamente, coexisten regímenes económicos y organizaciones sociales aparentemente anacrónicos y mutuamente excluyentes en incómodas concurrencias de las que los diferentes grados de modernización y sus distintas temporalidades son solo los aspectos más discutidos. Quizás haya llamado menos la atención el ritmo con que esta complejidad histórica y material de las Américas se intensifica al compás de las interacciones entre los diferentes marcos culturales que se han movilizado para comprenderla y aglutinarla, tanto desde «dentro» —en el marco de relatos nacionales de integración cultural, o en las reivindicaciones de sus grupos étnicos— como desde «fuera» del continente.[2]

Las perspectivas «exógenas» que han alimentado y complejizado el imaginario americano merecen un apartado especial, porque han tenido un papel determinante en los procesos simultáneos de construcción y desconstrucción de las Américas. Para empezar, la invención de América post-colombina implica la negación de las perspectivas y visiones pre-colombinas, que solo perdurarán mediatizadas por la mirada occidental —en las transcripciones de las cosmogonías indígenas, en los tratados e historias de los frailes, en el sincretismo religioso, en los discursos nacionalistas, etc.—. Al mismo tiempo, junto al proceso de desintegración del «ecosistema» cultural americano precolombino, aparecen proyectos de conversión y unificación cultural al servicio de la empresa imperial: evangelización, unificación y control de las poblaciones, formación de la mano de obra indígena bajo nuevos cri-

---

2. En este sentido, habría que aclarar la tesis según la cual el realismo mágico se inspira en América latina de situaciones reales, en las que reina lo imprevisible e inesperado porque las instituciones que deberían prever el futuro y controlar los acontecimientos no logran hacerlo, con un análisis de las dificultades que encuentran dichas instituciones para aprehender tanto el pasado, como el presente cotidiano. En contextos de inestabilidad política y económica, cierto, pero también de interculturalidad, los hechos parecen desdoblarse, multiplicarse, a veces claramente en competición unos con otros, las más superpuestos y confundidos unos en otros. Se entiende entonces que el futuro sea tan elusivo como los relatos que deberían controlarlo.

terios de producción, por ejemplo. Estos proyectos generan a su vez —antes, después, durante— variados procesos de identificación con la realidad continental que poco a poco se traducen en reivindicaciones de miradas propiamente «americanas». Paralelamente, va creciendo el descontento de la élite criolla hasta cristalizar en visiones de una América ontológicamente autónoma a través de medidas radicales, como la expulsión de los jesuitas en el siglo xviii. Así, las miradas «endógenas» se alimentan de las perspectivas desde el exilio, como será el caso de los «padres de la patria» delineando los contornos del ser nacional desde el extranjero. En definitiva, a medida que lo nacional extiende su dominio sobre el imaginario americano, las Américas se construyen a partir de una perspectiva falsamente unitaria, compuesta, en definitiva, a partir de posiciones endógenas y exógenas superpuestas. Superposición que se intensifica y también se auto-revela con las tecnologías de la información y de la comunicación, la globalización de los mercados y los importantes flujos migratorios de los siglo xx y xxi, hacia y desde las Américas, que al sistematizar los tránsitos de adentro hacia afuera, permeabilizan culturas y perspectivas. Pensamos que las visiones fragmentarias y múltiples generadas por la continua migración están siendo no solo reconocidas sino también adoptadas por las culturas de origen —efecto, también, de los lazos económicos entre migrantes y sus familias—. Se trata, en nuestra opinión, de visiones (y discursos) complementarios, que, como aquellas piezas de un jarrón roto con las que Walter Benjamin ilustraba la relación entre los idiomas en su ensayo sobre "la tarea del traductor", es preciso poner en contacto partiendo de la imposibilidad de reconstruir el objeto «original», cuya dudosa existencia solo podría conducir a que las dispersas piezas cobren sentido y valor al relacionarse entre sí.[3]

De lo anterior se desprende que los conflictos entre las proyecciones normativas de América y su materialidad histórica no se circunscriben a sus relatos inaugurales, sino que recorren las incontables historias del continente, desde que éste integra y reajusta la cosmogonía europea hasta la actualidad. En alternancia o superposición se han ido multiplicando los marcos culturales mediadores entre la experiencia y el conocimiento de «la realidad americana». La serie es extensa y abarca desde utopías, revoluciones, independencias y constituciones nacionales hasta los nuevos mercados y for-

---

3. Véase Walter Benjamin, «La tarea del traductor» [1923], en *Angelus Novus*, Barcelona, Edhasa, 1971.

mas de gobierno; tentativas todas de disciplinar las socializaciones y formas de vida americanas que han encontrado —y todavía encuentran— no solo resistencias conscientes y organizadas, sino prácticas sociales y culturales destinadas a cuestionar la aplicabilidad de los modelos proyectados sobre las esferas socioeconómicas y políticas americanas. Más allá de la no comprobable validez de los modelos en cuestión, estas resistencias indican la existencia de varios imaginarios que pugnan por dominar sobre el resto y por llegar a gestionar lo real; o bien, para formularlo de manera menos agonística, la de imaginarios que negocian las condiciones de su coexistencia.

En la misma medida en que las tentativas de normativizar las realidades americanas han suscitado tensiones y negociaciones entre diferentes imaginarios, así también el empeño de «disciplinar» a las Américas en campos de estudios autónomos ha producido varios mapas conceptuales en compleja interacción. En el campo de los estudios literarios, particularmente, las respectivas literaturas americanas fueron estructuradas durante mucho tiempo según criterios coloniales y nacionales, asentados a su vez en modelos identitarios concluyentes de la cultura. En esta organización «colonial-nacional», las Américas se dividen a partir de las fronteras y los paradigmas culturales otrora impuestos por las potencias colonizadoras provenientes de Europa y reproducidas en gran medida después de las Independencias. Surge así un espacio interamericano fragmentado básicamente sobre un esquema de diferenciaciones lingüísticas, que supuestamente funda las identidades culturales, pero que en última instancia naturaliza las divisiones políticas del continente. Incluso los «Area Studies», originados durante la Guerra Fría y marcados por su correspondiente cosmovisión, a pesar de haber sido concebidos para reemplazar formalmente el marco colonial y nacional de las cartografías americanas, se construyeron a partir de la polarización Norte-Sur, sumando una capa más a los sedimentos identitarios anteriores. Por vías más o menos violentas, hemos aprendido, sin embargo, que tanto los criterios «coloniales-nacionales» como el eje dicotómico Norte-Sur no logran dar cuenta de gran parte de la producción cultural de las Américas, ya sea porque excluyen a grupos y actividades culturales importantes (idiomas y pueblos indígenas, culturas de los márgenes o expresiones fronterizas), ya sea porque fracasan al ser confrontadas con constelaciones identitarias y culturales movedizas, como la de los «latinos» en Estados Unidos o las formaciones nacionales caribeñas, para poner solo dos ejemplos.

A partir de los años ochenta, a medida que se van cuestionando los principios y políticas de identidad, se van afirmando concepciones diferenciales de las Américas, interesadas más en las interacciones entre los diferentes espacios culturales y políticos americanos que en constituir dichos espacios en armonía con los imperativos geopolíticos e ideales identitarios. Miradas sobre lo americano que no ignoran la vigencia de las plurales conceptualizaciones de las Américas, y suelen movilizarlas en la elaboración de un enfoque o problemática transversal. Pensemos, por ejemplo, en los estudios culturales, tal como los desarrollan Carlos Rincón, Beatriz Sarlo o Hermann Herlinghaus y también en los estudios hemisféricos, implementados por el Instituto Hemisférico de Performance y Política, en donde las categorías coloniales, nacionales pero también estéticas alimentan la reflexión crítica sobre los nexos entre estas prácticas culturales y la esfera pública en toda su amplitud. De estos enfoques, que hemos llamado «diferenciales», nos interesa su reconocimiento tanto de la importancia histórica y política de las tentativas de «disciplinar» el campo de estudios de las Américas, así como las circunstancias y condiciones de su fracaso. Todos ellos se esfuerzan por inscribirse críticamente dentro de la discordancia fundadora y productiva del imaginario de las Américas, y sobre las múltiples formas en que lo real actúa a la vez como resistencia y motor.

Disonancias interamericanas pretende contribuir a estos estudios diferenciales e interculturales de las Américas con propuestas particulares sobre las discrepancias, diferencias y discordias que generan las proyecciones, afirmaciones o declaraciones de lo americano. Para subrayar la coexistencia de discursos, así como sus vínculos e interacciones, hemos recurrido a la metáfora de la «disonancia», que evoca, por un lado, aquella, conocida, del contrapunteo como modo de articulación entre diferentes imaginarios y realidades, y por otro, el carácter constitutivo —abierta o subrepticiamente— de todo acorde dentro de un coro general. En alguno de sus escritos, Mijaíl Bajtín, teórico de la polifonía y del dialogismo, propone que toda frase es una respuesta, una intervención más en una conversación que remonta a los orígenes del lenguaje y de las formas de socialización que conocemos. No exista quizás un público capaz de gozar del efecto global de esta performance histórica y mundial, pero sí podrá el lector, como se verá en los ensayos que aquí ofrecemos, apreciar el juego de armonías entrelazadas, a veces bien orquestado y sereno, otras veces –tal vez las más– bullicioso y caótico.

Todos estos ensayos abordan de una manera u otra las disonancias producidas por los diferentes imaginarios, así como aquellas que surgen de las resistencias de lo real frente a los discursos que lo representan y lo norman. Como hemos sugerido previamente, tanto las diferencias entre los imaginarios y discursos como las resistencias que éstos generan están estrechamente vinculadas en las Américas, a su historia de relaciones interculturales, desplazamientos y disfracciones. Los autores de esta colección leen la historia de estas relaciones como procesos de diferenciación interamericana. Dentro de este marco, Silvana Carozzi propone una lectura del papel que tuvieron las teorías políticas europeas en el pensamiento independentista argentino y estadounidense, demostrando, por un lado, que estas teorías vienen a llenar un «vacío descriptivo» más que teórico, y por otro lado, que las naciones imaginadas a partir de ellas no corresponden a los efectivos impulsos revolucionarios. Junto al auge de las identidades nacionales se hace visible entonces una discrepancia fundamental entre la descripción y su objeto, así como entre la proyección y la realidad americana, que en el caso de Argentina, según Carozzi, parece apoyarse en la fe no-razonada en el poder performativo de la constitución.

Santiago Juan-Navarro prosigue con otro trazado del hiato entre proyección y articulación social efectiva en su artículo «La ciudad anarquista americana: Utopías libertarias en el Nuevo Mundo». En los casos que investiga Navarro, las tentativas de fundar nuevos cuerpos sociales y políticos (así como nuevas formas de vida) se apoyan en prácticas sociales ya existentes y no en la tácita creencia en el poder de auto-realización de las ideas. Sin embargo, los proyectos fracasarán, según Navarro, porque las poblaciones dependen económicamente de otras ciudades y naciones, cuyo funcionamiento no permite la existencia de alternativas «no alineadas». Al mismo tiempo, dichos fracasos señalan la existencia de un tejido de relaciones interamericanas que, si bien limita la autonomía de proyectos políticos puntuales y marginales, también intensifica la interdependencia e interculturalidad de los espacios americanos. En este sentido, los destinos desafortunados de los proyectos utópicos americanos no indican solo la predominancia de una lógica económica sobre regímenes políticos minoritarios, sino que también anticipan la importancia que cobrarán los procesos interculturales en el pensamiento político de las Américas y en las concepciones de la cultura en general.

Víctor Silva Echeto desarrolla este último punto en "El recorrido mágico de la serpiente: Aby Warburg en las Américas. Antecedentes y disonancias para una teoría del *entre*", en el que introduce el trabajo de Aby Warburg, bibliófilo peculiar y sorprendente historiador del arte que practicó un enfoque científico interdisciplinario, inter-categorial e "inclasificable", conocido como "la ciencia sin nombre". En diálogo con Serge Gruzinski, Silva Echeto pone en relación la teoría del *entre* que, según su argumento, subyace en la ciencia de Warburg, con el conocimiento de la cultura Hopi en América del Norte y los criterios que de ésta pueden derivarse para evaluar los contactos e intercambios entre las cosmologías "primitivas" y el pensamiento tecnocientífico. Como lo demuestra Silva Echeto, la mentalidad liminal —entre lógica y mágica— de los Hopi y su práctica científica "sin nombre" permiten a Warburg reconocer "la potencia esquizofrénica" de las prácticas culturales en general. De aquí, entonces, la necesidad de desarrollar metodologías y enfoques "cruzados" para entender ese particular substrato intercultural americano que cuestiona la tradicional supremacía interpretativa tradicionalmente otorgada al conocimiento occidental, en realidad muchas veces incapaz de asimilar los espacios y hiatos entre las culturas.

Rodrigo Browne Sartori, por su parte, prosigue con una teorización de la interculturalidad en su ensayo «Antropofagia como transgresión cultural. Una estrategia de *différance* (contraimperial)». Browne Sartori elabora el potencial radical del pensamiento antropófago, que teoriza las prácticas interculturales como formas de resistencia a los modelos económicos e ideológicos asimilados al capitalismo y al imperialismo, e incluso como fuerza generadora de prácticas sociales y económicas inéditas. En la práctica intercultural antropófaga, el consumo —del que dependen el Capital y el Imperio— se convierte en un proceso de absorción creativa del «otro», mediante el cual surgen «otras» Américas, alimentadas por las mismas fuerzas deshumanizantes que amenazan a la multiplicidad humana.

El análisis de la violencia en el cine latinoamericano actual que nos ofrecen Claudia Gronemann y Cornelia Sieber [«Topografía de la violencia/violencia mediática en el cine actual latinoamericano (*Cidade de Deus* y *Amores perros*)»] cobra un nuevo matiz después de la invitación de Browne Sartori a reanudar la reflexión sobre cultura, mercado, imperio y alteridad a partir de la metáfora de la antropofagia. Las películas que analiza el artículo ejemplifican

14

la ambigüedad de los mecanismos de recuperación y asimilación del otro: ambas problematizan el tópico de la violencia que ha venido a representar la realidad cotidiana latinoamericana en el mercado del cine. Igualmente, esta vertiente cinematográfica se sirve de ella para mediatizarse y acceder al público masivo, reproduciendo incluso la experiencia de la violencia irreflexiva. Al brindarle al espectador la violencia «latinoamericana» que espera, las películas se ofrecen como un producto más que refuerza una recepción consumista en vez de crítica. Pero, al poner en evidencia, como argumentan Gronemann y Sieber, las técnicas de escenificación de la violencia usadas en los medios, también oponen cierta resistencia al consumo acrítico y marcan, a través de dicha experiencia, la polifacética alteridad de la realidad americana. Las películas se proponen, de ese modo, como objetos de consumo portadores de un remanente inasimilable que genera reflexión.

Los artículos de Carl Good y de Agnieszka Soltysik se orientan hacia la tradición literaria del continente y contribuyen a identificar el tejido intertextual de las «otras» Américas desechadas por el imaginario polarizante que se complace en dividir al continente en Norte y Sur. En «Whitman en la frontera: el Álamo y el drama lírico en "Canto a mí mismo"», Good examina el lugar del poeta norteamericano en la crítica literaria latinoamericana y pone en evidencia la dinámica de «desencuentro» que, por un lado, le impide a los críticos leer atentamente sus textos y, por otro, los obliga a consagrar la figura del poeta desde el hiato Norte-Sur. Según Good, sin embargo, la poesía de Whitman lejos de proponer una visión polarizada de las Américas establece fuertes vínculos interculturales entre los dos hemisferios. La América que Carl Good lee en el «Canto a mí mismo» de Whitman se caracteriza por su imprevisibilidad e indeterminación: es un proyecto político abierto que ni la pluma ni la visión logran capturar. Asimismo, la genealogía literaria e interamericana *queer* que propone Agnieszka Soltysik en su artículo «Del cuerpo eléctrico a los oscuros circuitos del deseo», sugiere que ninguna de las tantas «otras» Américas que se perfilan y se desdibujan a lo largo de nuestras lecturas se cierra sobre sí misma. Partiendo también de la figura emblemática de Whitman, Soltysik traza los diálogos y filiaciones entre poetas americanos del Norte y del Sur, y sus figuraciones de las emergentes —en tanto van cobrando visibilidad— prácticas *queer*. Asumiendo que la legislación de la sexualidad es uno de los ejes estructurantes de toda «forma de vida» organizada, el enfoque de Soltysik pone en evidencia la existencia de un tramado de contra-socializaciones y nuevas socializaciones que, por inscribirse dentro del marco americano, desentonan con los discursos normativos de las Américas.

Los tres últimos ensayos analizan y ejemplifican discursos y enfoques de lo que podríamos llamar la condición «post-normativa» de las Américas interculturales. Por ella entendemos la situación de coexistencia que no constituye una socialización intercultural «integrada» —basada en la comunicación y en los significados compartidos, en la idea de un futuro, de una historia común o de un horizonte de objetivos que se percibe como tal—, sino en la experiencia de un presente que elude la articulación discursiva. En esta línea se ubican las grandes ciudades latinoamericanas, que llaman la atención de James Cisneros, cuyos márgenes y periferias no entran en el modelo de la «ciudad letrada», zurcada por significados prescriptivos. Igualmente, los sujetos migrantes, cuya problemática identidad y posicionamiento en un ámbito extranjero examina Adriana López Labourdette se inscriben en esta problemática. En «Ritmos urbanos. La ciudad contemporánea en el cine latinoamericano», Cisneros resalta el interés de la metáfora del «ritmo» para dar una visión o impresión del conjunto «desfasado» que es la realidad urbana. Ciudades practicadas en una realidad investigada por Cisneros a partir de películas que, atentas a «la opacidad de la mediación entre lo actual y lo ideal», permiten vislumbrar los matices de las mediaciones y de la inmediatez que constituyen la urbe «contemporánea». Por su parte, en «Practicar espacios. Estrategias de localización e identificación en *Todo Caliban*, *El portero* y *How the García Girls Lost Their Accents*», López Labourdette traza el proceso de invención de espacios y tiempos interamericanos, a partir de las subjetividades de migrantes que deben situarse en tanto sujetos interculturales y cuestionar por ende la noción de identidad cultural y sus parámetros tradicionales. Cierra finalmente este compendio de voces y puntos de vista «Ningún lugar es también un lugar», de Fernando Iwasaki, una suerte de manifiesto a favor de identidades compuestas, que despertará trémulos ecos en sus lectores migrantes o en quienes, como nosotras, estén tras la búsqueda de réplicas decorosas a los comentarios sobre su involuntaria, pero también preciada, «otredad».

ADRIANA LÓPEZ LABOURDETTE y VALERIA WAGNER
Ginebra, junio de 2010.

Las Américas y sus revoluciones: filosofías y vínculos interculturales

Silvana Carozzi

I. El pasado americano es una fuente inagotable de estímulos para la investigación filosófica de la política. Cierta atención puesta sobre las lecturas declaradas por los intelectuales americanos de los siglos XVIII y XIX, por ejemplo, nos conduce permanentemente a constatar una forma de la *recepción* del pensamiento filosófico político europeo que, por haber puesto en juego predilecciones, identificaciones y antagonismos, sacude cualquier interpretación elaborada desde la clave de la mera pasividad.[1] Así, llama la atención la libertad que estos actores manifiestan en el «uso» de textos y conceptos en general, si con ello entendemos, por ejemplo, en nuestro campo de análisis, una apropiación retórica y persuasiva en función de objetivos revolucionarios. En cambio, no lo es si tras el muy actual recurso explicativo que alude a algo como el «uso» de los textos filosóficos por los actores, nos eximimos nosotros como investigadores de leer y analizar finamente las fuentes citadas, respaldándonos en la indudable ligereza con que se construyeron ciertos referentes conceptuales en el vértigo de una estrategia política de contenido pragmático. Entendemos al fin que, en el marco de los concretos usos de un autor filosófico en calidad de «figura conceptual»,[2] el primer interrogante que deberíamos plantearnos es sobre los motivos de esa a veces estentórea voluntad de adhesión a una y no a otra doctrina, en un marco de opciones que hubiese admitido diversas preferencias.

De nuestra parte —y es la hipótesis principal que aquí manejamos— proponemos que, sobre las innegables facilidades o dificultades en la circulación de libros y papeles provenientes de Europa, y sobre el también inne-

---

1. Tomamos aquí, de manera muy general, los planteos de la *Rezeptionsästhetik* o estética de la recepción, de la Escuela de Constanza, y la recuperación que realizan del concepto gadameriano de «círculo hermenéutico». Esta idea apuntaría a una forma de análisis que parte de sospechar que entre el texto leído y el lector debería construirse una «fusión de horizontes» que no solo atribuye al segundo un papel más activo que el que se le asigna en cualquier análisis realizado en clave de «influencias», sino que permite sumar razones de índole teórica al panorama de las preferencias históricas.

2. Tomamos la noción de «figura conceptual» de Jorge Dotti (Dotti, 1992).

gable factor que agrega el conocimiento o la ignorancia de la lengua de las fuentes, los actores americanos producen una recepción selectiva, en la que también reclama un análisis el campo constituido por las ventajas teóricas que ofrecen las doctrinas y las afinidades culturales entre las fuentes y los contextos locales de aplicación (reales e imaginarios), afinidades que a su vez no siempre son solo subsidiarias de aquellas ventajas. También, y en segunda instancia, el criterio puede aplicarse a la recepción en la América hispana de textos y papeles producidos en el Norte de América. Siendo innegable el conocimiento de la lengua inglesa por parte de algunos protagonistas sudamericanos, la acogida de noticias y fuentes británicas y norteamericanas estuvo seguramente ligada a las mayores o menores afinidades e identificaciones, tanto de referencias filosóficas como de visiones referidas a los mundos sociales de pertenencia.

En el Río de la Plata, el caso que más ha despertado nuestra curiosidad es el gesto de especial preferencia por la doctrina del ginebrino Jean Jacques Rousseau que, en los primeros años de la década de 1810 y a la hora de buscar públicamente legitimación filosófica para el acontecimiento que están impulsando, realiza el que se conoce como grupo radical morenista entre los diversos actores de la revolución por la Independencia.[3] No siendo la fuente roussoniana la única posible en ese clima de ideas rioplatense de las primeras décadas del siglo XIX, un ingrediente de sospecha nos condujo a extralimitar las explicaciones más conocidas y proponer nuevos elementos que creemos han podido también desempeñar su papel, al estimular dicho gesto activo de preferencia. Efectivamente, que la producción política de un filósofo como John Locke, cuyo *Ensayo sobre el entendimiento humano* había venido cosechando un gran éxito editorial, sea tan escasamente mencionada en los inicios de las revoluciones del Sur, es un dato digno de reflexión. Lo es más si, como dijimos, el idioma inglés no era desconocido por los principales actores rioplatenses, y la obra de Locke –el probable autor de las *Fundamental Constitutions for the Government of Carolina*[4]– hubiese podido también recibirse de manera oblicua, a través de su puente norteamericano.

3. Mariano Moreno (Secretario de la Primera Junta Gubernativa) es la figura principal de este grupo, conocido también como «grupo jacobino», de gran actuación en la revolución rioplatense, especialmente en el primer quinquenio de la revolución, 1810-1815. Lo siguen Bernardo de Monteagudo, Juan José Castelli, Manuel Belgrano, Juan José Paso, Antonio Berutti y Domingo French entre otros.

4. Cf. *Works of John Locke*; Londres; Esq. Fifth Edition; MDCCLI; t. III; págs. 665-679.

La perspectiva que trataremos de sostener en referencia a la prioridad que mereció el roussonismo como modelo para el Sur en los primeros años de la década revolucionaria, frente a la mayor fuerza de la recepción lockeana en las tierras del Norte, intenta sumar otros fundamentos teóricos a lo que suele reconocerse como la existencia de dos modelos políticos diferentes en esa primera ruptura de la dominación colonial: uno construido sobre una forma de libertad que de manera figurada suele denominarse «francesa», y otro sobre una libertad reconocida como «inglesa» (Cf. Fernández y Fuentes, 2002: 429), diferencia que trataremos de profundizar en lo que sigue. En la complejidad de la elección de los actores revolucionarios por uno u otro modelo y por unas u otras fuentes filosóficas de inspiración está encerrada toda una visión de la revolución que están protagonizando y de su propio papel como actores políticos.

II. Comenzando por las afinidades que llamamos interculturales, las que, sin ser decisivas, seguramente han desempeñado un papel, recordemos que efectivamente los inicios del siglo XIX rioplatense están intensamente marcados por el impacto de la cultura francesa.[5] Entre quienes prefieren no problematizar el campo de la construcción de dichas afinidades, la razón que insisten en señalar es simplemente la mayor disponibilidad de los textos de origen galo, aunque no se trata, creemos, de una explicación sencilla. Sabemos que la prensa de la Revolución Francesa había venido llegando a España de manera oblicua pero inevitable, y sabemos también de la posibilidad de que haya sido este impacto simbólico primero en tierra hispana el que impulsa el traslado de noticias y papeles (pasquines, periódicos, libros) hacia las tierras americanas. Junto a estos datos, se acumulan empero las evidencias del celo que puso la Corona para levantar un «cordón sanitario» que impidiese la llegada de cualquier novedad a las colonias ultramarinas. Censurados y prohibidos en el *Index* inquisitorial, los textos de Rousseau, por ejemplo, no deben haber sido de fácil hallazgo, y su circulación no debió hacerse de otro modo que «bajo la capa»[6] desde comienzos del siglo XIX

---

5. Una recepción que recién verá desafiada su hegemonía cuando en los posteriores años veinte la «feliz experiencia» rivadaviana incline definitivamente la preferencia hacia Jeremy Bentham y el pensamiento utilitarista británico.
6. La expresión pertenece a Robert Darton (Cf. Darton, 2008).

En relación con la recepción de Locke, a su vez, la escasez de menciones explícitas a su obra política por parte de nuestros intelectuales de los inicios de los años diez, podría completar su explicación con un argumento brindado por la más reciente historiografía británica, que ha decidido recortar la fama del Locke político, en su propio tiempo, llegando a proponer que las repercusiones y el impacto del *Segundo Tratado* de 1690 no habrían ido más allá de la vida de su autor (Cf. Dunn, 1957), impacto entonces breve, si recordamos que Locke muere en 1704. Mientras tanto y tal vez desafiando la versión referida a esa presunta insignificancia europea, es notorio el impacto de Locke en el ambiente norteamericano, tanto como para que, por ejemplo, William Adams al ingresar en Yale en 1726 declare estar acompañado intelectualmente por Locke, John Adams reconozca haber frecuentado la doctrina política de Locke a la que adhiere y Thomas Jefferson declare que Bacon, Locke y Newton han sido los tres hombres más grandes que el mundo produjo (Cf. Miller, 1953). ¿A qué se debe la incomunicación de esas fuentes y esas admiraciones entre los americanos del Norte y los del Sur?

De hecho, en términos generales, el campo de la recepción rioplatense de la doctrina lockeana pone el énfasis en los trabajos gnoseológicos. Son, efectivamente, las ideas del *Ensayo sobre el entendimiento humano*, y no las de los *Tratados sobre el gobierno* (ambos publicados, más o menos, en 1690), las que aparecen más aludidas entre los intelectuales de Buenos Aires a inicios de la revolución, preferentemente además en su versión francesa (Cf. Alberini, 1966).

Efectivamente, Locke —maestro de los actores estadounidenses, mentado autor de la Constitución de Carolina de 1669[7]— es conocido en el sur de América prioritariamente por su producción gnoseológica empirista, arrastrados los actores por el impacto del *Ensayo...*, pasado a su vez por cedazo francés. En relación con este último dato, valga recordar la sonora aprobación francesa de las nuevas corrientes inglesas, de la cual hay numerosos testimonios. Las *Cartas filosóficas* de Voltaire, por ejemplo (conocidas como «Cartas inglesas»), cuya decimotercera está especialmente dedicada

---

7.   Dice Bernardo de Monteagudo: «[...] las principales colonias de Norte América recibieron sus primeras leyes de los filósofos más célebres de aquel tiempo: Guillermo Penn fundó la Pensilvania a sus expensas: Locke, *el padre del entendimiento humano*, fue el legislador de la Carolina; y ambos establecieron pacíficamente los principios que habían costado a la Europa torrentes de sangre» (Monteagudo, 1916: 56-57. Énfasis nuestro).

a Locke, festejan la refutación empirista de la noción de *ideas innatas* proveniente del cartesianismo.[8] Condillac es quien después, también en el XVIII y totalmente imbuido por la filosofía inglesa y lockeana, produce una reflexión gnoseológica sensualista,[9] repartida en libros muy leídos y aludidos tanto en España como en las españolas comarcas sudamericanas. En la Península, a su vez, es Gaspar de Jovellanos —el asturiano liberal, luego miembro de la Junta Central española, tan citado por los criollos de principios del XIX— también un buen seguidor de la filosofía empirista inglesa, y de su derivación francesa.

De todos modos, para la elite intelectual rioplatense la novedad filosófica de Locke quedó circunscripta a sus planteos empiristas y no incorpora sus soluciones iusnaturalistas de los problemas de la convivencia. Así y todo, y en relación con las novedades del empirismo, el más leído será el francés Condillac, o por lo menos el que se estudia más minuciosamente. Porque, aun cuando conociesen la lengua inglesa, tratándose de Gran Bretaña optan por «beberla en vaso francés» y, en última instancia, demuestran estar más abiertos al empirismo (lockeano) que reproduce el mencionado Condillac.

Sobre la preferencia por la cultura francesa y, al revés, la reticencia rioplatense a la recepción de la filosofía política británica,[10] y aunque deberíamos limitarla al círculo no masónico,[11] estamos persuadidos de que la cultura francesa —en su doble función de *fuente* y de *cedazo* de las novedades filosóficas europeas— debe esa relevancia a la nada sencilla relación

---

8. Dice Voltaire: «Después de haber descartado el concepto de ideas innatas y de haber renunciado a la vanidad de creer que el alma piensa constantemente, Locke estableció que nuestras ideas se originan en nuestros sentidos» (Voltaire, 1981: 62). De todos modos, valga reconocer que tampoco Voltaire menciona, en ese texto de 1734, la doctrina política de Locke, y queda solo una alabanza de su «descubrimiento» gnoseológico.

9. Como sabemos, el sensualismo como doctrina filosófica es aquella derivación del empirismo lockeano que plantea que todos los contenidos de la mente provienen solo de los sentidos. El empirismo es aquí llevado hasta sus últimas consecuencias, por poner el énfasis gnoseológico únicamente en la percepción externa.

10. La ausencia de la mención a la obra política de Locke no está tampoco cubierta por la mención, por ejemplo, de James Harrington.

11. La masonería que llega al Río de la Plata —y a la cual Miranda, San Martín, Alvear y O'Higgins, entre otros revolucionarios, pertenecen— viene de Londres. Entre los morenistas que trabajamos, el principal masón es Monteagudo, y es también el más explícito en su recepción de la filosofía británica.

de nuestros intelectuales católicos de las primeras décadas con el mundo protestante. Para explicar de manera más activa aquellos gestos intelectuales de los actores rioplatenses de los esos años, esto es, para pensar esta doble situación, referida tanto al tipo de lectura que elige ser indirecta, como a sus prioridades temáticas, proponemos como criterio global algo que también hemos constatado: para los más católicos del mundo hispano, aquí americanos, la admiración por la cultura inglesa no fue algo que pudiese exhibirse sin reparos. El problema que debían enfrentar, creemos, era el de la diferencia religiosa, y en este nivel las negociaciones no debieron ser tan permitidas, o, al menos, no podían ser demasiado públicas.[12]

Según hemos señalado en otros trabajos, el vínculo con Gran Bretaña, en aquellos años, no podía escapar a la tensión entre la admiración declarada por su sistema político —que comparten con la Francia misma—,[13] un similar entusiasmo puesto sobre las novedades filosóficas del empirismo de la misma cuna, contra una cierta prevención ideológica frente a las que eran consideradas «sectas» del protestantismo,[14] recelo que aparece en los textos, a veces, y en general de modo oblicuo.[15] Porque, en el ámbito de lo que históricamente había venido siendo un proyecto conjunto del Estado y la Iglesia, como era el Imperio español poscolombino,[16] hasta la tarea de

---

12. Recordemos otra vez, para aportar a esta hipótesis, algunas anécdotas que relata la historiografía sobre los sucesos de la defensa en las invasiones inglesas, cuando los habitantes de Buenos Aires que reaccionaban contra el invasor, recurrían al grito de «¡¡herejes, herejes!!» (Cf. Levene, 1941, vol. IV; y Cibotti, 2006).

13. Dice Moreno: «[...] la Inglaterra, esa gran nación modelo único que presentan los tiempos modernos a los pueblos que desean ser libres» (Gaceta; 2 de noviembre de 1810)

14. Apoyan nuestra hipótesis, para empezar, de manera indiciaria, ciertas noticias referidas al acontecimiento concreto de las invasiones inglesas de los años 1806 y 1807, como algunas declaraciones posteriores de Belgrano, en el Correo de Comercio (su periódico).

15. Hemos consultado también, para este tema, Queridos enemigos, de Ema Cibotti..

16. En relación con el importantísimo papel político de la Iglesia católica en la historia colonial hispanoamericana (importancia algo desdibujada en cierta historiografía española y argentina reciente), no deberíamos olvidar, como bien enfatiza Anthony Pagden, que la aventura colonial de España fue llevada a cabo bajo la autorización de cinco Bulas papales y luego coprotagonizada por la Iglesia, institución que además de acompañar, dio fundamento a la ideología imperial, ideología fuertemente deudora de la historia y los símbolos del Imperio Romano, luego sacro. Según Pagden, España era, como nuevo punto central del imperio y «verdugo del Islam», la verdadera heredera del Imperio romano, encargada de universalizar la religión. (Pagden, 1997:49).

la Inquisición pudo ser merecedora de reconocimiento público de boca de un actor revolucionario como el Deán Gregorio Funes, cuando de lo que se trató fue de contrarrestar los riesgos del «veneno de la incredulidad» (Cf. Funes, 1944: 321-322), el mismo veneno que, sin ir más lejos, podría estar remotamente destilando algún capítulo aislado del libro de Rousseau que debió ser censurado por el Secretario del primer gobierno revolucionario, Mariano Moreno, a su vez el primer funcionario criollo que hace publicar en una imprenta oficial *El contrato social* para que sea leído en las escuelas de Buenos Aires. Pensado así, no solo es comprensible que la evocación gnoseológica que el abate Condillac formula de las novedades empiristas de Locke pueda ser asumida entre algunos de los nuestros[17] de modo menos problemático, sino también que Moreno, tras confirmar su decisión por la «línea Rousseau», ampute en la reimpresión porteña de *El contrato social* el último capítulo, con la justificación de que «el autor tuvo la desgracia de delirar en materias religiosas».[18]

Otro hecho curioso también mencionado por la historiografía es que Moreno, interesado en las estrategias organizativas que se habían seguido en las ex colonias del Norte, realiza la traducción de la Constitución de Filadelfia y la incluye entre sus papeles privados. No suele aclararse que la traducción que Moreno realiza no procede del original inglés, sino de la versión francesa hecha por Condorcet, aunque nunca podrá saberse de manera definitiva si esto se debió a esa búsqueda de la legitimación francesa, o solo al precario manejo de la lengua inglesa por parte del Secretario.[19]

Concretamente sobre el tema de la censura del último capítulo en la edición porteña de *El contrato social* ordenada desde el gobierno por Moreno, valga agregar, como *excursus*, que en realidad el problema que afronta la filosofía de Rousseau no es la religión en general ni la católica en especial, el problema de Rousseau es político, y por lo tanto en ese capítulo se refiere al papel *político* de la Iglesia católica. Aunque reconoce entonces la necesidad

---

17. No olvidemos que la Inquisición, aunque como institución no operase ya efectivamente (ya desde el siglo XVIII el Santo Oficio toleraba el ingreso paulatino del cartesianismo, y el experimentalismo de Newton y de Bacon) fue suprimida recién en 1813.

18. Con esta frase justifica Moreno, en su prólogo a *El contrato social* (texto escrito por Rousseau ocho años después de regresar al calvinismo), la supresión de algunas partes del texto, especialmente el último capítulo.

19. En la biografía de su hermano, escrita en 1812, Manuel Moreno insiste en que Mariano dominaba perfectamente el inglés, hecho dudoso si se tienen en cuenta otros datos.

de la religión para la construcción de la ciudadanía, quiere hacer pública su crítica a la competencia que la Iglesia como institución le plantea al orden en el Estado. Sabiendo, con Hobbes, que es imposible obedecer dos leyes, la del Papa y la del soberano, toma la decisión de declararse en contra de la ingerencia terrena de la autoridad de Roma. No otra cosa expresa en el último capítulo de *El contrato social*, el que lleva por título «De la religión civil».[20]

La curiosidad de esta famosa mutilación del texto salta a la vista cuando consultamos escritos privados suyos, como el que se titula «Estatua del Papa quemada en el Jardín de la Revolución, el 6 de abril de 1791» (Cf. Dürnhöfer: 55), publicado tardíamente. Moreno justifica allí la quema pública de una estatua del Pontífice de Roma, en París, y encara una crítica durísima al Papado y a los Papas, a quienes tilda de «monstruos».[21] Tratándose en este caso de la confrontación de un papel privado (este último), con otro público, como lo es el prólogo a la edición de *El contrato social*, la única explicación viable frente a lo que aparece como una contradicción flagrante es contextual. Porque debió haber ciertas posiciones anticlericales que Moreno, aun convencido, pudo haber estimado que no convenía hacer públicas, dado que ni el complicado orden político, ni los lectores potenciales las hubiesen podido tolerar.

En síntesis y para cerrar provisoriamente este tópico, en las tierras americanas del extremo Sur, esa tal vez clandestinizada admiración política por el sistema inglés, cuando la hay, no generó —salvo menciones aisladas— ninguna lectura revolucionaria de los textos políticos de Locke, ni ninguna declaración intensa de adhesión a su justificación de la desobediencia. Como

---

20. Dice allí, por ejemplo, Rousseau: «De todos los autores cristianos, el filósofo Hobbes es el único que ha comprendido bien el mal y el remedio, que ha osado proponer reunir las dos cabezas del águila y llevar todo a la unidad política, sin la cual nunca estará bien constituido ningún Estado ni gobierno» (Rousseau, 1998: 199).

21. Dice Moreno: «La historia de los Papas no ofrece más que escenas de este género [...] pero a pesar de todos los horrores, a pesar de los delitos de toda especie con que se han manchado los monstruos que han elevado la Tiara, *es menos la asombrosa pintura de sus iniquidades, que el embrutecimiento en que sus Dogmas han sepultado al espíritu humano,* lo que debe hacer mirar al Papismo como el más funesto de los azotes que han desolado al Universo. Uno de los caracteres distintivos del Supremo Pontífice ha sido la ignorancia. Apenas en esta lista inmensa de Viejos Coronados se encuentran uno u otro que no hayan deshonrado a la especie humana por su estupidez otro tanto que por sus delitos» (Dürnhöfer: 59. Subrayado nuestro).

dijimos, puestos a defender la vía revolucionaria, y puestos a convocarla, los jacobinos rioplatenses de los años iniciales de la revolución optan por proclamarse roussonianos, y leer los derechos humanos no en su versión lockeana, sino en la clave de Rousseau.

III. Hechas entonces estas observaciones y puestos a trabajar sobre la recepción de Jean Jacques Rousseau en el discurso jacobino de la Revolución en el Río de la Plata (especialmente, en estas páginas, en Moreno y en Monteagudo) la labor debió dirigirse a profundizar en esos modos en que Rousseau era leído en estas tierras y las hibridaciones que resultaban de su recepción por parte de esta cultura católica de tradición intelectual suareciana, a la hora de validar el gesto de la desobediencia política.

La tarea de relevamiento de las huellas de Rousseau en el XIX argentino ha recibido algunos aportes. Luego de los trabajos de Ricardo Levene (Levene, 1923), fue Guillermo Furlong, en 1952, quien se ocupó del tema, dentro de la producción de la historiografía católica de los años cuarenta y cincuenta del siglo XX. Ambos autores estuvieron poco dispuestos a aceptar que tal adopción declarada del credo roussoniano por parte, por ejemplo, de su defendido Moreno hubiese sido sincera, e insistieron en la profunda formación hispana del Secretario de la Junta. Fue Tulio Halperín Donghi, en 1961, quien matizó aquella perspectiva, y propuso una visión más verosímil, que intenta además no caer en la paradoja de desvalorizar en su verdad las declaraciones de un personaje que tanto se estaba tratando de ensalzar política e intelectualmente (Cf. Halperín, 1985). Después de los trabajos de Noemí Goldman (Cf. Goldman, 1992), el historiador José Carlos Chiaramonte ha reabierto el tema, en un libro aparecido en 2004. Nuestra investigación se propone continuar también el estudio de esa recepción, dándole un lugar mayor al análisis meticuloso de las fuentes filosóficas para no caer en la repetición de ciertos clichés que no indican otra cosa que una antigua y tradicional indiferencia por el conocimiento más profundo de dichas fuentes.

Se ha dicho que en las ideas (ilustradas, roussonianas o más) no está encerrada «la causa» de la Revolución, porque los libros no hacen revoluciones. En el caso de la Independencia rioplatense, una historiografía renovada (Cf. Halperín: 1985; y Guerra, 1993) ha demostrado que la crisis de obediencia, cuyo estallido rioplatense acontece en 1810, puede comprenderse de manera más completa si se la vincula a la crisis general de la monarquía absoluta española. Además, en estas posesiones hispanas ultramarinas las invasiones inglesas de 1806 habían dejado como saldo una experiencia de organización militar que también aportará confianza a la posterior conciencia revolucionaria, cuando decidan combatir.

Lo cierto es que llegadas a las colonias las noticias de la invasión napoleónica a España y las ominosas abdicaciones de Bayona (hecho inédito en la historia de las monarquías europeas en general),[22] comienza a instalarse una atmósfera de inquietud que algunos hechos posteriores tornarán crucial. Entre ellos, la convocatoria a enviar representantes americanos a las Cortes peninsulares —y la insoportable desigualdad de número entre españoles peninsulares y españoles americanos— produce un efecto de agravio que, a la postre, habría de impactar en la política toda.

En la búsqueda de una soberanía de reemplazo a la monárquica íbera, las ideas filosóficas ofrecieron sí lo que siempre saben ofrecer: escenarios alternativos de salida para la crisis. En esta búsqueda de «lecciones de Modernidad» (Cf. Myers, 2004), los intelectuales rioplatenses decimonónicos recurren mayoritariamente, dijimos, al modelo francés, y a ese tipo de revolución total que se autocomprende como creación *ex nihilo*, es decir, tal como la de Dios, desde la nada. Los ilustrados en los inicios revolucionarios, en este Sur, piensan que les ha tocado ser parte de una sociedad inculta y poco consistente, donde las acechanzas de la anarquía y del despotismo son el riesgo mayor, donde no hay nación ni comunidad preexistente y donde no se podrá construir la verdadera república si no se construye a la par la virtud ciudadana. A esa mirada política que solo ve el desafío y la oportunidad del «desierto», le convendrá un modelo revolucionario que repita el gesto teológico creacionista, es decir, que decida construir una república desde la nada.

IV. Cuando intentamos recuperar la mirada rioplatense puesta sobre la solución francesa, en los inicios del xix, nos encontramos con el enorme impacto que le cupo a la Declaración de los Derechos del Hombre y del Ciudadano, que venía a sumarse a la norteamericana. Ni más ni menos que el espíritu de esas mismas Declaraciones es lo que de allí en más transformará para

---

22. Como sabemos, Carlos IV abdica en su hijo Fernando VII; y éste, en José Bonaparte.

siempre *lo político* –esto es, el principio de institución de lo social– en la sociedad moderna.[23]

La noción de derechos humanos universales y naturales entendidos a la manera moderna[24] resulta en sí revolucionaria, en tanto pone a los individuos ante una génesis imaginaria de la convivencia donde la obediencia aparece como voluntaria y cualquier forma de Estado, por ende, como artificial y derivado. En la mentalidad política de la elite intelectual morenista, la noción de Derechos (naturales) del Hombre reenvía a la doctrina de Rousseau, tal como había sucedido en el círculo del jacobinismo en su cuna francesa, y son los jacobinos rioplatenses quienes más apelan a la idea de *derechos* para convocar a la revolución. Porque más allá de los esfuerzos de los Borbones españoles por impedir el paso de las noticias sobre los infortunios de los parientes de París, las novedades, dijimos, llegaban clandestinamente a los dominios hispanos (Cf. Caillet Bois, 1941 y 1929) y se difundían al calor del interés que iban despertando. Tanto los esclavos de las posesiones francesas de América como los marinos y corsarios que llegaban a los puertos de ultramar, eran (por buenos motivos) sospechosos de propagar esas ideas prohibidas en este mundo relativamente tranquilo, que había sido testigo del devenir independentista de las colonias del Norte. Lo cierto es que alrededor de la consigna de *libertad*, ya en 1795, alguna afrancesada insurrección fue sofocada a tiempo en Buenos Aires, y sus responsables deportados o encarcelados.

En España, a su vez, iniciado el siglo XIX, la familia reinante y el «preferido de la reina», Godoy (responsable precisamente de la paz de Basilea con los franceses), no eran los más indicados para resistir el poder galo –a la sazón napoleónico– y las posteriores renuncias de Bayona les dieron la razón a quienes avizoraban una defección. El año 1808 marca así el inicio de una época de acefalía que sería crucial para el mundo hispano, donde revolución metropolitana y revoluciones anticoloniales se producirían a la par, en lo que había sido una unidad política bastante homogénea (Cf. Guerra: 1993).

---

23. Para estos temas, cf. entre otros, *El tiempo de los derechos*, de Norberto Bobbio, y «Los derechos del hombre y el Estado Benefactor», de Claude Lefort. Al respecto, Lefort opina: «Las dos grandes Declaraciones [...] al reducir la fuente del derecho a la enunciación humana del derecho, hacían del hombre y del derecho un enigma. Más allá de sus enunciados hacen reconocer el derecho a tener derechos» (Lefort, 1990).

24. Es decir, no ya como deberes de los seres humanos, sino como derechos, en el sentido atributivo del concepto.

Es probable que, en el campo de los hechos, aquellas redes visibles o clandestinas de comunicación con las conmociones francesas sean el vehículo de llegada a América del Sur de textos explicativos o propagandísticos de la revolución. En ese nivel, la aparición en Córdoba de algún ejemplar de *El contrato social* en diciembre de 1810, tal como informa un autor (Cf. Caillet Bois: 1929), no requeriría más explicaciones. Lo que queda sin explicar, repetimos, no es la llegada en sí, sino los entusiasmos expresos en la adopción de la filosofía de *El contrato...*, conociendo además que la Revolución Francesa no estaba siendo recibida a nivel global con idénticos entusiasmos. No olvidemos que los criollos que siguieron con atención los sucesos franceses, habían interpretado como un asesinato la muerte del último Capeto, y la persecución al clero francés, obviamente, nunca hubiese podido ser mirada con ojos indiferentes por una sociedad de tradición católica como la rioplatense. En suma, estos revolucionarios de la primera década del siglo, habiendo repudiado el regicidio y el Terror, estaban además reaccionando en contra de la invasión napoleónica de 1808. Declarados lectores de Rousseau, poco tiempo después lo serán de la obra filosófica de Benjamin Constant, el pensador lausanés que polemiza con el ginebrino y uno de los primeros liberales preocupados por terminar, en Francia, una revolución que parece destinada a no permitir ninguna construcción estable del orden.

Las investigaciones dedicadas a relevar la llegada de las ideas de Rousseau a Hispanoamérica (Cf. Spell, 1935: 260-267; y 1969.), han constatado que todos sus trabajos publicados antes de 1764 entraban en las colonias sin mayores dificultades;[25] de este modo, los habitantes del mundo colonial americano estuvieron en condiciones de conocer esa doctrina sin demasiados inconvenientes antes de la Revolución, visto además que los libros recién habían sido prohibidos en España, precisamente en 1764, y en Roma en 1766. Pero si, al principio, una lectura desprevenida de Rousseau entre los más liberales —o los simples amantes de la novedad— pudo haber sido tolerada por la corona hispana,[26] luego de la deriva de las dos famosas revoluciones y sus respectivas Declaraciones de Derechos, su sola mención

---

25. Recordemos que *El contrato social* se publica en Europa en 1762; aunque fuera inmediatamente prohibida su entrada en Francia; el *Emilio* corresponde al mismo año. Ya habían aparecido los dos *Discursos...* (1750 y 1754), y *La nueva Heloísa* (1761). Rousseau muere el 2 de julio de 1778.

26. Resulta curioso el comentario del chileno Rojas, quien, habiendo traído a Santiago los textos de Rousseau, se refiere a ellos diciendo que ha traído «las obras de un viejo que vive en

comenzó a significar una verdadera herejía. Aún así, y luego de haber ingresado en el *Index*, la bibliografía roussoniana siguió siendo de todos modos requerida con creciente interés y su arribo se produjo no solo gracias a los viajeros peninsulares y americanos, sino también a los contrabandistas, que obtenían ganancias nada despreciables con el negocio de los libros prohibidos.

Si venciendo esas censuras y esos reparos el credo roussoniano despertó tal entusiasmo como para que la declaración de adhesión pudiese convertirse casi en un lugar común, no podemos dejar de sospechar la identificación que pudieron establecer los actores con el horizonte simbólico de referencia del ginebrino. Es decir, como los anteriores franceses, los revolucionarios rioplatenses efectivamente concluyen, gracias a Rousseau, que solo podrían establecer una república amasando, sobre una materia social que parece impregnada de barbarie, una sociedad nueva. Como elite intelectual, no tuvieron luego dudas de que esa labor de «demiurgos» les correspondía.

Así surgen, en los periféricos mundos del Sur, figuras como Francisco de Miranda, Simón Rodríguez, y a través de Rodríguez su discípulo Simón Bolívar, tal vez el más conspicuo representante del pensamiento de Rousseau en el Sur de América.

V. Digamos entonces que el gesto activo de preferencia de los revolucionarios morenistas por el sistema del republicano Rousseau estuvo, a nuestro ver, también marcado por esos elementos teóricos adicionales, referidos a una *fusión de horizontes* mayor con el roussonismo que la que podía imaginarse con el sistema político lockeano. Entre dichos elementos, no es menor la ventaja teórica que otorgaba la idea de una revolución *ex nihilo* como la de *El contrato...* para pensar las reticencias de la sociedad virreinal a las políticas modernizantes de la propia elite letrada, y la «misión» que esa elite se autoadjudicaba en la forma de pedagogía pública de unos derechos que parecían haberse olvidado por efecto de los trescientos años de dominación.

Las revoluciones que señalan el ingreso[27] al mundo de valores y significaciones de la sociedad moderna, se autoconcibieron todas como resultado de la reivindicación del derecho natural, reconociéndose por eso, para alguna

---

Ginebra, cuya opinión está tan en duda que unos dicen que es apóstol y otros anticristo» (Cf. Manzini, 1914:, 76-77).

27. Ingreso que, más allá de las intenciones, no podrá no ser paulatino.

crítica, como «revoluciones filosóficas» (Cf. Habermas, 1997). Más allá del carácter obviamente discutible de esta calificación, cierto es que el producto principal de este ciclo revolucionario —cuyos mayores ejemplos están en la Revolución norteamericana y la francesa— fueron las dos Declaraciones de Derechos, inspiradas en John Locke y en Jean Jacques Rousseau, respectivamente.

La diferencia entre ambas revoluciones (y sus respectivas Declaraciones), vistas éstas desde su matriz filosófica, es importante y una abundante bibliografía reparte sus preferencias entre una y otra, según los parámetros con los que son valoradas.[28] Evaluaciones aparte, para nosotros es significativo reconocer que la diferencia fundamental se asienta en el tipo de transformación que se quiere llevar a cabo en cada caso, en conexión con el tipo de legitimación filosófica al que se apela. Para decirlo en lenguaje actual, es crucial definir cuáles son los *usos* que cada doctrina —la de Locke o la de Rousseau— posibilitó, y cuáles pudieron quedar pendientes, tras los que no hubieran estado disponibles en modo alguno.

Los *Bills of Right* y su fuente lockeana, pensados en general, nos permiten reconstruir una imagen de revolución pensada para incidir escasamente en el devenir de la vida social, la que, a grandes rasgos, funciona de tal manera que los derechos parecen estar ya instalados en el sentido común de los individuos. En ese mundo ordenado de propietarios y ciudadanos, hijos todos de la Reforma religiosa, la igualdad se expande capilarmente por el tejido social de un modo diríamos casi «natural»[29] y la libertad moderada que denominábamos «inglesa» es un derecho reconocido desde antiguo. La revolución solo debe dirigirse a solucionar tensiones en el marco estricto de la dependencia colonial, provenientes en lo principal de la subordinación económica, pero donde la herencia atesorada en la tradición británica de origen es vivida como un legado social que vale la pena conservar.

Otra es la escena y otro será el destino de las revoluciones de inspiración roussoniana. Tanto Rousseau como Hobbes, en el XVII inglés, conciben en el Estado la solución de una situación de desquicio social, no importa aquí si natural o devenido: en el modelo hobbesiano, sabemos, la guerra es condición del estado de naturaleza, y en el modelo del ginebrino, la sociedad

---

28. Mencionemos, simplemente como modelo de estas posiciones enfrentadas, las de Hannah Arendt en *Sobre la revolución* y la de Habermas en *Teoría y praxis*.
29. Recordemos aquí las famosas descripciones de Tocqueville en *La democracia en América*.

corrupta deviene de la suscripción de un primer pacto injusto. Aunque no nos detengamos ahora en detalles que pudiesen encaminar nuestro análisis hacia Hobbes (autor que fuera estigmatizado por diversas razones, en su época, en buena parte de la lectura americana e incluso europea[30]), vale remarcar que una solución política y social que buscase inspiración en ese modelo filosófico creacionista (de corte hobbesiano o roussoniano), debería estar sostenida en una implacable conciencia crítica, disconforme con el tipo de comunidad a la que se pertenece. De hecho, la Revolución Francesa tiene como objetivo, precisamente, no un pacto con el pasado, ni la preservación de cierta estabilidad de una convivencia tradicionalmente apacible como la de la América británica, ni el perfeccionamiento de las antiguas libertades. Su objetivo mayúsculo es el de crear, sobre un horizonte social desquiciado, contra el pasado y contra el régimen político, una nueva Ciudad para la convivencia. De la identificación en estos aspectos con esa forma de conciencia revolucionaria por parte de nuestros criollos surge un posible motivo para sumarse a la opción por la «línea Rousseau»,[31] o, mejor dicho, por la versión de Rousseau ya ensayada por el grupo jacobino de la Revolución Francesa. La conciencia, no siempre declarada, de estar ante una situación de flagrante carencia de pasado y de tradición, es decir, tener la sensación de una peligrosa suma de oscura herencia hispana y esa inconsistencia social que alguna generación posterior describiría con la metáfora de *desierto*, pudo ser el elemento que definió la elección de un marco doctrinario creacionista como el roussoniano.[32]

---

30. Recordemos de todos modos que un filósofo que es intenso receptor de Hobbes, como el alemán Pufendorf, es muy leído y evocado por los miembros de la elite intelectual revolucionaria rioplatense.

31. Para la cuestión de las similitudes de la revolución en el área absolutista, cf. también el citado libro François Guerra. Señalemos de paso lo que será la peculiaridad rioplatense, peculiaridad que no está del todo contemplada en los planteos de Guerra: se trató de una revolución que buscó romper con España, e incluso con su revolución liberal, de allí que en estos «territorios rebeldes» se decidiese no obedecer la constitución gaditana.

32. Nos hemos ocupado en otros trabajos de este problema, referido a las aporías teóricas y las complicaciones empíricas de un tipo de modelo político creacionista, que intenta partir de una nada social. En los hechos, digamos para abreviar, el reconocimiento absoluto de la inexistencia de cualquier forma de unidad previa amenazaba con despojar a los revolucionarios de cualquier *ethos* común desde donde convocar a la rebelión contra la metrópoli.

Pensando en las facilidades locales que les ofrecía esta línea teórica, es inevitable reparar en que también les daba la oportunidad de legitimarse públicamente como elite intelectual preparada para un tipo de intervención que tomaba la forma de una pedagogía social de los derechos. Los hombres del grupo ilustrado jacobino pueden representarse así la expansión revolucionaria, dijimos, como un operativo (o mejor, como una «misión») de despertamiento de la conciencia de los derechos.

VI. Como expresamos al inicio —y como mejor lo expresa Halperín Donghi—, la revolución no fue el brazo armado de un sistema de ideas (Halperín, 1985: 9). Solo un vacío de legitimidad, producto de la crisis de la monarquía, instaló el espacio para que ciertas doctrinas funcionaran, dando fundamento conceptual a la transformación de la vida política. Siendo así, este soporte filosófico pudo ser otorgado tanto por las novedades modernizantes de Suárez y la Escolástica española, como por las del iusnaturalismo de Rousseau, ya que ambas tradiciones cargaban con suficientes motivos pactistas como para legitimar el gesto de revisión de la obligación política. En cambio, que no legitimaban igualmente la desobediencia es una conclusión que debería surgir de la simple evidencia de que las doctrinas impartidas por la Corona en la etapa colonial para justificar la conservación del régimen no podían servir, sin profundas modificaciones, para justificar la ruptura revolucionaria, por lo que es factible que los actores debieran apelar a nuevas lecturas o nuevas interpretaciones de anteriores lecturas, como pudo suceder con la de Rousseau.

Las ideas ilustradas, y antes el cartesianismo, habían estado llegando a las comarcas coloniales hispanas de la mano misma de los clérigos que tenían a su cargo las cátedras de las universidades (seguramente con más énfasis en Chuquisaca que en Córdoba) (Cf. Chiaramonte, 1989). Pero es innegable que fue luego la recepción, en todo el mundo hispano, de las noticias de esa forma de «Modernidad de ruptura» de la Revolución Francesa (Guerra, 1993), lo que marca el inicio de un nuevo imaginario. Superando la inocultable tradición suareciana, la identificación con ese *pathos* revolucionario, que incluso va siendo incorporado paulatinamente y no aparece en

---

De allí que ellos evocasen en el discurso público algunas unidades imaginarias históricas, referidas todas a las penurias comunes a los famosos trescientos años de dominación.

forma consistente a comienzos de la crisis colonial, fue lo que inauguró un cierto «uso» de otras lecturas para legitimar la acción política.

Cuando leemos la prensa de los jacobinos rioplatenses de esos años, concluimos que es probable que para ellos la revolución haya sido un acontecimiento tan inesperado como «calamitoso».[33] Arrojados a su devenir, empero, Rousseau les sirve para deslegitimar el orden anterior, del mismo modo que la apelación a Montesquieu y la idea de equilibrio de poderes —interpretada en el sentido del antiguo gobierno mixto— les ofrece elementos para imaginarse lo que a partir de allí se debería construir.

Mariano Moreno es un actor político a quien solo una opinión algo excesiva puede calificar como «el máximo pensador roussoniano de la historia argentina» (Cf. Lewin, 1967). No era un filósofo ni lo pretendía, era un hombre de acción, rescataba retazos y mezclas de filosofías para impulsar la política retórica o persuasivamente: su objetivo era sumar voluntades a la causa revolucionaria desde una convocatoria republicana que no ocultaba un marcado sincretismo ideológico (Cf. Aguilar; 2000). Pero es el Rousseau del *Segundo discurso*, es el pacto inicuo, es la descripción del régimen colonial como despotismo, lo que le permite convencer y convocar al pueblo para suscribir el verdadero *contrato social* que según él fundará el futuro, y con él la república.[34]

En síntesis, Moreno, que ha reeditado y prologado *El contrato social*, que ha escrito innumerables artículos (algunos inéditos en su época) dedicados a alabar a Rousseau,[35] está convencido de la existencia de derechos naturales *de los hombres* y *de los pueblos*, tan mezclados y equivalentes como aparecen en gran parte de la tradición del discurso republicano. Está con-

---

33. Dice, por ejemplo: «[...] así se vio que en el nacimiento de la revolución no obraron otros agentes que la inminencia del peligro, y el odio a una dominación extranjera» (*Gazeta*, 2 de noviembre de 1810).

34. Vaya como ejemplo de lo que decimos, otro párrafo de la *Gazeta* del 2 de noviembre de 1810: «Asustado el despotismo con la liberalidad y la justicia de los primeros movimientos de España, empezó a sembrar espesas sombras por medio de sus agentes; y la oculta oposición a los imprescindibles derechos, que los pueblos empezaban a ejercer, empeñó a los hombres patriotas, a trabajar en su demostración y defensa. Un abogado dio a luz en Cádiz una juiciosa manifestación de los derechos del hombre; y los habitantes de España quedaron absortos, al ver en letra de molde la doctrina nueva para ellos, de que los hombres tenían derechos».

35. Cf. Durhoffer, 1975.

vencido también de que el régimen que afortunadamente está desplomándose no es la república, porque la voluntad general aquí americana –único e indivisible soberano– no había fijado el verdadero contrato social, a partir del cual los magistrados deben cumplir la función de aplicar en particular las leyes generales que esa voluntad establece. Lo que se ha roto es un pacto inicuo colonial, un pacto despótico en el que los débiles permanecían sojuzgados por los poderosos. Y es allí donde se instala la evocación sincera de Rousseau, y un tipo de libertad «francesa» cuyos elementos igualitaristas ofrecían un buen ariete en la guerra contra las jerarquías autootorgadas por los españoles peninsulares por sobre los americanos criollos. Que el invento doctrinario de Rousseau, tan eficaz para romper cadenas, no es útil a la hora de construir naciones, es un duro conocimiento que los actores del rioplatense siglo xix irán adquiriendo con la crisis y una guerra que parece interminable. Por eso, si un giro va a imponerse para conseguir el orden sustentable, será el que se anuncia en los dichos del morenista Monteagudo, que en 1813, muerto ya Moreno, reemplaza el entusiasmo francés por una admiración expresa del modelo norteamericano; este «giro realista» lo regresa entonces del primitivo sueño roussoniano para comenzar a citar, con nombre y apellido, alguna crítica a los derechos franceses, que proviene de la pluma encendida del irlandés Edmund Burke.

Y es efectivamente Monteagudo quien, entre los morenistas, será el más explícito en sus lecturas británicas y más definitivo en su admiración por la historia revolucionaria de las colonias del Norte. Esa Constitución de Filadelfia que Moreno efectivamente había leído (no importa ya en qué idioma) y que, según interpreta la historiografía moreniana, pudo despertarle resquemores por la permanencia de la institución de la esclavitud, no inspira los mismos reparos en Monteagudo. Es él quien aconseja abandonar los sueños de una libertad exagerada y utópica, para girar la cabeza hacia la «gloriosa nación» que construyen los americanos del Norte, donde en definitiva se encuentra el origen de los famosos derechos del hombre. La clave del éxito de las instituciones de las ex colonias británicas consiste precisamente, para Monteagudo, en que el genio de esa nueva nación existía antes de la materialización de la escritura de los derechos en la famosa Declaración, y por lo tanto ésta no fue otra cosa que la puesta en instituciones de lo que antes eran costumbres, hábito social, espíritu individual de libertad igualitaria. Los legisladores rioplatenses, según Monteagudo, parecen no comprenderlo y tratan de imprimir, a la inversa, carácter performativo a la declaración, tal como habían hecho, equivocándose, los franceses. La confrontación entre la Revolución norteamericana y la francesa, con clara ventaja para la primera, es el tema de la larga exposición de Monteagudo en 1813; no duda en admitir su pasado error al tener demasiado presente el modelo francés, excesivamente asambleario, reconocimiento que, aunque no lo diga, está involucrando las posiciones del fallecido líder Moreno. Acompaña estas expresiones con un pormenorizado análisis de la constitución de Estados Unidos, en contrapunto con las leyes francesas y en desmedro de éstas.

Es probable que, mirado en su devenir, sea este momento discursivo monteagudiano el que inaugura una etapa de la historia del pensamiento político rioplatense decimonónico, más inclinado hacia la recepción de lecturas del mundo británico y angloamericano, acompañando una preocupación mayor por el orden y la construcción sustentable de las instituciones. En una palabra, es posible pensar que en la conciencia de Monteagudo, despojada de cualquier recelo religioso, comienza la crítica al modelo creacionista roussoniano y la confianza en las mayores seguridades que ofrece un modelo revolucionario más moderado como el norteamericano. Debe admitir, empero, que aquel mundo consuetudinario del orden no había sido un legado de la España colonizadora, ni podía ser buscado en el sustituto de una mítica historia local. Ese vacío entonces, sentido tal vez como una oportunidad para los actores revolucionarios iniciales, iría a convertirse paulatinamente en un peligroso destino para el objetivo republicano de la revolución rioplatense.

Bibliografía

Aguilar Rivera, José Antonio. *En pos de la quimera. Reflexiones sobre el experimento constitucional atlántico*. México: Fondo de Cultura Económica, 2000.
Alberini, Coriolano. «El pensamiento filosófico inglés en la Argentina». *Problemas de la historia de las ideas filosóficas en la Argentina*. La Plata: Dpto. de Filosofía, 1966.
Arendt, Hannah. *Sobre la revolución* [1963]. Buenos Aires: Alianza, 1992.
Bobbio, Norberto. *El tiempo de los derechos*. Madrid: Sistema, 1991.
Caillet Bois, Ricardo. *Ensayo sobre el Río de la Plata y la Revolución Francesa*. Buenos Aires: Imprenta de la Universidad, 1929.
____. «El Río de la Plata y la Revolución francesa 1789-1800». *Historia de la Nación Argentina*. Dirigida por Ricardo Levene. Buenos Aires: Academia Nacional de la Historia, 1941. Vol. V.
Chiaramonte, José Carlos. *La Ilustración en el Río de la Plata*. Buenos Aires: Puntosur, 1989.
____. *Nación y Estado en Iberoamérica. El lenguaje político en tiempos de las indepen-*

dencias. Buenos Aires: Sudamericana; 2004.

CIBOTTI, EMA: *Queridos enemigos.* Buenos Aires: Aguilar; 2006.

DARTON, ROBERT. *Los best sellers prohibidos en Francia antes de la revolución* [1996]. Buenos Aires: Fondo de Cultura Económica, 2008.

DOTTI, JORGE: *La letra gótica. Recepción de Kant en Argentina desde el romanticismo hasta el treinta.* Buenos Aires: Facultad de Filosofía y Letras-UBA, 1992.

DUNN, JOHN. *The Political Thought of John Locke.* Cambridge: Cambridge University Press, 1957.

DURHOFFER, EDUARDO. *Artículos que la Gazeta no llegó a publicar.* Buenos Aires: Casa Pardo; 1975

FERNÁNDEZ SEBASTIÁN, JAVIER y JUAN FRANCISCO FUENTES: *Diccionario del siglo XIX español.* Madrid: Alianza, 2002.

FUNES, DEÁN GREGORIO: «Oda a la memoria de Carlos III». *Archivo del Deán Funes.* Buenos Aires: s.e., 1944.

FURLONG, GUILLERMO. *Nacimiento y desarrollo de la Filosofía en el Río de la Plata 1536-1810.* Buenos Aires: Kraft, 1952.

GOLDMAN, NOEMÍ. *Historia y lenguaje. Los discursos de la revolución de Mayo.* Buenos Aires: Centro Editor de América Latina, 1992.

GUERRA, FRANÇOIS XAVIER. *Modernidad e Independencias. Ensayo sobre las revoluciones hispanas.* México D.F.: Fondo de Cultura Económica, 1993.

HABERMAS, JÜRGEN. «Derecho natural y revolución». *Teoría y praxis. Estudios de filosofía social.* Madrid: Tecnos, 1997.

HALPERÍN DONGHI, TULIO. *Tradición política española e ideología revolucionaria de Mayo* [1961]. Buenos Aires: Centro Editor de América Latina, 1985.

LEFORT, CLAUDE. «Los derechos del hombre y el Estado Benefactor». *Vuelta* 12 (1987).

____. «Derechos del hombre y política». *La Invención democrática.* Buenos Aires: Nueva Visión, 1990.

LEVENE, RICARDO. *Ensayo histórico sobre la Revolución de Mayo y Mariano Moreno.* Buenos Aires: Peuser, 1923.

LEWIN, BOLESLAO. *Rousseau y la Independencia argentina y americana.* Buenos Aires: EUDEBA, 1967.

MANZINI, JULES. *Bolívar y la emancipación de las Colonias españolas.* París: s.l., 1914.

MILLER, HENRY. *The New England Mind, From Colony to Province.* Cambridge: Harvard University Press, 1953.

MONTEAGUDO, BERNARDO DE. «Memoria». *Obras políticas de Bernardo Monteagudo.* Pról. de R. Rojas. Buenos Aires: La Facultad, 1916.

MYERS, JORGE. «Ideas moduladas: lecturas argentinas del pensamiento político europeo». *Estudios Sociales* 26 (2004).

PAGDEN, ANTHONY. *Señores de todo el mundo. Ideologías del Imperio en España, Inglaterra y Francia (en los siglos XVI, XVII y XVIII).* Trad. de M. Dolores Gallart Iglesias. Barcelona: Ed. Península, 1997.

ROUSSEAU, JEAN JACQUES. *El contrato social* [1762]. Trad. Leticia Halperín Donghi. Buenos

Aires: Losada, 1998.

SPELL, JEFFERSON REA. «Rousseau in Spanish America». *The Hispanic American Historical Review* 15.2 (1935).

_____. *Rousseau in the Spanish World before 1833.* New York: Gordian Press, 1969.

VOLTAIRE: «Cartas Filosóficas» [1733]. *Cartas Filosóficas y otros escritos.* Madrid: Edaf, 1981.

La ciudad anarquista americana: Utopías libertarias en el Nuevo Mundo

Santiago Juan-Navarro
Universidad Internacional de la Florida

A map of the world that does not include
Utopia is not worth even glancing at...

Oscar Wilde

Desde el periodo del «Descubrimiento», la producción cultural en el Nuevo Mundo ha estado marcada por ideales utópicos. América fue pronto considerada como un espacio vacío donde los europeos proyectaron su imaginación desbordada (Pagden, 1982; Fuentes, 1990). El historiador mexicano Edmundo O'Gorman (1958) llegó a afirmar que en 1492 América no fue descubierta sino «inventada», aludiendo a las fantasías que provocaron en el occidente europeo las primeras exploraciones del Nuevo Mundo.[1] De hecho, no podemos olvidar que el discurso utópico occidental se estructuró racionalmente en torno al fenómeno del «Descubrimiento». A comienzos del siglo XVI, Tomás Moro situaba su *Utopía* (1516) en el continente americano y, poco después, un obispo franciscano de Michoacán, Vasco de Quiroga, aplicaba las teorías de Moro a las comunidades de los tarascos: abolición de la propiedad privada, ausencia del dinero, jornadas de seis horas, distribución equitativa de los bienes y vida de acuerdo con la naturaleza. Comenzaba así la doble tradición del utopismo: la descriptiva (propia del ámbito literario) y la empírica (basada en reformas sociales de carácter radical).

---

1. En una célebre cita, Alfonso Reyes señaló que América, «antes que dejarse sentir por su presencia, se dejaba sentir por su ausencia», aludiendo al concepto del espacio americano como pura virtualidad donde los europeos quisieron realizar sus sueños e ideales frustrados (Reyes, 1960: 61). Antes incluso de ser descubierta, América había sido soñada y había que acomodar la realidad al sueño, porque lo soñado no fue la realidad americana, aún desconocida, sino el ideal de construir un topos imaginario para poder negar el topos europeo existente (Cerutti, 1974: 227).

Tanto para los europeos como para los americanos, el continente ha tenido los dos ingredientes básicos de la utopía: espacio y tiempo, territorio donde fundarse y una historia con un pasado a recuperar o un futuro al que proyectarse. América permitió la objetivación de la utopía concretando los sueños abstractos de la Antigüedad y la Edad Media, sirviendo así de objeto real al sujeto imaginante en un proceso de identificación mutua (Ainsa, 1992: 10). Este sentimiento habría de prolongarse a través de los siglos. Las misiones jesuíticas de los guaraníes en el Paraguay continuaron, ya en el siglo XVII, la tradición del pensamiento moreano. Basadas en el colectivismo agrario, el igualitarismo, la rotación de tareas y la comercialización de los excedentes, las misiones fueron un ejemplo de organización y prosperidad hasta que Carlos III ordenó la expulsión de los jesuitas en 1767 (Gómez Tovar, 1991: 11).

Durante la Ilustración, el «Descubrimiento» constituía para pensadores como Voltaire una «nueva creación», y aún en el siglo XIX Tocqueville (507) y Hegel (90) describían América como un espacio orientado hacia el futuro. «El continente de la imaginación», como lo llamara Rémond, o el «País del porvenir», como lo bautizara Hegel, el Nuevo Mundo ha sido tradicionalmente posibilidad, esperanza de vida nueva que se propone a partir de un simbólico «empezar desde cero». Pero, como nos recuerda Ainsa, la contrapartida de esta juventud exultante es la negación o la ignorancia del pasado reducido a mera arqueología de civilizaciones «primitivas» o a simple inventario de culturas «muertas» (Ainsa, 1992: 11).

A lo largo de la primera mitad del siglo XIX, las teorías y prácticas del socialismo utópico europeo se materializaron no en Europa, sino en América. Allí desembarcaron los discípulos de Owen y Fourier y allí surgieron las apasionantes experiencias autárquicas de Icaria, New Harmony, Freedom Colony, Utopia Book Farm, Equity, Valley Farm, Nashoba y tantas otras prolongadas hasta nuestros días bajo diversos nombres.[2] A finales del siglo XIX y comienzos del XX se produjeron vastos movimientos migratorios impregnados del espíritu fundacional del pensamiento utópico. La función de la

---

2. Los movimientos comunales de inspiración utópica han sido objeto de numerosos estudios. La colección de ensayos de Pitzer (1997) examina tanto las experiencias comunitarias de los grupos milenaristas religiosos como las del socialismo utópico. Para un tratamiento en profundidad de las utopías socialistas del siglo XIX, véanse los trabajos de Bestor (1950), Holloway (1966) y Guarneri (1991).

utopía en este período fue de nuevo espacial y geográfica. Se aspiraba a colonizar una América en la que se reconocía la Tierra Prometida. De golpe, se descubrieron nuevos espacios para la conquista, territorios donde grupos étnicos, religiosos o políticos podían instalarse libremente. Los lugares, que en su mismo nombre evocaban el «paraíso perdido» (Puerto Alegre, Ciudad Paraíso, Puerto Edén, Valparaíso), empezaron a configurar la nueva geografía humana del continente, y la idealización de América como tierra de promisión económica se manifestó en la expresión popular «hacer las Américas».

Las utopías en este periodo fueron importantes para que muchos de los nuevos Estados americanos consolidaran sus sociedades. Especialmente en Argentina, Paraguay, Uruguay y, posteriormente, Brasil y Venezuela, el mito configuró el paisaje nacional, lo que habría de reflejarse inevitablemente en la literatura. Las dictaduras que entonces surgieron en América Latina generaron un movimiento de rechazo que produjo numerosas «repúblicas ideales». Juan Montalvo, en sus *Catilinarias*, combatió la teocracia del dictador García Moreno en Ecuador, José Martí acuñó la expresión «Nuestra América», en su lucha por la libertad e independencia de Cuba, y Benito Juárez imaginó otro México, libre del despotismo.

La tendencia y latencia de lo utópico americano, que empezó siendo expresión de la utopía de los otros, se fue transformando progresivamente en «el derecho a nuestra utopía», dentro de un desarrollo hacia la autonomía cultural de las Américas. Los ensayos de Alfonso Reyes (*Última Tule* y *No hay tal lugar*) o *La utopía de América* de Pedro Henríquez Ureña son ejemplos paradigmáticos del renacimiento del discurso utópico americano en el siglo XX. Esa misma línea de un pensamiento utópico novomundista, aunque difiere en los modelos propuestos, resurge como una misma preocupación en los proyectos americanistas de Eugenio María de Hostos, José Enrique Rodó, así como en las obras de Manuel González Prada, Manuel Ugarte y José Vasconcelos.

El socialismo utópico en las Américas

El XIX estuvo marcado por continuos intentos de reforma social. Las Américas se convirtieron en un auténtico imán para los movimientos utópico-reformistas basados en la comunidad de bienes, el igualitarismo, la transformación del individuo y la búsqueda de armonía con la Naturaleza. La imagen del Nuevo Mundo como laboratorio de ensayo de los utopistas europeos fue pronto una realidad. En ese contexto no había necesidad de narraciones utópicas. La utopía podía materializarse, y de hecho se materializó, si bien brevemente, en suelo americano.

Ante la imposibilidad de llevar a cabo sus proyectos en Europa, los utopistas volvieron sus ojos hacia el Nuevo Mundo. Uno de los más destacados fue el británico Robert Owen, quien en 1824 embarcó rumbo a los Estados Unidos. Su objetivo último era la creación de un orden social mediante la «asociación voluntaria de un régimen de propiedad común, bajo la forma de pequeñas comunidades agrarias o industriales» (Cappelletti, 1990: 64). En América las leyes eran menos restrictivas y todavía no había penetrado lo que los utopistas veían como corruptas costumbres europeas. Owen adquirió la Colonia Harmony, consistente en doce mil hectáreas situadas en lo que hoy día es el Estado de Indiana. Por las ilustraciones que nos han llegado deducimos que se trataba de un gran cuadrilátero, como el de los claustros de las viejas universidades europeas, pero de mayor tamaño. El 1 de mayo de 1825 se inauguró New Harmony, que tuvo una duración de dos años y contó con, al menos, siete formas de gobierno diferentes. Aunque en un principio no tuvo una inspiración comunista, en enero de 1826 se adoptó una constitución sobre bases colectivistas: principios de igualdad absoluta y compensación independiente del esfuerzo o la productividad.

El enfrentamiento de sus miembros en cuestiones religiosas y económicas socavaron progresivamente los cimientos de la comunidad. Las expulsiones y deserciones se sucedieron hasta que New Harmony finalmente se disolvió en mayo de 1827. A pesar del fracaso, Owen no consideró la experiencia como negativa. En septiembre de 1828 pidió al gobierno mexicano la cesión gratuita de parte de su territorio en el Golfo de México (entre Texas y Coahuila), con el objetivo de crear «una sociedad racional y justa». En su propuesta subrayaba la idoneidad de su proyecto en este territorio fronterizo para apaciguar las rivalidades entre los ciudadanos de ambos Estados y evitar así un enfrentamiento armado. El proyecto no se materializaría al producirse la guerra profetizada por Owen y pasar Texas a manos de los norteamericanos en 1844.

Cuando veinte años más tarde Étienne Cabet pidió consejo sobre el emplazamiento de Icaria, otra comunidad utópica, el anciano Owen le recomendó regresar de nuevo a Texas. El proyecto de Cabet fue el primero creado sobre la base de una obra literaria, *Viaje por Icaria* (1840), de gran difusión en su tiempo. Tal éxito le impulsó a intentar materializar las comunidades icarianas en América. Tras adquirir un millón de acres (unas 400 000 hectáreas), fundó su colonia el 1 de julio de 1847. Sin embargo, las dificultades se presentaron desde el principio. Para empezar, el terreno adquirido estaba en una zona inhóspita e inaccesible por río. El millón de acres consistía en un grupo de parcelas incomunicadas entre sí. Las enfermedades, la escasez de alimentos y medicinas y las dificultades para la administración de vastos territorios dispersos, les obligaron a dejar aquellas tierras. Al desencanto por el fracaso del experimento icariano se sumó la Revolución de 1848, que abría nuevas perspectivas para los socialistas en Europa e hizo innecesario por un tiempo el «sueño americano».

Ante tales dificultades, Cabet decidió abandonar la concesión de Texas y adquirir una comunidad abandonada por los mormones en Nauvoo (Illinois). Reparó edificios, construyó nuevas viviendas y produjo gran números de libros y folletos para propagar sus ideas. De esta manera se consiguieron captar numerosos socios en Francia y Norteamérica, y de los doscientos ochenta miembros originales, la comunidad pasó a contar con quinientos. La decadencia en este caso vino dada por varios procesos legales emprendidos en Francia contra Cabet, quien con el tiempo fue volviéndose más autoritario y reservado. Aunque el utopista murió en 1856, las comunidades icarianas sobrevivieron hasta 1895. Tuvieron, por tanto, una duración de medio siglo.

El pensamiento fourierista tuvo menos fortuna. Fue introducido en los Estados Unidos por Albert Brisbane, joven norteamericano que llegó a París en 1832, donde conoció a Victor Considerant. Cuando regresó a los Estados Unidos, publicó *Social Destiny of Man* (1840), que tuvo una buena acogida y contribuyó a la fundación de muchas sociedades y «falansterios». En 1854 Considerant partía hacia Nueva York con un centenar de colonos. Su intención era fundar junto a Brisbane una colonia fourierista en Texas. Tenía la intención de adquirir 20 000 acres (cerca de 50 000 hectáreas) cerca de Dallas. Poco después se le unió otro grupo y como resultado se creó el falansterio La Reunión, que en 1855 contaba con trescientas personas. Corrían los tiempos en que Texas, tras ser anexionada a los Estados Unidos, buscaba poblar sus tierras y se cedían grandes territorios a todos aquellos que quisieran instalarse allí. Sin embargo, el experimento no prosperó y a fines de 1856 la mayor parte de los colonos había abandonado el lugar. Un año después, Considerant publicó en San Antonio su folleto *Du Texas, Premier rapport à mes amis*, donde explicaba las dificultades y proponía remedios para futuras empresas.

En 1863 Considerant asistió a la ruina final de su colonia como consecuencia de la sublevación de los Estados del Sur. Finalizaba así la era de los grandes apóstoles del socialismo utópico (Owen, Cabet, Considerant) que buscaban en el Nuevo Mundo la puesta en práctica de sus teorías. Esto no significa que no siguieran produciéndose experimentos colectivistas en la segunda mitad del siglo XIX y a lo largo del XX. Las explosivas condiciones revolucionarias en Europa y las coyunturas particulares de las nuevas naciones latinoamericanas ofrecieron un marco favorable para tales empeños.

Dos acontecimientos en Europa (la Revolución de 1848 y la Comuna de París en 1871) turbaron la evolución social del continente americano. Tras ser aplastados estos dos levantamientos, muchos de sus líderes buscaron refugio en tierras americanas. En febrero de 1861 Plotino C. Rhodakanaty, a su llegada a México, publicó la célebre *Cartilla Socialista* (1861), en la que bajo la forma de un diálogo socrático exponía los principios de una comunidad utópica. En ella omitía toda referencia a la autoridad y planteaba una organización comunal próxima a la ideología del anarquismo. De hecho, sus discípulos se contarían entre los iniciadores del movimiento campesino mexicano de inspiración libertaria.

A finales del XIX Brasil fue testigo de unos de los proyectos utópicos más importantes del siglo. Giovanni Rossi (médico y agrónomo italiano) había publicado en Italia *Una Comuna Socialista* (1878), donde presentaba un proyecto inspirado en bases libertarias. La primera experiencia anarco-comunista se dio en Cremona con óptimos resultados. Este éxito llevó al Emperador del Brasil, que por esas fechas se encontraba en Milán, a interesarse por la organización de colonias para el cultivo de la tierra. Es así como Don Pedro II autorizó el asentamiento de una comuna al norte del Brasil, en Palmeiras, Estado de Paraná.

El 20 de febrero de 1890, poco después de la caída del emperador, Rossi partía de Génova con un grupo de colonos y, a pesar de las dificultades del terreno y lo aislado del área que les había sido cedida, fundó la colonia Cecilia. El objetivo de Rossi era la creación de una sociedad sin clases y la implantación del comunismo libertario. A diferencia de los experimentos utopistas de la primera mitad del siglo, el éxito en este caso se debió principalmente a la homogeneidad del contingente colonizador (en su totalidad, militantes anarquistas de procedencia italiana). Pronto la colonia llegó a contar con más de trescientos miembros y su fama tuvo gran eco por toda Latinoamérica. A la difusión de la experiencia contribuyó la presencia de visitantes ilustres, como el ex presidente del Uruguay, José Batlle y Ordóñez. Por primera vez se puso de manifiesto la viabilidad práctica del comunismo libertario.

La mala calidad de las tierras, la pérdida del apoyo imperial, la dificultad en la entrega de las cosechas al gobierno central y la intervención de la naciente administración republicana, contribuyeron en este caso a la decadencia de la comuna. En 1893 ya solo quedaban sesenta y cuatro miembros. Giovanni Rossi, sin embargo, permaneció largo tiempo en Brasil como profesor en la Escuela Superior de Agricultura de Taguari y director de una central agrícola.

En la práctica totalidad de los casos mencionados el fracaso se debió a causas similares. Los utópicos del socialismo intentaban escapar de la realidad del viejo continente, pero también del nuevo. La mayoría de estos proyectos se llevaron a cabo ignorando la realidad propia de las Américas (e incluso marchando a contracorriente de su evolución y circunstancias). Al alejarse de los centros urbanos, creando sociedades autárquicas, se imposibilitó un mantenimiento sostenidos de estas comunidades, que terminaron por disolverse.

Las utopías libertarias

La primera utopía anarquista en el ámbito literario (*L'Humanisphère*) fue publicada por entregas en Nueva York entre 1858 y 1861 en *Le Libertaire*. Su autor, Joseph Déjacque, era un obrero manual, periodista autodidacta, escritor y activista que había luchado en las barricadas de París en 1848. Por primera vez, y antes incluso de que Kropotkin formulara muchas de sus ideas colectivistas, Déjacque describe en su obra una sociedad organizada de acuerdo con la ideología del comunismo libertario. La acción se sitúa un milenio después del momento en que escribe Déjacque y la trama se ajusta a un patrón novelesco, de acuerdo con el cual la «Idea» narra al autor la organización del futuro.

Ya desde su mismo prólogo («Qué es este libro»), el autor establece el carácter proletario y el tono apocalíptico de su obra: «Yo ínfimo proletario [...] agraviado con las brutalidades del destierro o de la prisión, entreabro el abismo bajo los pies de mis martirizadores y paso el bálsamo de la venganza sobre mis cicatrices siempre sangrantes» (Déjacque, 1927: 16-17). Más que un relato utópico, Déjacque propone toda una teoría del discurso de carácter radical y militante. Así, rompe con el mito burgués de la obra literaria escrita por y para las clases privilegiadas: «Este libro no es una obra literaria, es una obra INFERNAL, es el clamor de un esclavo rebelde» (16). Devuelve el arte a sus raíces populares: «Este libro [...] no ha sido trazado por la mano enguantada de un fantaseador [...] es un grito de insurrección, un toque de clarín que hace resonar el martillo de la idea en el oído de las pasiones populares» (17-18). Y aspira a crear un «hombre nuevo» con la ayuda de una estética beligerante: «Este libro no está escrito con tinta; ni sus páginas [...] son hojas de papel. Este libro es acero forjado en 8° y cargado con fulminato de ideas. Es un proyectil autoricida que disparo en cantidad de mil ejemplares sobre el pavimento de los civilizados [...] Este libro no es un escrito, es un acto» (25).

El más destacado teórico del comunismo libertario, Piotr Kropotkin, diseñó un sistema político y filosófico basado en el ideal de una sociedad sin gobierno. Sus tesis alcanzaron amplia difusión internacional a partir de la conferencia de Ginebra en 1882 y tuvieron una influencia determinante en las utopías libertarias escritas en Europa y América durante la segunda mitad del siglo xix y primeras décadas del xx.

Kropotkin abogaba por una sociedad libre e igualitaria sin coerción de ningún tipo. Su principio de la solidaridad, que consideraba consustancial al individuo, se basaba en la idea de que los hombres agrupados libremente en pequeñas comunidades son más felices, ya que pueden resolver sus problemas dentro de un espíritu fraternal. Esto le llevó a idealizar la ciudad medieval, y a convertirla en una especie de mito del origen de su utopía libertaria. Para Kropotkin, la urbe medieval «era una tentativa para organizar una estrecha unión de ayuda y de apoyo mutuos para el consumo y la producción y para la vida social en su conjunto, sin imponer los obstáculos del Estado, pero dejando plena libertad de expresión al genio creador de cada grupo, tanto en las artes como en los oficios, las ciencias, el comercio y la política» (Kropotkin, 1902: 43-44). En su mistificada visión del mundo medieval, creyó ver las bases de lo que habría de ser el comunismo libertario:

> Cuanto más conocemos la ciudad medieval más claramente vemos que en ningún otro tiempo el trabajo ha disfrutado una prosperidad y merecido un respeto tal como en los tiempos florecientes de esta institución [...] No tan solo estaban realizadas en la Edad Media muchas de las aspiraciones de nuestros radicales modernos, sino que hasta ciertas ideas eran aceptadas como indiscutibles realidades (54).

Anteriormente había desarrollado algunas de estas ideas en *Campos, fábricas y talleres* (1899): «Sostenemos que el ideal de sociedad, el estado hacia el cual marcha ésta, es una sociedad de trabajo integral, una sociedad en la cual cada individuo sea un productor de trabajo manual e intelectual [...], en la que todos trabajen lo mismo en el campo que en el taller industrial» (Kropotkin, s.f.: 9). La rotación del trabajo evitaría, según Kropokin, la monotonía y contribuiría a estimular la producción y a crear más tiempo para el ocio.

Kropotkin propone también la descentralización industrial. En lugar de los grandes centros de producción, sugiere la creación de fábricas pequeñas diseminadas en comunas por todo el país. Anticipando las críticas que podría recibir (y de hecho recibió), aclara que su intención no es desterrar las conquistas tecnológicas: «Claro es que sería un gran error imaginar que la industria debería volver a su estado de trabajo manual a fin de combinarse con la agricultura, pues dondequiera que la máquina venga a economizar el trabajo humano debe acudirse a ella y recibirla con los brazos abiertos» (195).

Su insistencia en la integración del trabajo manual e intelectual le obliga a replantearse también el tema de la educación, que, según Kropotkin, debía ser integral o completa, además de teórica y práctica. No debería tender hacia la especialización, sino a la transmisión de conocimientos generales, algo explicable a partir de la desaparición de la división del trabajo. En definitiva, la comuna libre se presentaba como la solución de todos los problemas sociales, económicos, políticos y culturales derivados del capitalismo tras la revolución industrial.[3]

Contemporáneo de Kropotkin, el británico William Morris escribió una utopía que tuvo gran difusión en su tiempo: *News from Nowhere* (Londres, 1890). Como Kropotkin, Morris no era partidario del desmesurado desarrollo de la industria. Apostaba por una transformación radical de las relaciones sociales y una simplificación del sistema productivo. La ideología de Morris

---

3. En *El organismo económico de la revolución* (1936), Diego Abad de Santillán criticó dentro del anarquismo estas ideas. Por ejemplo, tacha algunas de las tesis de Kropotkin de anacrónicas. Su inspiración medieval difícilmente podría llegar a tener cabida en una economía postindustrial y el aislamiento en lo local era difícilmente sostenible en medio de una incipiente globalización.

se situaba entre el anarquismo colectivista y el marxismo. Su utopía presenta una sociedad comunista que, instaurada mediante la lucha revolucionaria y tras una etapa de transición, había acabado con el Estado.

Con la desaparición de la propiedad privada y las clases sociales, en la obra de Morris, el trabajo deja de ser un castigo para convertirse en un placer: «la felicidad es imposible sin el trabajo cotidiano» (Morris, 1928: 112). Desaparecen las fábricas gigantescas y proliferan, en su lugar, talleres esparcidos por el campo. Solo se produce aquello que se necesita. Quedan prohibidos tanto los artículos de mala calidad como los superfluos. El trabajo más enojoso lo hacen las máquinas y solo se hace a mano aquel que pueda ser placentero. Cada individuo realiza las tareas que convienen a su gusto y aptitudes.

Morris no rehúsa las ventajas sociales y económicas del uso de la tecnología moderna, pero está en contra de que el hombre se convierta en esclavo de la máquina. Reivindica, como Kropotkin, la tradición de artes y oficios de la Edad Media. Como la obra del pensador ruso, la de Morris muestra una visión idealizada de la vida cotidiana en aquellos tiempos, en los que la actividad gremial se organizaba en torno a pequeñas comunidades autónomas. En *News from Nowhere* desaparecen las grandes ciudades con su hacinamiento y consecuente degradación. Londres es así sustituida por pequeñas aldeas de viviendas sencillas, sólidas y alegres diseminadas entre jardines, de tal forma que las diferencias entre ciudad y campo dejan de tener sentido. Esta organización social implica la reintegración del ser humano al mundo natural, la importancia de la creación estética y un nuevo concepto de la justicia basado en el perdón. La familia como institución es reemplazada por la libre asociación entre las parejas.

La ciudad anarquista americana

Las ideas de Kropotkin y las utopías literarias de Morris y Déjacque habrían de tener su impronta en la obra de Pierre Quiroule, *La ciudad anarquista americana* (1914). En esta narrativa utópica se retoman algunos de los temás candentes en los debates filosóficos del anarquismo, al mismo tiempo que se aportan alternativas prácticas a los modelos de comunismo libertario que se habían venido proponiendo. Pero antes de analizar la obra de Quiroule, sería conveniente explorar el contexto histórico y social en el que ella surge: el movimiento libertario argentino a comienzos del siglo xx.

El anarquismo argentino fue, desde sus orígenes en 1880 hasta la década de 1930, la ideología dominante en el proletariado urbano del Río de la Plata (Cappelletti y Rama, 1990: IX; Oved, 1997: 1). En el Buenos Aires de fin de siglo, el debate intelectual estaba dominado por el positivismo, el romanticismo tardío, las nuevas corrientes pedagógicas, literarias y políticas y el cosmopolitismo. Allí se dieron cita inmigrantes proletarios de todo el mundo, que trajeron con ellos las ideas revolucionarias del socialismo y el anarquismo. Los primeros anarquistas en Argentina fueron principalmente individualistas bajo la influencia del filósofo alemán Max Stirner; enemigos de la organización y partidarios de la propaganda por el hecho. Esta modalidad del anarquismo alcanzó su apogeo hacia 1890. Luego fue desapareciendo ante el empuje del anarquismo organizativo.

La presencia en Buenos Aires de los italianos Enrique Malatesta y Pietro Gori y del español Antonio Pellicer Paraire representó un espaldarazo para los partidarios del anarquismo en general y del sindicalismo libertario, en particular. A finales del siglo xix se organizaron sociedades obreras, publicaciones, bibliotecas populares y conferencias de marcado signo libertario. Entre otros, se fundaron el Círculo Comunista Anarquista (1884), el Círculo de Estudios Sociales (1885), el Círculo Socialista Internacional (animado por Malatesta entre 1880-1884), la Federación Libertaria (organizada por Gori) y la Federación Obrera Regional Argentina-FORA (1914).

Igualmente, la prensa revolucionaria estuvo dominada por los periódicos y revistas anarquistas: *La Vanguardia* (1894) y *La Protesta Humana* (1897), que a partir de 1903 pasaría a llamarse *La Protesta*, se convirtieron en diarios a partir de 1904, alcanzando gran difusión. Otras publicaciones periódicas, como *El perseguido*, *La Miseria*, *Ni Dios ni Amo*, *La Autonomía Individual* y *La Voz de la Mujer*, tuvieron una orientación similar. Incluso llegaron a publicarse periódicos libertarios en los idiomas de la emigración, como el italiano (*Lavoriamo, La Riscossa, La Questione sociale, Venti Settembre y La Conquista di Roma*) y el francés (*La Liberté y Le Cyclone*).

Pero no solo el movimiento obrero estuvo fuertemente ideologizado, también el mundo intelectual destacó por su compromiso político. Roberto J. Payró, José Ingenieros, Juan B. Justo y Leopoldo Lugones simpatizaron con el socialismo; mientras Florencio Sánchez, Alberto Ghiraldo, Pascual Guaglianone y Rodolfo González Pacheco militaron en las filas anarquistas.[4] En este sentido, existe una huella de estas ideologías en la literatura argentina de la época que no siempre ha sido reconocida. En el caso del anarquismo, este olvido es fruto tanto de la ignorancia como de la mala fe. En las historias del socialismo, escritas principalmente desde una perspectiva marxista, el anarquismo ha sido contemplado a menudo como una ideología marginal y minoritaria, «fruto de inmadurez revolucionaria, utopismo abstracto, rebeldía artesanal y pequeño burguesa, etc.» (Cappelletti y Rama, 1990: X).

La influencia del anarquismo llegó a ser tan grande a comienzos del siglo XX, que la Federación Obrera Regional Argentina recomendó en su quinto Congreso «inculcar a los obreros los principios económicos del comunismo anárquico» (Abad, 1933: 142). Esta presencia del anarquismo en la sociedad argentina no surgió de la nada. La tradición utopista en Argentina se remonta a la Generación de 1837, influenciada por las ideas de Saint-Simon. Años después habrían de ser Fourier y Proudhon, dos de los pensadores más influyentes en el pensamiento político argentino. A finales de siglo la experiencia de la Comuna de París, unida a la masiva inmigración europea, el crecimiento industrial y la formación de una clase obrera de amplia base, habrían de convertirse en el marco perfecto para la difusión de las ideas libertarias.[5]

En este contexto hay que entender la obra de Pierre Quiroule, *La ciudad anarquista americana (Obra de construcción revolucionaria)*, publicada en 1914 por Ediciones La Protesta. Pierre Quiroule fue uno de los seudónimos que usó el francés Joaquín Alejo Falconnet, nacido en Lyon en 1867. Quiroule emigró a Buenos Aires siendo un niño y a los veintitrés años comenzó a colaborar en *El Perseguido* (1890-1897). También fundó *La Liberté* (1893-1893) y formó parte de la redacción de *La Protesta*, el órgano más representativo del periodismo anarquista en Argentina. La gran cantidad de libros y folletos que escribió hacen de él «uno de los más prolíficos autores que tuvo el movimiento libertario en Argentina» (Weinberg, 64). Trabajó durante

---

4.   En su prólogo a *El anarquismo en América Latina*, Cappelletti y Rama llegan a afirmar que «[e]n Argentina y Uruguay puede decirse que la mayoría de los escritores que publicaron entre 1890 y 1920 fueron, en algún momento y en alguna medida, anarquistas (XII)».

5.   La utopía reaparece en la Argentina de finales del siglo XIX y comienzos del XX, a causa de una realidad social e ideológica fruto de la inmigración. Buenos Aires pasó de setenta y seis mil habitantes en 1853 a cinco millones y medio en 1920, de los cuales casi la mitad era italiana, y la tercera parte, española..

muchos años también en la Biblioteca Nacional, a la que accedió gracias a su amigo y compatriota Paul Groussac. Dejó la militancia activa en los años veinte, dedicándose a escribir sobre temas de carácter filosófico hasta el momento de su muerte, el 30 de noviembre de 1938.

La importancia de Quiroule dentro del utopismo argentino es crucial. No solo escribió la utopía anarquista más conocida (*La ciudad anarquista americana*), sino que ésta forma parte de una trilogía a la que pertenecen otras dos obras similares: *Sobre la ruta de la anarquía* (1912) y *En la tierra soñada del Ideal* (1924). La primera planteaba los problemas que aparecen después de un cambio radical y proponía métodos para asegurar la reorganización social. La segunda establece una distinción entre ideal social y progreso material. En todas ellas intenta dar respuesta a los interrogantes que el socialismo «científico» siempre fue incapaz de responder: ¿qué hacer después de que el cambio revolucionario ha tenido lugar?, ¿cómo organizar una sociedad comunista sin caer en los mismos errores del modelo anterior?, ¿cómo garantizar el bienestar, el orden y la felicidad de la población sin recurrir al autoritarismo y la centralización del poder? Las respuestas que propone Quiroule son a veces tan extravagantes y pintorescas que nos pueden parecer hoy día ingenuas, o hasta risibles, pero lo cierto es que Quiroule afrontó el riesgo de aquellos visionarios que intentaron romper moldes ofreciendo una alternativa original y, en muchos casos (no siempre, por supuesto), factible.

La obra de Quiroule se abre con una dedicatoria: «A los valerosos revolucionarios que en Méjico luchan por ¡TIERRA Y LIBERTAD!» (Quiroule, 1991: 3). No podemos olvidar que *La ciudad anarquista...* se gesta en pleno auge de la Revolución Mexicana, cuya tendencia zapatista se guió por ese mismo lema y por una visión de las relaciones sociales influenciada por el anarquismo. Una segunda dedicatoria reconoce la deuda del autor con el pensamiento utópico: «A los admirables utopistas forjadores de Ideal, gloriosos alquimistas del Pensamiento humano [...]» (Ibídem: 5).

El libro propiamente dicho comienza con un prefacio («Dos palabras de explicación») en el que se critica ferozmente la sociedad capitalista. La alternativa no es una reforma, sino una revolución radical: «Los comunistas pretendemos cambiarlo todo, para innovar en todos los sentidos» (11). Afirma que hay que sustituir el régimen por «una sociedad más racional y perfecta». En cierto sentido, es una respuesta a la negatividad que caracterizaba gran parte del discurso libertario, un discurso que a menudo mostraba su rechazo de la sociedad burguesa sin plantear una alternativa viable. *La ciudad anarquista...* constituye un intento de esbozar una sociedad futura ideal.[6] Su precedente más inmediato hay que buscarlo en *La Société au lendemain de la Révolution*, de Jean Grave (París, 1882), traducida como *La sociedad futura*. Grave estudiaba en su libro los problemas sociales que se plantearían después de un supuesto triunfo revolucionario.

Quiroule subraya que el cambio no debe limitarse a arrojar a la burguesía del poder. Aboga además por una transformación radical y profunda. La revolución auténtica, según él, solo puede lograrse mediante el establecimiento de comunas organizadas en pequeñas ciudades y en contacto con la naturaleza. A diferencia del socialismo «científico», el anarquismo lucha por un individualismo libre de las trabas con las que el hombre tropieza en la sociedad. A diferencia de otros utopistas, Quirole se aventura en el difícil terreno de la causalidad histórica. Las utopías tradicionales no contaban cómo se habían producido los cambios. Éstos aparecían siempre como dados, el nuevo orden ya existía, estaba funcionando y nadie lo cuestionaba. También se aleja Quirole de las utopías clásicas al situar la suya en un lugar que no resulta difícil de identificar. Las primera utopías de los siglos XVI y XVII se imaginaban en un territorio ideal lejano y de difícil acceso (por lo general, en una isla). La lejanía garantizaba la existencia de una alteridad ideal y diferente. Agotados los espacios desconocidos, las utopías de los siglos XIX y XX se situaban por lo general en el futuro: *L'An 2440* (1771), de Louis-Sébastien Mercier, inaugura esta línea de anticipación utópica, a la que se adscriben también *Le Monde dans deux mille ans* (1878), de Georges Pellerin; *Looking Backward 2000-1887* (1888), de Edward Bellamy; y *A Modern Utopia* (1905), de H.G. Wells.

Quiroule opta por un espacio más definido. Los topónimos en su obra son inventados, pero guardan un parecido inequívoco con la geografía argentina. El lugar donde se produce la revolución que hará posible, décadas después, la fundación de una sociedad anarquista, es el Reino de El Dorado, que toma su nombre del antiguo reino mítico que los conquistadores españoles situaban en el continente americano. La capital del reino se llama Las Deli-

---

6. Quiroule es perfectamente consciente de esa crítica que se les hacía a los anarquistas, de ahí la forma en que pone fin a su prefacio: «Se ha dicho y repetido en todos los tonos que los anarquistas, excelentes críticos y demoledores de lo existente, ignorábamos totalmente lo que pondremos en lugar de lo destruido [...] A destruir este prejuicio responde el presente bosquejo de la ciudad libertaria y de la organización de mañana en la comuna anarquista. P.Q.» (Quiroule, 1991: 16).

cias (¿Buenos Aires?) y se encuentra a orillas del río Diamante (¿Río de la Plata?). La nueva ciudad, donde se instaura el comunismo libertario, la sitúa al norte de Las Delicias, cerca de la provincia de Santa Felicidad (¿Santa Fe?). Hace alusión a unas llanuras inmensas y monótonas al sur de la nueva ciudad. También se refiere en varias ocasiones a los indios americanos como los antiguos dueños de aquellas tierras, despojados de ellas por los conquistadores. Y por si todo esto no fuera suficiente, aparece en sus páginas «la figura legendaria del indómito gaucho de las pampas argentinas» (Quiroule, 1991: 23).

El tiempo de la obra muestra una misma ambivalencia: es impreciso, pero puede deducirse de forma aproximada. Se nos dice en el prólogo que han transcurrido veinte años desde la caída de la monarquía y se alude al siglo que acaba de empezar. La revolución que derriba al gobierno se produce durante las fiestas por el décimo aniversario de la instauración de la monarquía, que evocan las fiestas del Primer Centenario de la Independencia en 1910. Cabría la posibilidad de que la revolución se hubiera producido en 1910, mientras que los acontecimientos que narran la vida en la nueva sociedad podrían situarse en 1930. En cualquier caso, se mantiene una ambigüedad imprescindible dentro del género utópico. Como en la utopía clásica, el autor habla del futuro a partir del presente. El acontecer de la utopía tiene lugar, por tanto, en un tiempo paralelo.

La ciudad anarquista... aborda al comienzo y al final de sus páginas la cuestión de la toma del poder y los problemas inherentes a la situación post-revolucionaria. El derrocamiento de la monarquía se produce mediante un golpe de Estado. Aprovechando la confusión de la fiesta nacional, los dirigentes del país, el monarca, el primer ministro, los miembros del gabinete y el jefe de la policía son detenidos una madrugada por un pequeño grupo de insurrectos y encerrados en un cuartel de la capital. Al día siguiente los golpistas proclaman la caída del régimen monárquico burgués y anuncian la instauración de las comunas libres. La noticia es recibida con entusiasmo por las masas, que se vuelcan a las calles para proclamar su adhesión al nuevo régimen revolucionario.

El boicot internacional del capitalismo sigue a la toma del poder comunista en El Dorado, lo que provoca la adopción de severas medidas centralizadoras. Se plantean así muchos de los problemas a los que debió hacer frente la Revolución Rusa después de su triunfo en 1917. La industria metalúrgica, por ejemplo, necesita de sacrificados obreros. Alguien tiene que seguir haciendo esos trabajos después de la revolución. Los campesinos, aunque trabajen para otros (ahora para una propiedad colectivizada, en lugar de hacerlo para un latifundista), siguen atados a la tierra. Pronto se intuye el riesgo de una ruptura entre campo y ciudad. Una opción (la que adoptaría a menudo el «socialismo real») consistiría en la centralización y la adopción de medidas autoritarias. El problema que plantea Quirole es que un verdadero anarquista no podrá nunca estar satisfecho con un simple cambio en la dirigencia del país o en los organismos de control económico e institucional.

La originalidad de *La ciudad anarquista...* radica precisamente en el planteamiento de estos temas, nunca antes abordados por el género utópico. Quiroule propone soluciones a través de las predicciones visionarias del «científico» y artífice de lo que llama «Segunda Revolución de El Dorado». Se trata de un personaje arquetípico llamado Súper, que evoca inmediatamente la figura del Superhombre nietzscheniano Sus compañeros son igualmente esquemáticos y sus nombres tienen también resonancias alegóricas: Optimus (inventor mecánico), Utop (artista escultor) y las mujeres Corola y Caricias. Estos personajes persiguen una acción revolucionaria realmente libertaria, que aspira a instaurar una sociedad radicalmente diferente.

Quiroule explica el fracaso de la Primera Revolución por haberse quedado en la gran capital del antiguo régimen. Las grandes ciudades hacen imposible un cambio radical en la forma de vida a la que aspiran los anarquistas. Por un lado, generan un ejército de burócratas y especuladores, cuya función social es considerada como maligna, o, en el mejor de los casos, inútil. Por otra parte, la gran urbe se mantiene gracias al sector de los servicios y a una industria pesada a cargo de una clase obrera obligada a realizar oficios ingratos. La respuesta de Súper y sus compañeros consiste en proclamar la libertad sin límite, organizar el trabajo «sobre bases nuevas que no aten al individuo a un modo determinado de labor y vida». Hay que empezar por «huir de las grandes ciudades, derribarlas [...] como si fueran ciudades malditas» (Quiroule, 1991: 146). La alternativa que ofrecen es formar «pequeños pueblos que, produciéndolo todo, se basten a sí mismos». La nueva sociedad se erige así sobre la base de una producción agrícola intensificada.

El proceso de transformación requiere una progresiva adaptación al nuevo medio. Durante cuatro años, se prepara la comuna para que sea autosuficiente; otros cuatro años más son necesarios para dar forma a la concepción filosófica de la comuna anarquista; diez adicionales para que los nuevos pueblos adquieran las costumbres y el aspecto que tienen en el presente de la narración. Cuando se inicia la narrativa utópica de Quiroule, la «sociedad libre y feliz» ya está instaurada. El proceso revolucionario y revisionista que ha tenido lugar hasta llegar allí es algo que se presenta al lector solo al final de la obra (entre los capítulos 17 y 24).

La ciudad anarquista arranca con el experimento que Súper hace de un arma letal: el Vibraliber, que permitirá el derrocamiento de los gobiernos burgueses de Europa y la instauración universal del comunismo libertario. Los diálogos entre Súper, Optimus y Utop son, sin embargo, una excusa para describirnos minuciosamente la organización de la utópica «Ciudad de los Hijos del Sol». En su aspecto urbano, la ciudad sigue las pautas de utopías previas y contemporáneas a Quiroule. Su trazado geométrico quiere garantizar el nuevo orden que preconiza, de ahí la importancia del urbanismo. Repite la ambición de los utopistas que siempre han confiado más en el plano de una Ciudad Ideal que en las posibilidades del comportamiento humano (Ainsa, 1999: 196).

El centro geométrico de la capital lo ocupa la Plaza de la Anarquía. De allí parten en diagonal las cuatro avenidas —de la Humanidad, de la Amistad, de la Armonía y de la Libertad— que dividen en partes idénticas una serie de cuadriláteros concéntricos. El primer cinturón alrededor de los jardines que rodean la plaza de la Anarquía lo forman talleres de mecánica, electricidad, zapatería, mueblería, tipografía, panificación, fábrica de pastas, telares y relojería. Cada taller tiene su biblioteca técnica y sus salas de aprendizaje. El segundo cinturón lo forman depósitos donde se almacenan productos de la tierra y derivados, garajes donde se guarda la maquinaria agrícola y almacenes de ropa y utensilios domésticos. Las residencias se ubican en la periferia, en medio de zonas ajardinadas, y consisten en chalets prefabricados de vidrio refractario al calor. En los confines de la ciudad, ya en el campo abierto, se encuentran las granjas de producción.

La clave para el buen funcionamiento de la ciudad anarquista está en su pequeña dimensión y en su autonomía plena. Para trabajar y abastecerse, sus pobladores no tienen necesidad de recorrer largas distancias. Todo está al alcance de la mano y cada comuna es prácticamente autosuficiente. El límite de la población está entre diez y doce mil habitantes. Cuando se supera esa cifra en unos mil o dos mil individuos, se crea una nueva ciudad a una distancia no menor de veinte kilómetros.

Entre las instituciones comunistas se encuentran la Cuna (done se cría a los recién nacidos hasta los seis años —lejos de la dirección o el dominio de sus padres—), el Hospital, la Casa de la Salud, los «establecimientos de baños y natación» y el observatorio astronómico. Cuatro Casas de Educación, donde se imparte la docencia a los mayores de seis años, completan la nueva organización de la educación infantil.

La vida pública de la ciudad anarquista tiene lugar en varios espacios centrales. El ocio gira en torno al Coliseo, mezcla de ágora ateniense y circo romano. Allí se ofrecen espectáculos artísticos glorificando la Vida, la Naturaleza, el Sol, la Anarquía, la Libertad, la Solidaridad. La Sala del Consejo, junto al Coliseo, es la sede del órgano de gobierno, donde cada noche las fuerzas vivas de la ciudad se reúnen para deliberar. También es un centro de información. Al pasar por allí todas las noches, los habitantes de la Ciudad pueden plantear problemas prácticos, que son resueltos al día siguiente.

El cambio en las relaciones de producción conlleva transformaciones igualmente radicales en los hábitos y la vida cotidiana de los ciudadanos. Éstos disponen ahora de gran cantidad de tiempo libre, que emplean en lecturas, conferencias y deportes. Los individuos no viven en familia (la institución familiar ha sido abolida en la nueva sociedad) y la mujer, emancipada e idéntica al hombre en sus derechos, se organiza de forma independiente. Las uniones en pareja son voluntarias y sin ningún tipo de atadura legal.

El detallismo en la presentación de todos y cada uno de los aspectos de la comuna anarquista y el estilo rebuscado que Quiroule emplea cuando intenta adoptar un tono poético, hace que las descripciones resulten a veces irrisorias. Así ocurre en su minuciosa relación de la vestimenta de los anarquistas, consistente (en el caso de los hombres) en túnicas sin mangas en verano y con ponchos en invierno; pantalones bombachudos como los gauchos y sandalias. Las mujeres usan blusa y falda-pantalón durante la jornada de trabajo y túnicas largas durante el resto del día:

Las productoras anarquistas al regresar a la ciudad después de la faena agrícola o al dejar sus ocupaciones en los talleres de la comuna, se despojaban de su vestidura semimasculina poniéndose otra más en armonía con la estética natural de la mujer, dando discreto relieve a los encantos femeninos, así como la crisálida se despoja de su tosco y provisorio envoltorio, para metamorfosearse en delicada y brillante mariposa (Quiroule, 1991: 110).

La utopía urbana de Quiroule está llena de paradojas. Se trata de una utopía anarquista en la que supuestamente no hay autoridad visible, pero el rigor y la simetría parecen dominar el espacio y la organización social de la comuna. Las propuestas, aunque abiertas al debate, son por lo general muy uniformes. Desde la alimentación (vegetariana) hasta la educación (generalista), pasando por la vestimenta (clásica), todo responde a un orden rígido y planificado que no parece cuadrar muy bien con el espíritu antiautoritario del anarquismo. La propia centralidad urbanística, en torno a una Sala del Consejo, no solo se aleja del espíritu libertario, sino que ni tan siquiera contempla una tradición tan propia de Latinoamérica como es la plaza participativa. Aunque la comuna rechaza toda organización jerárquica, las decisiones más importantes parecen recaer inexorablemente en manos de una élite de visionarios dirigida por Súper, también conocido como El Físico, El Inventor y El Antiguo (de hecho, se insinúa que todo el proyecto revolucionario fue ideado por él).[7] La ciudad de Quiroule carece de grandes fábricas y centros de especialización en el conocimiento, pero el autor olvida explicar cómo sus habitantes han podido desarrollar inventos tan sofisticados como casas de vidrio fundido, helicópteros, teléfonos móbiles y armas de destrucción masiva (el mencionado Vibraliber).

Lo único que escapa a la rigidez del plano urbanístico de la ciudad de Quiroule es la distribución pintoresca de las residencias, que imitan los hábitats de la burguesía en las zonas de recreo periféricas (Punta del Este). Sin embargo, las cifras que ofrece el autor no parecen muy fiables. ¿Cómo repartir los diez o doce mil habitantes de las comunas en residencias esparcidas de esta manera y evitar al mismo tiempo la necesidad del transporte público? Significativamente, el plano que el autor incluye en su obra solo muestra seiscientas cincuenta viviendas. Una representación detallada de la organización del cinturón residencial mostraría la dificultad de materializar su utopía urbanística. Por estas y otras muchas razones, Ramón Gutierrez llega a descalificar, quizá con excesivo rigor, el proyecto de Quiroule: «su propuesta, además de contradictoria [...] es débil como expresión de una configuración de la ciudad e impracticable desde el punto de vista funcional y económico» (Gutiérrez, 1991: 173).

La visión de Quiroule es premonitoria en otros aspectos. Algunas de sus ideas no solo entran dentro de lo posible, sino que ya se han llevado a la

---

7.   Como señala Gómez Tovar, «la figura del Súper enlaza con la línea positivista que califica al investigador como un hombre pragmático, conocedor de las leyes y secretos de la ciencia, capaz de dominar la naturaleza y perfeccionarla a través de un compromiso ético-político» (Gómez, 1991: 58).

práctica. Su visión ecológica, en la línea de la Ciudad Jardín de Ebenezer Howard en *Tomorrow* (1898), con sus grandes espacios abiertos y barrios autónomos, en lugar de los sórdidos barrios obreros en las afueras de las grandes ciudades, se ha materializado en muchos momentos y lugares. En Inglaterra se construyeron ciudades siguiendo estas pautas (Letchworth y Golden Green). El arquitecto argentino Wladimiro Acosta preconizaría, pocos años después, en su *Bosquejo de la ciudad del futuro* (1938), la construcción de un nuevo tipo de ciudad, basada en la compenetración de zonas urbanas y rurales y en la racionalización de los espacios consagrados a la vivienda y al trabajo, a la industria y a la agricultura.

Especialmente visionarias son las propuestas de Quiroule en materia de energías alternativas. En su obra vaticina, entre otras cosas, que la electricidad tendrá su fuente en la energía eólica, hidráulica, solar y geotérmica. Por lo que respecta a sus propuestas sociales y organizativas, algunas de ellas se han practicado o se practican en la actualidad. Weinberg señala los ejemplos de las comunas de Aragón durante la Guerra Civil española, las comunas chinas y los kibutz israelíes (Weinberg, 1976: 94). Ainsa menciona las comunas norteamericanas de los años sesenta y las experiencias libertarias de los últimos años en Francia, Italia, Suecia, Holanda, Alemania, Argentina y Uruguay. Estas comunidades constituyen por lo general microcosmos cerrados y autárquicos, donde la utopía ha dejado el campo de la especulación teórica o la imaginación literaria, para convertirse en un hecho de la realidad cotidiana (Ainsa, 1999: 199).

Desde la época de la colonia hasta la actualidad, América ha servido de laboratorio para los utopistas. Si bien las prácticas utópicas precedieron a las utopías literarias en el Nuevo Mundo, a finales del siglo XIX comienza una tradición de narrativas sobre sociedades ideales, en su mayor parte de carácter libertario, y situadas en territorio americano. Esta dinámica invierte la tendencia característica en el pensamiento utópico europeo, cuyos relatos en el Renacimiento (Moro, Campanella, Bacon) se adelantaron a los experimentos prácticos llevados a cabo siglos después. Tanto unos como otros han compartido una visión de América como el hábitat natural de la utopía y así aún hoy día nos repetimos que América es un «Nuevo Mundo», un continente «joven» donde lo ideal es todavía posible. Sin embargo, la realidad social de las Américas se acerca más a las antiutopías de las más terribles ficciones «distópicas». El sueño americano «de la razón» deviene a menudo la pesadilla americana. Esta dimensión de una América ideal que se contrapone en su desmesura a la América real, resulta más evidente si se tiene en cuenta que toda utopía se proyecta a partir de la relación binaria de un espacio disociado entre el real y el anhelado. El territorio de la utopía que «no está aquí» supone el esfuerzo de creación de otro mundo, alteridad que recupera las virtudes del pasado, se proyecta sobre el futuro o, simplemente, se representa como ya existente, dado en otro lugar. Ese *otro* mundo, en tanto que alteridad, se erige en contraimagen crítica de la realidad que pretende corregir imponiendo modificaciones a lo injusto de su estructura.

Bibliografía

ABAD DE SANTILLÁN, DIEGO. *La F.O.R.A. Ideología y trayectoria.* Buenos Aires: Ed. Nervio, 1933.

____. «El organismo económico de la revolución». *El anarquismo en América Latina*, Eds. ÁNGEL J. CAPPELLETTI y CARLOS M. RAMA. Caracas: Biblioteca Ayacucho, 1990.

AINSA, FERNANDO. *De la Edad de Oro a El Dorado: génesis del discurso utópico americano.* México D.F.: Fondo de Cultura Económica, 1992.

____. *La reconstrucción de la utopía*, Buenos Aires: Ediciones del Sol, 1999.

BESTOR, ARTHUR E., JR. *Backwood Utopias: The Sectarian Origins of the Owenite Phase of Communitarian Socialism in America, 1663-1829.* Philadelphia: University of Pennsylvania Press, 1950.

CAPPELLETTI, ÁNGEL J. *El pensamiento utópico, siglos XVIII-XIX.* Madrid: Tuero, 1990.

____ y CARLOS M. RAMA, eds. *El anarquismo en América Latina.* Caracas: Biblioteca Ayacucho, 1990.

CERUTTI GULDBERG, HORACIO. *Hacia una filosofía política de la liberación latinoamericana.* Buenos Aires: Bonum, 1974.

CREIGH, ROLAND. *L'Imaginaire subversif (Interrogations sur l'utopie).* Genève: Éditions Noir-Atelier de création libertaire, 1982.

DÉJACQUE, JOSEPH. *El Humanisferio. Utopía anárquica.* Buenos Aires: Editorial La Protesta, 1927.

FUENTES, CARLOS. *Valiente mundo nuevo: épica, utopía y mito en la novela hispanoamericana.* Madrid: Mondadori, 1990.

GÓMEZ TOVAR, LUIS. «Geografía de lo imaginario». *Utopías Libertarias Americanas.* Eds. LUIS GÓMEZ TOVAR, RAMÓN GUTIÉRREZ y SILVIA A. VÁZQUEZ. Madrid: Tuero, 1991.

____, RAMÓN GUTIÉRREZ y SILVIA A. VÁZQUEZ, eds. *Utopías Libertarias Americanas.* Madrid: Tuero, 1991.

GUARNERI, CARL J. *The Utopian Alternative: Fourierism in Nineteenth-Century America.* Ithaca: Cornell University Press, 1991.

GUTIERREZ, RAMÓN. «La utopía urbana y el imaginario de Pierre Quiroule». Eds. LUIS GÓMEZ TOVAR, RAMÓN GUTIÉRREZ y SILVIA A. VÁZQUEZ. Madrid: Tuero, 1991.

HEGEL, GEORG WILHELM FRIEDRICH. *Introduction to «The Philosophy of History».* Trad. de Leo

Rauch. Indianapolis: Hackett, 1988.

HOLLOWAY, MARK. *Heavens on Earth: Utopian Communities in America (1680-1880)*. New York: Dover Publications, 1966.

KROPOTKIN, PIOTR A. *El apoyo mutuo. Un factor de la evolución*. Vol. 2. Valencia: F. Sempere, 1902.

_____. *Campos, fábricas y talleres*. Valencia: F. Sempere, s/f.

MORRIS, WILLIAM. *Noticias de ninguna parte*. Buenos Aires: Editorial La Protesta, 1928.

O'GORMAN, EDMUNDO. *La invención de América: investigación acerca de la estructura histórica del Nuevo Mundo y del sentido de su devenir*. México D.F.: Fondo de Cultura Económica, 1958.

OVED, YAACOV. «The Uniqueness of Anarchism in Argentina». *Estudios Interdisciplinarios de América Latina y el Caribe*. 8.1, enero-junio de 1997. <www.tau.ac.il/eial/VIII_1/oved.htm>.

PAGDEN, ANTHONY. *The American Indian and the Origins of Comparative Ethnology*. Cambridge: Cambridge University Press, 1983.

PITZER, DONALD E., ed. *America's Communal Utopias*. Chapel Hill: University of North Carolina Press, 1997.

QUIROULE, PIERRE. «La ciudad anarquista americana. Obra de construcción revolucionaria». *Utopías Libertarias Americanas*. Eds. LUIS GÓMEZ TOVAR, RAMÓN GUTIÉRREZ y SILVIA A. VÁZQUEZ. Madrid: Tuero, 1991.

REYES, ALFONSO. *Obras completas*. Vol. 9. México D.F.: Fondo de Cultura Económica, 1960.

TOCQUEVILLE, ALEXIS DE. *Democracy in America*. Ed. de J.P. Mayer. New York: Anchor Books, 1969.

VIÑAS, DAVID. *Anarquistas en América Latina*. Buenos Aires: Paradiso, 2004.

WEGNER, PHILLIP E. *Imaginary Communities. Utopia, the Nation, and the Spatial Histories of Modernity*. Berkeley: University of California Press, 2002.

WEINBERG, FÉLIX. *Dos utopías argentinas de principios de siglo*. Buenos Aires: Solar Hachette, 1976.

ZARAGOZA, GONZALO: *Anarquismo argentino (1876-1902)*. Madrid: Ediciones de la Torre, 1996.

El recorrido mágico de la serpiente: Aby Warburg en las Américas. Antecedentes y disonancias para una teoría del entre

Víctor Silva Echeto

Introducción: primeras disonancias de rituales y de imágenes

La anécdota la recoge Serge Gruzinski (2007: 17): es enero de 1896 en Acoma, Nuevo México. Un sacerdote practica el ritual de la misa en una pequeña iglesia, en la tierra de los hopi.[1] Un enigmático «extranjero» observa entre los asistentes. Ese enigmático visitante es Aby Warburg, especialista en arte del Renacimiento, propulsor de una de las más potentes teorías sobre el cruce cultural entre Europa y las Américas, y de las disonancias interamericanas, potenciador, además, de las relaciones y los conflictos entre el arte y el paganismo e incentivador de «la ciencia sin nombre», entendida como cruce, no resuelto, o como grieta, hiato o brecha entre la iconología y la iconografía.

Aby Warburg era integrante de una rica familia de banqueros judíos. Cuenta la anécdota que ante la muerte del padre, él —que como primogénito debía de hacerse cargo de la administración de la herencia familiar—, le propuso a su hermano Max el siguiente acuerdo: Max administraría el dinero familiar, pero le compraría todos los libros que él le solicitara durante toda su vida. Esta anécdota, supuestamente intrascendente, cuenta cómo nació, en primer lugar, la biblioteca Warburg y, posteriormente, el instituto homónimo. Esa biblioteca, al estilo de la biblioteca universal borgeana o el mundo como biblioteca, ordenada por simpatía entre libros y autores, es uno de los mayores y más interesantes ejemplos de cruces culturales, conflictos entre culturas y de una concepción de lo cultural como *entre* o espacio intersticial y liminal.[2] Los acordes disonantes de Warburg, además, recorrerán la exten-

---

1. Los hopi pertenecen a las comunidades pueblo, culturas sedentarias que habitan en Nuevo México.

2. La consideración de la «ciencia sin nombre» warburgiana como una ciencia del «entre» se puede respaldar, no solo con lo expuesto en este ensayo, sino también con los textos sobre Warburg escritos por Giorgio Agamben. En uno de ellos, indica Agamben: «la "ciencia sin nombre" que Warburg persiguió es, como se lee en una nota de 1929, "una iconología del intervalo" o una psicología del "movimiento pendular entre la posición de causas como imágenes y como signos"» (Agamben, 2007: 170). Estoy de acuerdo con la idea de la ciencia como intervalo o ciencia del *entre, no obstante, discrepo con el giro iconológico y*

sa geografía de las Américas, potenciando los problemas que se plantean las culturas e inculturas interamericanas.

El principio que guía la original biblioteca warburgiana del «buen veci-no", es interesante considerarla en los términos de Norval Baitello Jr. (2009: 142), como el laberinto anticatalográfico y antialfabético. Una biblioteca que se ubica entre (inter) las culturas, las disciplinas (o indisciplinas), las religio-nes, las artes, las ciencias y anticiencias.[3]

Segunda disonancia: entre las Américas y el psiquiátrico

La biblioteca Warburg era el síntoma de una búsqueda teórica y práctica, pero también el de un viaje entre las culturas y sus indicios. En una de esas búsquedas, y con la excusa de viajar a la boda de su hermano Paul, ingresa en un mundo fantasmagórico de imágenes, culturas, religiones, arte y ser-pientes. Nos ubicamos ahora en un psiquiátrico...

Veintisiete años después del viaje a las Américas, en el psiquiátrico de Bellevue, Warburg recuerda: «durante aquel viaje no me fue posible profun-dizar mis impresiones, porque entonces aún no dominaba la lengua» de los indígenas (1988: 11). No obstante, durante la misa, pudo comprobar que los muros estaban cubiertos de símbolos cosmológicos-paganos. En definitiva, Warburg no había hecho «un camino tan largo para preguntarse» solamen-te «por la transformación o la "contaminación"» de las creencias indígenas (Gruzinski, 2007: 17); sino que había descubierto, algo más importante si se quiere, «la existencia de un vínculo entre la "cultura primitiva"» de los indígenas y la «civilización del Renacimiento» (Gruzinski, 2007: 17-18). Es decir, descubrió de que «sin el estudio de su cultura primitiva, no hubiera sido capaz de darle un amplio fundamento a la psicología del Renacimiento» (Michaud, 1996: 183).

---

psicológico que toma Agamben, fundamentalmente cercano a la postura de E. Gombrich. Más adelante expondré los argumentos pertinentes sobre esta crítica.

3. Cabe considerar un dato final sobre la biblioteca: en ella y bajo el círculo del instituto Warburg, Cassirer escribió *La filosofía de las formas simbólicas. Cuenta su esposa que, después de la primera visita, Ernest volvió excitado a la casa, «cosa rara en él», diciéndole que no volvería más a la biblioteca, porque tenía miedo de perderse en ese laberinto «de problemas», más que de libros. Sin embargo, retornó muchas veces y de allí fue que resultó La filosofía de las formas simbólicas.*

Disonancias intermedias: los problemas de las culturas interamericanas y del Renacimiento

Warburg emprende un viaje para realizar —fiel a su estilo nomádico— una investigación comparativa de la mística prehispánica, indígena, y la del renacimiento. «La distancia que había recorrido desde Hamburgo hasta Nuevo México le parecía tan grande como la que separaba a su siglo del siglo del Renacimiento, pero no ignoraba que la modernidad estaba dando a luz unos fatídicos destructores de la noción de distancia» (Gruzinski, 2007: 18). Fue así como Warburg no solamente cruzó las distancias entre las culturas sino que, además, tendió los puentes entre la antropología, la teoría de la imagen, los estudios visuales y la historia del arte. El viaje a Warburg lo puso en contacto no solamente con los pueblo, sino, también, con investigadores de campo, pioneros de la antropología, como Franz Boas y los integrantes del Smithsonian Institution. Relata Ulrich Raulff que «fundada en 1846, con el motivo de promover la investigación en las ciencias naturales», la Institución fue ampliada en 1879 a efectos de un decreto del Congreso de Estados Unidos, con la adquisición del Bureau of American Ethnology (BAE), «dedicado a la investigación» sobre los pueblo, comunidades indígenas de Norteamérica. «Los *Annual Reports* del BAE sirvieron a Warburg, durante el período de su estadía en el país, como una fuente de valor inestimable acerca de los mitos y de las costumbres indígenas» (2004: 78-79). Fue en esa publicación que en 1893, en el estudio «The Ghost-dance Religion and the Sioux Outbreak of 1890», de James Mooney, se analizaban los paralelos que se producían entre los sioux y las tradiciones hebreas y musulmanas, y entre la historia de Juana de Arco y las costumbres de los flagelantes y los cuáqueros. Esa búsqueda, en esa misma época, era la que emprendía Warburg al explorar transculturalmente los mitos, rituales y simbolismos entre diferentes culturas y diferentes épocas.

En el análisis se describía cómo «la insurrección de los Sioux acompañada de los *ghost-dances* el último resplandor mesiánico de orgullo y de afirmación de la propia identidad indígena», era sofocada sangrientamente en Wounded Knee en el año 1880. Esa era una señal «funesta para la investigación sobre los indígenas», en momentos, mediados de los años noventa del siglo xix, en que la investigación arqueológica y antropológica, la búsqueda de nuevos métodos y de metodologías más apropiadas para la investigación, los catálogos, los detalles lingüísticos vinculados a la etnología, la aparición de técnicas como la fotografía, transformaban radicalmente las indagaciones que se estaban implementando.

Edward Curtis, por ejemplo, creaba una antología ilustrada de los indígenas de Norteamérica en veinte tomos, mientras que Jesse Walter Fewkes, fotografiaba la danza de la serpiente de los hopi (comunidades pueblo) –que tanto interés tendrá para Warburg–. El método que utilizaba consistía en grabar en cilindros de cera los cánticos de esta comunidad, posibilitando, de esa forma, crear la primera grabación fonográfica de la música de las comunidades indígenas. Es así que Fewkes visita anualmente, desde 1889, a los hopi. No obstante, de todos los que conoció Aby Warburg, fue Frank Hamilton Cushing (1857-1900), «el hombre que se volvió indígena», el interlocutor que más le interesó. Hamilton Cushing cruzó los puentes entre la moderna civilización científico-técnica del Este de los Estados Unidos con las de las comunidades indígenas.

«Cushing, que como Warburg era de constitución débil y sufría de una salud precaria, debe haber ejercido una fascinación extraordinaria sobre el autor de la conferencia de Kreuzlingen, por su capacidad de poder mediar entre la conciencia mítico primitiva y la racionalista de las civilizaciones evolucionadas» (Raulff, 2004: 82). La publicación *Outlines of Zuñi Creation Myths* (editado como el decimotercero de los tomos del anuario) fue una de las lecturas fundamentales de Warburg, «del cual es posible observar el rastro aún en la conferencia de Kreuzlingen».

Tercera disonancia: una conferencia en un psiquiátrico

La conferencia de Aby Warburg en Kreuzlingen es un edificio con varias puertas de acceso: según las que se elija, muta el paisaje, cambian los caminos y las bifurcaciones y se encuentran cruces imprevistos.

Ulrich Raulff

En este ensayo no nos detendremos en los detalles de la internación de Warburg en la clínica de Kreuzlingen, bajo la atención del psiquiatra Binswanger, sino que simplemente comentaré algunos detalles para entrar en el tema de interés, en el contexto global del presente volumen sobre «disonancias interamericanas», que son los antecedentes sobre el cruce (inter- y trans-) cultural entre las Américas y entre Europa y las Américas, además de los cruces y disonancias entre las artes y las religiones. Para comenzar, las claves conceptuales de estos temas se encuentran en la conferencia brindada sobre los pueblo, indígenas de Norteamérica, luego de su visita en 1896, en la clínica de Kreuzlingen.

Disonancias intermedias: la preparación de la conferencia entre el psiquiátrico y la biblioteca

En 1918, cuando Aby había amenazado con matar a su familia y suicidarse con un revólver, lo internaron por primera vez. Como relata Davide Stimilli, ya en ese momento «su situación parecía no tener salida, tanto que se había pensado en tomar alguna medida respecto de la Biblioteca en vista de una ausencia "cuya duración aún es imposible de preveer"» (2007: 12).[4]

En la historia clínica de Aby Warburg, Ludwig Binswanger va detallando los altibajos de Warburg y sus constantes caídas. Así, el 3 de enero de 1923, relata: «a veces hace chistes curiosos». Creía «que en los bombones que había comido había carne del hermano y de la cuñada. Le dijo al enfermero que ahora tenía a ambos en el vientre. Cuando este le siguió el juego diciendo que ahora él no necesitaba agitarse por su llegada, ahora los tenía dentro de sí, respondió que ellos ya habían salido por el inodoro» (Binswanger, 2007: 132). Esa fecha será importante para la conferencia que dictará en el psiquiátrico, ya que en ese año lo autorizarán a trabajar en su exposición junto a Saxl. Pero su inestabilidad lo seguirá, y la seguirá detallando el psiquiatra. El 21 de octubre él escribe: «la visita del doctor Saxl transcurrió mal. Paciente muy agitado; otra vez todo el día echó pestes con las más vulgares expresiones de antes» (Binswanger, 2007: 158).

Warburg estuvo seis años alejado de su biblioteca, y, en esos años atendido por diversos psiquiatras, llegó a convertirse en caso de interés para Sigmund Freud, «quien pidió información» sobre su caso «por la relación familiar de Warburg con una amiga íntima y benefactora suya» (Stimilli, 2007: 8). El retorno a la biblioteca será como el regreso fantasmagóricamente a las Américas.

Cuarta disonancia: las Américas en el psiquiátrico

---

4. En el informe sobre la biblioteca de Warburg escrito por Saxl en 1920, se indica: «la ausencia del profesor Warburg de su biblioteca, cuya duración aún es imposible prever, obliga a reflexionar sobre los principios fundamentales en base a los cuales, por una parte, los fondos bibliográficos existentes pueden ponerse a disposición del público, y por otra, debería de llevarse a cabo la expansión de la biblioteca» (Stimilli, 2007: 13).

15 de marzo. // Conversa bien con el doctor Saxl. Ha comenzado a trabajar en cuestiones científicas. Tiene la intención de dar próximamente una conferencia sobre su visita a los indios sioux. El doctor Saxl ha de ayudarlo en la elaboración de la ponencia.

Historia clínica de Aby Warburg

En 1923, después de estar alejado seis años de su biblioteca, Aby Warburg les propone a sus médicos dictar una conferencia para probarles que se encuentra curado. La ponencia estaría dirigida a los pacientes de la clínica. Además de esa curiosidad, se suma una segunda que se refiere al tema de la conferencia, ya que aunque se dicta en Suiza, trata sobre los rituales de la serpiente, que cruza desde los indígenas pueblo de Norteamérica hasta la electricidad y la crítica al capitalismo, simbolizado en la figura del Tío Sam. Temas unidos por el lazo de la imagen de la serpiente.

En todos estos casos también se cruzan las disonancias interamericanas, ya que el texto de Warburg, pese a su antigüedad, permite comprender muchos de los cruces interamericanos para entrar y salir de la modernidad que se han producido en las Américas.

Instalémonos en la clínica una tarde de 1923 entre los pacientes... A través de Warburg, las Américas aterrizan en Suiza:

> Si en el curso de esta tarde he de presentar y comentar las fotografías que en su mayoría fueron tomadas por mí durante un viaje realizado veintisiete años atrás, soy conciente de que tal empresa requiere una explicación. Sin embargo, dado que no he podido refrescar adecuadamente los viejos recuerdos durante las pocas semanas disponibles, mis posibilidades de poderles brindar una introducción realmente sólida acerca de la vida interior de los indios es ciertamente limitada». [Warburg, 2004: 9]

A lo dicho anteriormente, se le suma que durante esa breve visita a Norteamérica, Warburg no pudo profundizar sus impresiones por no dominar la lengua de los pueblo y sus características religiosas, políticas y económicas.[5]

---

5. Se les llama pueblo a los indígenas sedentarios que desde el siglo XVI viven en la región árida del suroeste de Estados Unidos, mayoritariamente en Nuevo México y Arizona. Su nombre, también, permitía distinguirlos de los nómadas. Los pueblo habitaban en ca-

Lo que interesa a Warburg, «como historiador de las culturas»,[6] es el hecho «de que en un país» (Estados Unidos) que pone «la tecnología al alcance del ser humano, como una admirable arma de precisión», es posible que se conserve «el recinto de una clase humana, primitiva y pagana que –aunque con el sobrio motivo de luchar por su supervivencia diaria– aún continúa ejerciendo con inconmovible firmeza sus prácticas mágicas de caza y agricultura, costumbres que los europeos solemos juzgar como síntomas del atraso humano». No obstante, «aquí la llamada superstición va de la mano de las actividades cotidianas. Consiste en la adoración de fenómenos naturales, animales y plantas», a los que estas comunidades «atribuyen una vida anímica propia que creen poder influenciar a través de sus danzas y sus máscaras» (Warburg, 2004: 10-11).

Implícitamente, en el interés de Warburg se encuentra esa diferencia tan radical entre modernidad y premodernidad, es decir, las disonancias –que en el propio territorio norteamericano– se visualizan en el desarrollo del tecnocapitalismo (como base conceptual estadounidense) y las culturas indígenas. Esa imagen recorre el territorio de las Américas hasta la actualidad. Para algunos teóricos, resulta la base de la interculturalidad (surgida como teoría, además, en Estados Unidos); para otros, la base de los conflictos entre los propios territorios americanos. Si para el europeo esa escisión de magia y funcionalidad es síntoma de esquizofrenia, para los indígenas «es la experiencia liberadora de poder establecer una relación encarnecida entre el ser humano y el mundo circundante».

No obstante, el material con el que trabaja metodológicamente Warburg (relatos de indígenas, fotografías, dibujos, bibliografía y hemerografía) requiere del mayor cuidado, por el motivo que relata el creador de la «ciencia sin nombre» (o teoría del entre): «a partir del siglo XVI el núcleo original norteamericano fue cubierto por una capa de educación eclesial hispanocatólica, que a su vez fue interrumpida violentamente a finales del siglo XVII y

sas de adobe y de piedra y fueron descubiertos por el padre Marcos de Niza durante la expedición de Francisco de Coronado entre 1540 y 1542. Recientes investigaciones arqueológicas, no obstante, calculan que la colonización de Nuevo México por parte de estas comunidades data de 1000 d.c. De las noventa, persisten alrededor de veinte comunidades en la zona. A la tribu de acoma pertenece los oraibi, comunidad a la que se dedica la exposición de Warburg.

6. Una definición no muy precisa pero que el propio Warburg se autoatribuye en la conferencia de Kreuzlingen.

que, aunque resurgió parcialmente», nunca logró reincorporarse totalmente. Entre ambas capas «se extiende un tercer manto, constituido por la educación norteamericana». No obstante, un estudio más detallado «de la religiosidad pagana de los pueblo» permite constatar que la escasez de agua fue un factor determinante para el nacimiento de los signos de su religiosidad, entre ellos, la figura de la serpiente. «Cuando el ferrocarril todavía no había llegado a esos poblados, la escasez y el anhelo de agua condujeron al surgimiento de aquellas prácticas mágicas comunes a todas las culturas pretecnológicas, que están dirigidas a la superación de la inhóspita naturaleza. La falta de agua enseña a rezar y practicar hechicerías» (Warburg, 2004: 11). En un dibujo que le entrega un joven indígena, además del elemento básico de su cosmología: el universo concebido como una casa, aparecen los indicios de una figura «irracional» con rasgos animales que «representa a un enigmático y temido demonio: la serpiente» (Warburg, 2004: 12).

Las danzas dan cuenta del culto animista, esto es, el culto de animación «espiritual» de la naturaleza que practican, entre otras, en la danza de las máscaras, la danza de los animales, los cultos a los árboles y, finalmente, la danza de las serpientes vivas.

En diversos tramos de su conferencia, Warburg se refiere a la serpiente como ese animal temible y demoníaco. Es decir, la interpreta desde una lectura mítico-religiosa, donde —para las culturas paganas— lo demoníaco no tiene el mismo poder negativo que adquiere para el monoteísmo judeo-cristiano. Es así que ya, a comienzos del siglo xx, Warburg indica que los pueblo están en un «singular estado de hibridación y transición». Esa comunidad no es del todo primitiva, «pero tampoco es como el europeo, que confía su porvenir a la tecnología». Los pueblo «viven entre el mundo de la lógica y el de la magia, y su instrumento de orientación es el símbolo». Con esto, Warburg descubre un potencial proceso de analogía semiótico-hermenéutica, donde la serpiente es sustituida por el rayo, que, a su vez, llama a la lluvia, y ésta, paralelamente, tiene forma de pico de serpiente. En resumen, más que un proceso metafórico —de sustitución total—, es una hermenéutica viva del indicio.

Disonancias intermedias: Tío Sam conquista el culto a la serpiente

Ilustramos lo indicado con las palabras del propio Warburg al final de la conferencia: «pude capturar, en una foto al azar que tomé en las calles de San

Francisco, al conquistador del culto a la serpiente y del miedo a la tormenta, al heredero de los nativos y de los buscadores de oro que desplazaron al indígena: el Tío Sam. Lleno de orgullo y con su sombrero de copa, ambula por la calle frente a la ondulada imitación de un edificio antiguo, mientras que por encima de su sombrero se extiende el cable eléctrico. Mediante esta serpiente de cobre, Edison ha despojado del rayo a la naturaleza». La serpiente, no obstante, «ya no causa temor al americano contemporáneo: lejos de adorarla, trata de extinguirla. Lo único que hoy se le ofrece a la serpiente es su exterminio. El rayo apresado dentro del cable y la electricidad encadenada han creado una cultura que aniquila al paganismo». Pero ¿qué se ofrece a cambio?: «las potencias naturales ya no son vistas como elementos antropomorfos o biomorfos, sino como una red de ondas infinitas que obedecen dócilmente a los mandatos del hombre». Así, «la cultura de la máquina destruye aquello que el conocimiento de la naturaleza, derivada del mito, habrá conquistado con grandes esfuerzos: el espacio de contemplación, que deviene ahora en espacio de pensamiento». Como Prometeo o Ícaro modernos, «Franklin y los hermanos Wright, que han inventado la aeronave dirigible, son los fatídicos destructores de la noción de distancia que amenaza con reducir este mundo al caos». El «telégrafo» y el «teléfono» destruyen el «cosmos». El «pensamiento mítico y simbólico, en su esfuerzo por espiritualizar la conexión entre el ser humano y el mundo circundante, hace del espacio una zona de contemplación o de pensamiento que la electricidad hace desaparecer mediante una conexión fugaz» (Warburg, 2004: 66).

Quinta disonancia: en búsqueda del nombre perdido

Querido Dr. Saxl:
Le pido solemnemente no mostrar a nadie, sin mi expreso consentimiento, el manuscrito de la conferencia titulada «Imágenes de la región de los indios Pueblo de América del Norte»…

Aby Warburg

Las investigaciones emprendidas por Warburg podrían definirse como esa «conexión fugaz» con que cierra la conferencia de la clínica Kreuzlingen, es decir, buscar, entre las culturas, las conexiones fugaces, los indicios entre prácticas, rituales, mitos e imágenes. Esto es, se producen disonancias entre el orden del conocimiento occidental, tal como se recibe en las Américas, y las prácticas del saber interamericanas y preamericanas.

Estas características desconcertaron (y siguen desconcertando) a quienes se han acercado (y se siguen acercando) a la, también, desconcertante obra de Warburg. Entre ellos, los postwarburgianos que dividieron la ciencia sin nombre, entre la iconología (Panofsky) y la iconografía (Gombrich), es decir, entre la búsqueda interpretativa más profunda de las imágenes en la historia y la arqueología, y, por otro lado, entre los que buscan en las marcas de las imágenes los rastros psicológicos de una época y una cultura.

Uno de los casos más recientes e interesantes es el de Giorgio Agamben, quien escribe dos ensayos sobre Warburg: uno en 1975 y otro, apostillado del anterior, en 1983, donde intenta, a lo largo de treinta páginas, caracterizar la «ciencia sin nombre» creada por Warburg. A lo largo de esos ensayos analiza detenidamente el pensamiento warburgiano, porque solo así «será posible preguntarse si esta "disciplina innominada" es susceptible de recibir un nombre y en qué medida los nombres hasta ahora propuestos responden a este objetivo» (Agamben, 2007: 157).

El teórico italiano transita por nombres posibles para esa ciencia sin nombre: iconología del intervalo; psicología del movimiento pendular entre la posición de las causas como imágenes y como signos; historia de la cultura; historia de la psique; psicología de la expresión humana. Sin embargo, parecería que ninguno complacía, totalmente, a Warburg. De los intentos postwarburgianos, Agamben destaca el de Panofsky, quien quiere bautizarla como iconología, en oposición a iconografía. No obstante, Panofsky se aleja de lo que Warburg tenía «en mente para su ciencia del "intervalo"» (Agamben, 2007: 179).

De 1966 es el intento de Carlo Ginzburg de escribir unas «notas sobre un problema de método» desde Warburg hasta Gombrich, luego de visitar el instituto Warburg. Ginzburg analiza las diversas tendencias que se encontrarán entre los postwarburgianos, por ejemplo, entre los iconográficos y los iconológicos, sin llegar a una conclusión, como tampoco lo hace Giorgio Agamben, quienes no logran, en definitiva, caracterizar a la «ciencia sin nombre». Unos más preocupados por los datos, quizás menores, indiferentes y marginales (iconográficos) y otros por intentar comprender la línea histórica general, global o, también, el llamado estilo o estética que se encuentra detrás de la obra y de la psicología del artista (Ginzburg, 1986).

Disonancias intermedias: lo innominado y la crítica a la estética

Entre Gombrich y Panofsky el debate intranquilizaría al fantasma de Warburg. «La noción de símbolo, que Warburg retomaba de los emblematistas del Renacimiento[7] y de la psicología religiosa, corre de este modo el riesgo de ser reconducida al ámbito de la estética tradicional, que consideraba esencialmente la obra de arte como expresión de la personalidad creativa del artista» (Agamben, 2007: 180). Warburg era extremadamente crítico de la historia del arte y de la estética, y quizás esa búsqueda en las Américas de imágenes, textos, sonidos, cuerpos y cruces culturales, fue parte de ese proyecto que concebía a las culturas como abiertas capas geográficas donde se cruzan los pensamientos que la civilización occidental separó en ciencias, disciplinas, religiones, artes y estéticas, como forma de dominación y de domesticación de lo «salvaje». La guerra de los nombres, estudiada por Lévi-Strauss en Brasil, aquí adquiere toda su densidad.

Hans Belting, por su parte, ubica a Warburg en un capítulo de su *Antropología de la imagen*, cuando se pregunta por las interrogantes interculturales en la imagen visual. La idea de interculturalidad, como la de hibridación, ya está presente en la conferencia de Warburg cuando define a la «serpiente como un símbolo intercultural para responder a la pregunta: ¿cuál es el origen de la descomposición elemental, de la muerte y del sufrimiento en el mundo?». Sosteniendo que, como se ha visto en Lüdingworth, el pensamiento «cristiano recurre a la iconografía pagana para expresar la encarnación del dolor y de la redención. Podríamos decir que, ahí donde el impotente sufrimiento humano comienza a buscar la salvación, la serpiente como imagen y como explicación de la causalidad no puede estar muy alejada» (Warburg, 2004: 62).

Belting, por su parte, escribe: «la crónica de Aby Warburg del ritual de la serpiente entre los indios pueblo, a los que visitó en 1895, da testimonio de un choque frontal con una praxis de la imagen ajena, que lo sensibilizaría el resto de su vida hacia las cuestiones de la imagen más que a cualquier otro historiador del arte» (Belting, 2007: 64). Belting reafirma lo indicado más arriba, con las siguientes palabras: «cuando realizó el viaje, él estaba

---

7. Parece existir acuerdo en que el género emblemático data de 1531, cuando el jurista milanés Andrea Alciato (1492-1550) publicó en Augsburgo la primera serie orgánica de emblemas. La unión entre *lemma* y *pictura fue fundamental para conformar el género emblemático*. Aby Warburg era especialista en el estudio de los emblemas del Renacimiento.

cansado de una "historia del arte estetizante", cuyos "tratamientos formales" no daban cuenta de la imagen».

Disonancias pendientes

El estudio detallado del complejo y enigmático trabajo de Aby Warburg, permite, en esta actualidad atravesada por los conflictos entre culturas, delinear metodologías y teorías para analizar los cruces *entre* imágenes *entre* culturales y los problemas que se les plantean a las disonancias interamericanas.

Paralelamente, su aversión hacia el arte estetizante, la historia lineal, las disciplinas y todo aquello que separa y encasilla, lo lleva a plantearse la potencia esquizofrénica de las prácticas-teóricas visuales que se encuentran en los subsuelos de las culturas.

No era un historiador de las culturas, aunque ejercía la práctica de la historia de las culturas; no era un historiador de las religiones, aunque planteaba la necesidad de comprender el renacimiento desde las imágenes paganas; no era un historiador del arte, aunque su trabajo estaba atravesado por la historia del arte; en definitiva, la «ciencia sin nombre» requiere de la historia, de la antropología, de las religiones, del arte, de la teoría global, todo lo cual son los antecedentes de una teoría del *entre* como clave conceptual para pensar las culturas en tiempos de crisis, conflictos y cruces culturales. Son, además, claves conceptuales, prácticas y metodológicas, fundamentales, para pensar las disonancias interamericanas en tiempos, para algunos autores, de hibridaciones; para otros, de criollizaciones; para un tercer grupo, de mestizajes y sincretismos; y, todavía para un cuarto grupo (y no agotamos la lista), de multiculturalidades e interculturalidades... A los efectos de este volumen, son aportes para pensar las disonancias interamericanas.

Bibliografía

AGAMBEN, GIORGIO. *La potencia del pensamiento*. Buenos Aires: Adriana Hidalgo, 2007.

BAITELLO JR., NORVAL. «La serpiente, la electricidad y la imagen mediática. Reflexiones para una teoría de la imagen. A partir de Aby Warburg». *Diálogos culturales*. São Paulo; Bluecom, 2009.

BELTING, HANS. *Antropología de la imagen*. Barcelona: Katz, 2007.

BINSWANGER, LUDWIG. *La curación infinita. Historia clínica de Aby Warburg*. Buenos Aires: Adriana Hidalgo, 2008.

GINZBURG, CARLO. «De Warburg a Gombrich, un problema de método». *Mitos, emblemas, indicios. Morfología e historia*. Barcelona: Gedisa, 2008.

GOMBRICH, ERNST H. *Aby Warburg, una biografía intelectual*. Madrid: Alianza, 1992.

____. *Tributos. Versión cultural de nuestras tradiciones.* México D.F.: Fondo de Cultura Económica, 1984.

GRUZINSKI, SERGE. *El pensamiento mestizo. Cultura amerindia y civilización del Renacimiento.* Barcelona: Paidós, 2007.

RAULFF, ULRICH. «Epílogo». WARBURG, ABY. *El ritual de la serpiente.* México: Sexto Piso, 2004.

STIMILLI, DAVIDE. «Prefacio». WARBURG, ABY y LUDWIG BINSWANGER. *La curación infinita. Historia clínica de Aby Warburg.* Buenos Aires: Adriana Hidalgo, 2008.

KRIEGER, PETER. «El ritual de la serpiente. Reflexiones sobre la actualidad de Aby Warburg, en torno a la traducción al español de su libro *Schlangenritual. Ein reiseberich*». *Anales del Instituto de Investigaciones Estéticas* 28.088 (2006).

MICHAUD, PHILIPPE. *Aby Warburg et l' image en mouvement.* París: Macula, 1998.

WARBURG, ABY. *El ritual de la serpiente.* México: Sexto Piso, 2004.

____ y LUDWIG BINSWANGER. *La curación infinita. Historia clínica de Aby Warburg.* Buenos Aires: Adriana Hidalgo, 2008.

Antropofagia como transgresión cultural. Una estrategia de différance (contraimperial)

Rodrigo Browne Sartori

Le repas cannibalique est supposé transmettre aux communiants la force du mort, les faire bénéficier de la puissance de l'ennemi et assurer, par delà le mort, la perpétuation de la substance vital.

Julia Kristeva

Facilitar, por consiguiente, la aparición del gesto prohibido [...] o de la máscara pintarrajeada que se cuaja en el mareo de una ventana.

Eduardo Peñuela Cañizal

Introducción: prohibición/transgresión

Georges Bataille, en su afán por referirse al decisivo e inconciliable tema de la prohibición, precisa que «la experiencia» invita a una transgresión consumada, a una desobediencia que, al mantener lo prohibido, lo hace *para gozar de él*». En sus reflexiones en torno al erotismo, alcanzado como intensidad extrema, explica que es necesario ir más allá de lo prohibido y adentrarse en el ámbito de la transgresión: «La transgresión no es la negación de lo prohibido, sino que lo supera y lo completa» (Bataille, 1997: 67).

El problema de lo prohibido es el carácter ilógico que presenta y que, por lo mismo, imposibilita una proposición contraria u opuesta. En este contexto, el autor enfatiza que toda prohibición puede ser transgredida, es decir, violada. De todas maneras, el concepto que él propone y que, particularmente, nos interesa es el de *transgresión indefinida*, ya que manifiesta que la transgresión de lo prohibido, en ocasiones, está sujeta a reglas de la misma prohibición, por mucho que ésta se pervierta. Por tanto, es necesario levantar las barreras para afirmar su resistencia, que se entiende como la apertura de acceso «[...] a un más allá de los límites observados ordinariamente, pero, esos límites, ella los preserva. La transgresión excede sin destruirlo un mundo profano, del cual es complemento» (Ibídem: 71).

En el caso particular del canibalismo, Bataille indica que el acto de comerse al otro no olvida la prohibición que implica ese consumo y no deja de violar esa prohibición. El canibalismo sagrado es un ejemplo básico de prohibición como impulso creador de deseo; «[...] que sea prohibido no le da otro sabor a la carne, pero ésa es la razón por la que el "piadoso" caníbal la consume» (Ibídem: 76). Lo mismo sucede con el apetito sexual. En el momento en que la transgresión en su propio movimiento reemplaza a la exposición discursiva, se crea una circunstancia específica y de vital importancia en la que el silencio (la muerte) habilita el desvelamiento de la unidad del ser. Énfasis de las experiencias donde la verdad se desprende de la vida y de sus objetos. «No hay sentimiento que arroje más profundamente a la exuberancia que el de la nada. Pero de ningún modo la exuberancia es aniquilación: es superación de la actitud aterrorizada, es transgresión» (Bataille, 1997: 74 y 279). En pocas palabras, la transgresión es un juego que, permanentemente, se va indisciplinando.

La différance como transgresión de las transgresiones

Con la misma idea de transgresión que entendemos de Bataille con relación a lo prohibido, proponemos un giro contracultural que logra subvertir los principios que ayuden, como base y soporte de y para una revolución, a superar los síntomas de ciertas sociedades controladoras actuales. Por eso recuperamos lo que, para nosotros, es la transgresión de las transgresiones: el concepto de *différance*, desarrollado por Jacques Derrida en su estrategia *desconstructiva*.

En contraposición a lo que sentencian Michael Hardt y Antonio Negri en *Imperio* (2000), esta idea no solo la rescataremos como elemento transgresor de las *ciencias humanas* (Foucault, 1966) o, en términos derridianos, de la metafísica occidental, sino que la ampliaremos al ámbito del *imperio* y la trataremos de aplicar como un dispositivo transgresor y como un aparato *contraimperial* frente a las *sociedades de control* (Deleuze, 1993 y 1996).

En síntesis, la presente perversión radicaliza la misma concepción y lectura que Hardt y Negri encierran y limitan en un solo periodo específico (imperialista), olvidando que la noción de *différance* no es encasillable, ni definible, sino mutable y nómada, y se entiende como un *agenciamiento* transgresor aplicable tanto a los modelos de la modernidad como a los de la posmodernidad. La *différance* no tiene un objetivo definido e identificado que transgredir, sino que transgrede, en su funcionar azaroso e impredecible, todo aquello que en su diagnóstico es necesario pervertir, subvertir, *desconstruir*: en este caso particular —como también lo veremos con la antropofagia brasileña en un *accionar différance* y, brevemente, con la a-poesía de Panero— los efectos de un imperio controlador y envuelto en los artificios del simulacro, sin dejar de lado, por supuesto, las secuelas de periodos anteriores que en este nuevo orden mundial recaen antropofágicamente.

La *différance* derridiana permite reconvertir e intervenir este nuevo orden para replantear una estrategia que supere la soberanía que controla a las sociedades contemporáneas. Derrida indica que la *différance* se puede entender como una especie de escritura sobre la escritura, una escritura en la escritura: una *écriture*.[1] La *écriture* de la *différance* es el movimiento del juego que estimula dichas diferencias, dichas consecuencias de la diferencia. Lo cual no implica que la *différance* que produce las diferencias se encuentre antes que ellas en un presente simple o inmodificado, como una in-diferencia.

Primera consecuencia: la *différance* no existe. No es un existente-presente, tan excelente, único, de principio o transcendental como se le desea. No gobierna nada, no reina sobre nada, y no ejerce en ninguna parte autoridad alguna. No se anuncia por ninguna mayúscula. No solo no hay reino de la *différance*, sino que ésta fomenta la subversión de todo reino. Lo que la hace evidentemente amenazante e infaliblemente temida por todo lo que en nosotros desea el reino, la presencia pasada o por venir de un reino. Y es siempre en el nombre de un reino como se puede, creyendo verla engrandecerse con una mayúscula, reprocharle querer reinar. [Derrida, 1989: 56]

Es que la *différance* aún no tiene nombre en nuestra lengua. Lo que sucede es que no hay un nombre definitivo, ni siquiera el de esencia o el de ser, tampoco el mismo de la *différance*, que no es un nombre, «[...] que no es una unidad nominal pura y se disloca sin cesar en una cadena de sustituciones que difieren» (Ibídem: 61).

Desde un punto de vista similar, Jenaro Talens (2000: 11) indica, al analizar la lectura como diálogo, que no es pertinente reflexionar siempre desde y sobre un género discursivo establecido y prefijado que simula figurar como un discurso plural: «monólogos entrecruzados». Es oportuno, por tanto y acto seguido, superar y desconstruir los propios límites que estas verdades discursivas animan, alentando el devenir desde una estrategia de la *différance*.

---

1. Derrida explica que *desconstruir* la *escritura* no implica volverla inocente, casta y pura. «Más bien consistirá en mostrar por qué la violencia originaria de la escritura no le sobreviene a un lenguaje inocente. Hay una violencia originaria de la escritura porque el lenguaje es, en primer término [...] escritura» (Derrida, 1971: 49).

En un caso particular y a modo de ejemplo proveniente desde la «escritura», se puede tomar la idea que Talens sostiene en relación con la obra de Leopoldo María Panero. En ella, Talens anuncia que dicho trabajo es un proyecto que navega en los discursos de la locura –«[...] de forma voluntaria en sus inicios, de forma no tan voluntaria en los últimos años...» (Ibídem: 282)– y que, por lo mismo, su reconocida canonización en el paisaje de la poesía en castellano es contradictoria, ya que lo subversivo de su poesía puede tornarse en transgresión debido a que «[...] la escritura de Panero no cesa de reivindicar lo a-poético, lo imperfecto, lo "descuidado" como horizonte de trabajo» (Ibídem: 307).

En consecuencia, la su(b)versión de Panero se esmera en decir lo no dicho, en escuchar las voces del silencio y leer dialógicamente entre-líneas, en un ejercicio irónico-desconstructivo que habilita el carácter lúdico y plural de lo institucionalmente ya *dicho*.

ni poema, sino piedra (y será entonces una poeticidad no
enemiga, pero al menos sí ignorante de la prosa
rebasando fronteras de hielo
en una superficie única
no dependiente de lo designado, ni de ninguna otra ley
(asesinaba)
construyendo (a
sesinaba) sus propias leyes
como un castillo en el vacío
[Panero, 2000: 92]

La multitud y el contraimperio

Basados en los análisis propuestos hasta el momento, podemos indicar que el fenómeno de re-aplicación transgresora cultural de la *différance* en el ámbito del imperio, nos permite vislumbrar cierta complicidad con relación al nuevo orden mundial, la *différance* y la misma noción de *contraimperio* que Hardt y Negri (2000) desarrollan en su investigación. El mismo Hardt lo sintetiza, claramente, en la siguiente intervención:

Por una lado, solo una red de poder distributiva –es decir, una constelación de instituciones y de agentes que se extiende más allá de las fronteras nacionales– será capaz de pacificar las rebeliones y mantener el orden presente. Y por otro lado, solo una red de poder de las fuerzas liberadoras igualmente distribuida podrá subvertir el orden presente y construir una sociedad global alternativa y democrática. [Hardt, 2002: 62]

Por consiguiente, la globalización debe enfrentarse a una contraglobalización; y por supuesto, el imperio, a un contraimperio. La desobediencia es uno de los ejercicios más naturales y sanos, donde destaca la importancia del gesto propiciado por este giro contracultural que se traduce en la búsqueda de fórmulas para la resistencia y la revolución. Una de las primeras preguntas que surge en la actualidad, en torno al presente tema, se centra en la desvirtualización, en la captación y ubicación del enemigo al que habría que enfrentarse y no necesariamente, en este punto particular, en la sola creación y existencia de fórmulas para rebelarse. «En realidad, con frecuencia lo que hace que la resistencia se diluya en círculos tan paradójicos es precisamente la incapacidad de identificar al enemigo» (Hardt y Negri, 2002: 190). Esto se debe a un sistema de poder complejo y rebuscado que no puede determinar con exactitud las bases del imperio, es decir, la explotación ya no está localizada en un lugar específico. A pesar de desconocer las fuentes de opresión, hay una tendencia a continuar en la lucha de la resistencia. Por tanto, el enemigo es la soberanía imperial y, para estar en contra de ella, es necesario buscar los medios idóneos para transgredirla, como, por ejemplo, con la estrategia *desconstructiva* y la aplicación de la *différance*.

Sin embargo, necesitamos más que eso. Nos hace falta una fuerza capaz, no solo de organizar las fuerzas destructoras de la multitud, sino también de construir una alternativa a través de los deseos de la multitud. El contraimperio debe ser también una nueva visión global, una nueva manera de vivir el mundo. [Hardt y Negri, 2002: 192]

Para ello, dichos autores se refieren a la búsqueda de *un nuevo lugar en el no lugar* de la posmodernidad, una postura que violente el concepto de lo *virtual* y lo plantee como una superación de todas las medidas, abarcando la totalidad biopolítica de la globalización del imperio. «Por "virtual" entendemos el conjunto de poderes para actuar (ser, amar, transformar, crear) que poseen las multitudes [...]. Ahora tenemos que investigar cómo lo virtual puede ejercer presión en los límites y así alcanzar lo real» (Ibídem: 312).

Pasar de lo virtual a lo real por medio de lo posible, de la posibilidad, es un ejercicio crucial de la creatividad.

El imperio y sus modulaciones de control se interponen a los arranques liberadores de la multitud para intervenirlos y, al mismo tiempo, asumen, con el acto de intervención, la fuerza de la resistencia. En resumen, cada decisión imperial es una obstrucción a la resistencia de las multitudes que plantea un nuevo rechazo para el cual la autoridad debe buscar solución.

El biopoder es un sinónimo de la subordinación real de la sociedad bajo la autoridad del capital que, a su vez, es vital para el orden productivo globalizado. En este ámbito de metamorfosis radicales es donde la multitud debe reapropiarse de las fuerzas productivas, revisando por completo la creación de la subjetividad cooperativa que se observa en actos de fusión e hibridación entre las máquinas que han sido recuperadas o reemplazadas por la misma multitud. Este es el proyecto que surge cuando las nuevas virtualidades brotan como resistencias activas, liberándose de un ser cercado por el capital y su poderío, y captando un alto grado de autovaloración en la medida en que se van autonomizando y singularizando. Dichas virtualidades singulares que se ocupan del intervalo entre lo posible y lo real se especifican por una doble habilidad: «[...] estar fuera de toda medida como un arma destructiva (desconstructiva en la teoría y subversiva en la práctica) y estar más allá de toda medida como poder constituyente» (Ibídem: 321). Sin duda alguna, la doble habilidad es la que estimula una nueva revolución bio-tecno-comunicacional, la estrategia *desconstructiva* contraimperial, ya que lo virtual y lo posible se ensamblan como innovación irreductible y como máquina revolucionaria.

En síntesis, la novedad del operativo imperial incita a que este mismo sistema invente un *programa de subversión*, que nace de y en su propio lecho, y con un calibre mucho mayor al de cualquier modelo creado en los regímenes modernos, ya que presenta, «[...] junto con la maquinaria de mando, una alternativa: el conjunto de todos los explotados y sometidos, una multitud que se opone directamente al imperio, sin que nada medie entre ellos» (Ibídem: 341). La idea es activar una subjetividad política que ensalce una multitud revoltosa en contra del poder imperial: contraimperial, creando una reciente producción singular que establezca un nuevo lugar en el no lugar imperial. Singularidad que es la consecuencia de la cooperación brotada de las fecundas relaciones de hibridación y mixtura.

A la corrupción, a la violencia, a los discursos transcendentales y metafísicos, se opone la creación revolucionaria —el juego de la *différance*— de un trabajo incondicional y el surgimiento de la cooperación como nuevo espacio-tiempo, nuevo emplazamiento, de la multitud que se distribuye en un ámbito totalmente ilimitado. La autonomía del movimiento es la característica principal de la multitud, dejando de lado, cada vez más, la documentación «legal», como los pasaportes y los visados, que quedarán, en poco tiempo, obsoletos en cuanto herramientas controladoras de flujos migratorios y como símbolos de insostenibles fronteras.

Esta soberanía imperial puede aislar, dividir y separar; como también puede agredir —lo observamos, diariamente, en el Estrecho de Gibraltar y en el Río Bravo (Río Grande del Norte)— a los movimientos de la multitud patrullando los mares y los límites de cada país. En el campo laboral fortifica las disidencias y las fronteras de raza, género, lengua y cultura, pero, sin descuidar demasiado la productividad de la multitud, porque, igualmente, depende de sus fuerzas. «El imperio necesita dejar que los movimientos de la multitud se extiendan cada vez más a través del escenario mundial...» (Ibídem: 346) y, por tanto, su relación amor-odio con la multitud es contradictoria y paradójica.

Frente a los esquemas contraimperiales que hemos elucidado hasta ahora, nos preguntamos cómo la multitud puede unir sus fuerzas para resistir el represivo fenómeno imperial. El accionar de la multitud se puede hacer efectivo cuando se crea una oposición directa, franca y poseedora de la capacidad adecuada para superar las fórmulas imperiales.

> Se trata de reconocer y abordar las iniciativas imperiales y no permitirles restablecer continuamente el orden; se trata de cruzar y violar los límites y las segmentaciones impuestos sobre la nueva fuerza laboral colectiva; se trata de reunir estas experiencias de resistencia y empuñarlas concertadamente contra los centros nerviosos del mando imperial. [Hardt y Negri, 2002: 346]

Es imposible, en estos momentos, encontrar las prácticas específicas y concretas para habilitar dicho proyecto contraimperial. Desde ese punto de vista, lo que se podría acometer son los primeros pasos de un programa en beneficio de la multitud global como *ciudadanía global*. La ciudadanía global es la fuerza de la multitud. La que le permite recuperar el control sobre el espacio y esbozar, así, nuevas y nuevas cartografías.

Transgresiones: abaporu-multitud-différance

El movimiento *antropófago brasileño* plantea una filosofía de la deglución como un activo transgresor proveniente de las vanguardias artísticas latinoamericanas. La resistencia antropófaga es uno de los proyectos más originales que surgieron en América Latina con el propósito de solucionar las presiones y discordancias de Brasil, que, por una parte, buscaba desligarse de sus raíces patriarcales y colonizadoras y, por otra, «alimentarse» de las manifestaciones artístico-culturales de las nuevas vanguardias. De este modo, producía una bisagra entre lo nacional y lo cosmopolita, que privilegió como símbolo cultural al indio devorador. Aunque el indio ya se encontraba presente en la pintura y en la literatura colonial, esta nueva visión de la antropofagia en los años veinte del siglo xx le agrega un matiz revolucionario que adoptamos y pervertimos en la estrategia antes esbozada de la *différance*, para sumarlo, como ejercicio radical dislocador, a una re-lectura antropófaga contraimperial de la multitud.

> La inversión es clara: Brasil no es solamente fruto del descubrimiento de los portugueses. Sí del acto de deglución de los antropófagos. El país es fruto del encuentro del interior visceral del último de éstos, como del sabor especial del exterior de los primeros [...]. La búsqueda de fundación de una historia que se escapa de la criba del occidente colonizador.[2]

Las imágenes características de los postulados antropófagos fueron expuestas en el centro Julio González del Institut Valencia d'Art Modern.[3] Describamos a continuación algunas de ellas, para una mayor comprensión de sus objetivos. En *Antropófago* (1921), obra realizada por Vicente do Rego

---

2. «A inversao é clara: o Brasil nao é mais somente fruto dos descobrimentos portugueses, mas sim do ato de deglutiçao do antropófago. O país é fruto do encontro do interior visceral do último, como o sabor especial do exterior dos primeiros [...] A busca da fundaçao de uma história que escapasse ao crivo do occidente colonizador» (Siqueiro, 2003: 1 y 2). Las traducciones del portugués son de Graciela Machado Lima y Milton Pelegrini.

3. Exposición denominada *Brasil 1920-1950: de la Antropofagia a Brasilia*, montada entre el 26 de octubre y el 14 de enero de 2001, cuyo comisario, Jorge Schwartz, expresó: «[...] la exposición se propuso desde el inicio un abordaje multicultural, que estableciese un diálogo y entrecruzamiento entre las diversas manifestaciones artísticas y culturales» (Schwartz, 2000: 11).

Monteiro, pernambucano e investigador del arte marajoara, figura la imagen de un indio escultural, recostado con la placidez del ocio paradisíaco, saboreando un fémur. Placidez que, de acuerdo a la vanguardia antropófaga, se pierde con la llegada del primer portugués a esas tierras. «Antes que los portugueses descubrieran Brasil, Brasil tenía descubierta la felicidad.»[4]

En *Expedición Roncador-Xingú* (1941) el fotógrafo José Medeiros sintetiza el binomio naturaleza/cultura, floresta/máquina −o, si se prefiere, el «crudo/cocido» de Lévi-Strauss (1964)− mediante la admirable toma del indígena empujando la hélice de un monomotor. Se trata de la perfecta traducción del «bárbaro tecnizado» de Eduard von Keyserling, al que alude Oswald de Andrade en su proyecto escritural en torno a este movimiento.[5]

Finalmente, una de las obras más populares de los caníbales simbólicos es el óleo de Tarsila do Amaral titulado *Abaporu* (1928, palabra de origen tupí que significa el hombre que come), con el cual se ilustró el «Manifesto Antropófago», escrito por Oswald de Andrade y que se transformó en el texto fundador de dicha agrupación. Así explica su propia autora cómo llegó a ser esta pintura la fuente de inspiración para la puesta en marcha del movimiento antropófago de Brasil:

> El movimiento antropófago de 1928 tuvo su origen en una tela mía que se denominó, *Abaporu*, el antropófago: una figura solitaria monstruosa, los pies inmensos, sentada en una planicie verde, el brazo doblado reposando en una rodilla, la mano sosteniendo el leve peso de la cabeza minúscula. Ante ella, un cactus que estallaba en una flor absurda. Esta tela fue esbozada el 11 de enero de 1928. Oswald de Andrade y Raul Bopp [...] ambos sorprendidos ante el *Abaporu*, lo contemplaron largamente. Imaginativos, sintieron que de ahí podría surgir un gran movimiento intelectual. [Amaral, 1939: 464]

Inspirados en los tupinambas del actual Brasil, en 1928, el artista Oswald de Andrade (1890-1954) propuso su propio *Abaporu*: indio antropófago que no cumplía con la labor de maldecir al colonizador, sino que lo devoraba,

---

4. «Antes dos portugueses descobrirem o Brasil, o Brasil tinha descoberto a felicidade» (Andrade, 1928: 7).

5. «Filiação. O contato com o Brasil Caraíba. *Ori Villegaignon print terre*. Montaig-ne. O homem natural. Rousseau. Da Revolução Francesa ao Romantismo, à Revolução Bolchevista, à Revolução Surrealista e ao bárbaro tecnizado de Keyserling. Caminhamos» (Andrade, 1928).

asumiendo, como lo prescribe su dieta alimenticia, las virtudes del enemigo, para lograr, con esto, superar las asperezas de la alteridad y dar vida al intercambio de las hibridaciones. El mismo año y en el número uno de la *Revista de Antropofagia* (1928)[6] –«La *Revista de Antropofagia* no tiene ni orientación ni pensamiento: solo tiene estómago»[7]– De Andrade publica el «Manifiesto Antropófago», en el cual, entre otras cosas, violenta, *tropicaliza* y *desconstruye* la conocida frase de Hamlet al decir: «Tupy or not tupy, that is the question»[8] y donde también esclarece, debido a su voraz apetito, «Solo me interesa lo que no es mío. Ley de hombre. Ley de antropófago».[9] De Andrade, después de licenciarse en su país, viajó por gran parte de Europa y allí se empapó de las vanguardias artísticas y literarias de ese continente, devorando todo «lo que no es de él». A partir de estas incursiones alimenticias, dicho poeta «defecó», tras un largo proceso digestivo, los primeros esbozos del modernismo brasileño.[10]

---

6. La *Revista de Antropofagia* y el «Manifiesto Antropófago» tuvieron un precedente directo: la *Revista Caníbal* y el «Manifiesto Caníbal Dada», de Francis Picabia (1920). «Mas, dentro de DADA, o "canibal" nao passou de una fantasia a mais do guarda-ropua espaventoso como que o movimento procurava asustar as mentes burguesas. Com Oswald foi diferente» (Campos, 1975: 9). Es posible, continúa este autor, que de Andrade haya tenido una influencia dadaísta, sobretodo si se consideran sus viajes a Europa entre los años 1922 y 1925. El canibalismo picabiano nunca tuvo unos objetivos precisos, nunca constituyó un movimiento. Su revista solo tuvo dos números: el 25 de abril y el 25 de mayo de 1920. «Um nihilismo que nada tem a ver com a generosa utopia ideológica da nossa Antropofagia» (Ídem).

7. «A "Revista de Antropofagia" nao tem orientaçao ou pensamento de espécie alguma: só tem estômago» (Alcántara Machado y Bropp, 1928: 8).

8. Los antropófagos que obtuvieron mayor popularidad en Europa fueron los que se encontraron en los actuales territorios de Brasil, Paraguay, Uruguay, Argentina y Bolivia y quienes bajo el nombre de tupi-guaraní (de ahí el juego «tupy or not tupy...») –«[...] con leves variantes en las ceremonias, en la forma de ejecutar a la víctima expiatoria, todos los sectores de la gran familia tupi-guaraní cumplían el rito caníbal» (Villalta, 1970: 75)– se distribuían en diferentes tribus, entre las que destaca por su hambrienta ferocidad, según diversos relatos de los viajeros de la época, la de los tupinambas.

9. «Só me interessa o que nao é meu. Lei do homen. Lei do antropofago» (Andrade, 1928: 7).

10. «En Brasil, debe entenderse el "modernismo" como la corriente que heredó la terminología inglesa *modernism: lejos de tener que ver con el modernismo iberoamericano, debe identificarse con lo que, en español, denominaríamos "vanguardia"*» (Schwartz, 2000: 141).

Del banquete antropófago se nutrieron desde las vanguardias históricas hasta los movimientos de la poesía concreta, de la música tropicalista y del Cinema Novo. La vigencia del concepto es tal que, sesenta años más tarde, se convirtió en tema central de la XXIV Bienal de São Paulo (1998) y hoy es, como dijimos, punto de partida de *Brasil 1920-1950: de la Antropofagia a Brasilia*. [Schwartz, 2000: 12]

La mutación musical conocida como *bossa nova* también es heredera y se alimentó de los postulados caníbales del movimiento antropófago.[11] Como ejemplo, solo podemos invitarles a leer una introducción hablada que hacen Vinícius de Moraes y Toquinho en la canción *A tonga da mironga do kabuletê*:

—Toquinho...
—Diga, diga.
—Vamos a hacer esa canción que hicimos: *A tonga da mironga do kabuletê*...
—¿Se puede?
—Sí, yo creo que sí, es decir, porque parece que es una expresión que no quiere decir nada bueno...
—Sí, yo creo que es una mala palabra, ¿no?
—Tú conoces la historia, ¿no?
—Más o menos...
—En África, cuando un africano dice eso a otro, parece que las tribus entran en guerras terribles, ¿no? Eh... que se comen el hígado uno al otro.
—¡No sabía!
—Sí, todo lo que se sabe es que la última palabra es la palabra *kabuletê* de la expresión, que parece que tiene algo que ver con la madre de uno...
—No sabía, no. Vamos a cantarla...

Para la vanguardia brasileña, De Andrade es uno de los «antropófagos» «[...] más radicales», comenta Augusto de Campos al presentar la reedición de la *Revista de Antopofagia*, y explica, además, que es «verdad que allí está, en

---

11. La música popular de Brasil tuvo su principal figura internacional en Carmen Miranda, que se transformó en una especie de fetiche pintoresco, exótico y bizarro del mundo subdesarrollado. Sus repercusiones fueron asumidas ostensiblemente por el Tropicalismo, «de los años 1967-1968 —en una estrategia propiamente antropofágica—, como afirmación paródica de la diferencia a través de la cual el colonizado, señalando voluntaria y críticamente las marcas de su humillación histórica, libera los contenidos reprimidos y les da una potencia afirmativa» (Wisnik, 2000: 304).

el primer número, en el genial *Manifiesto Antropófago* de Oswald, que junto con el *Manifiesto de Poesía Pau Brasil*[12] [...] resulta la fórmula más consistente que nos dejó el modernismo» (Campos, 1975: 2 y 3).[13]

A pesar de transformarse la Semana de Arte Moderno —más conocida como «Semana del 22» y celebrada el 13, 15 y 17 de febrero de 1922 en São Paulo— en el punto de partida de la antropofagia, la puesta en marcha del *manifesto* y de las ideas oswaldianas es, efectivamente, lo que habilita las fauces de dichos estímulos alimenticio-simbólicos. Fue en el «Manifiesto Antropófago» donde Oswald plasmó las ideas primordiales del movimiento, que tenía como objetivo principal romper, subvertir y transgredir las bases intelectuales de la cultura del Brasil «[...] "de gabinete", como él mismo la definía, ancladas en las corrientes europeas del naturalismo y el romanticismo del siglo XIX» (Hernando, 2001: 81) y que nosotros, en la presente propuesta, las trasladaremos al ámbito del simulacro y la posmodernidad.

Superadas y devoradas las vanguardias históricas, y tras alimentarse también de los escritos de Staden, Montaigne (*Des Cannibales*), Rousseau, Marx, Freud y Breton, entre otros, Oswald de Andrade propone dicho movimiento que, en definitiva, derogaría el pensamiento patriarcal capitalista para incentivar una nueva era de ocio sagrado y de ocio indígena, desarticulado por los europeos con la esclavitud y las masacres ya conocidas y descritas. Por eso, De Andrade explica que es necesario crear un nuevo espacio: *el Matriarcado de Pindorama, el matriarcado de las palmeras*, nombre de la tierra de Brasil en *nheengutú*, la lengua de los habitantes de esa zona.

La nueva era de los antropófagos data, según el «Manifiesto Antropófago», del año 1556, fecha en que fue devorado el obispo Sardinha por un grupo de caetés del noreste brasileño. Dicha efeméride antropófaga, precisa Haroldo de Campos era, de hecho, una especial casualidad, ya que «[...] Pedro Fernández Sardinha, primer obispo del Brasil, fue devorado por los salvajes el año 1556; su apellido coincide con un nombre común de pescado, lo que agrega un ingrediente propicio a la sátira oswaldiana» (Campos,

---

12. *Pau-Brasil*, o palo de Brasil, fue el primer producto de exportación en la época de la colonia. Era muy preciado por las cortes europeas y por la iglesia católica. El «Manifiesto de la poesía Pau-Brasil» fue publicado en la edición del 18 de marzo de 1924 en el periódico paulista *Correio da Manha*.

13. «É verdade que lá está, no primeiro número, o genial *Manifesto Antropófago* de Oswald, que junto com o *Manifesto da Poesia Pau Brasil* (1924) [...] resulta na formulação mais consistente que nos deixou o Modernismo».

1981: XII). Esta «comilona» teórico-crítica se centra en una especie de *indianismo al revés*, iluminado por los caníbales de Michel de Montaigne; no por el «buen salvaje», sino, más bien, por un «mal salvaje» engullidor de las calumnias de la civilización y sus secuelas.

En síntesis, estos caníbales pretendían re-plantearse las interpretaciones canónicas que surgen en torno a dicho ejercicio como punto de deglución de, en su caso, la parte más sabrosa de la cultura europea, para hacerla carne propia, como un mestizaje de lo cosmopolita y lo local. En palabras de Eduardo Subirats:

> El Movimento Antropofágico transforma esta doble dialéctica colonial y poscolonial de sumisiones misioneras y discursos subalternos. Es la subversión hermenéutica de la más perniciosa de las obsesiones y globalizaciones misioneras: el prejuicio escolástico y postescolástico de que solo un sistema racional y universal de dominación exterior y transitiva puede sostener el orden del mundo: militarmente y conceptualmente. [Subirats, 2000b: 91]

Al respecto, Jorge Schwartz enfatiza que la propia metáfora de la antropofagia brasileña va impregnada de un espíritu interdisciplinario y plural que se expresa en la noción de consumo, de apropiación o hibridación cultural y que es asociable, como lo podemos apreciar, con los principios que exponemos en esta propuesta (Schwartz, 1991). «So a antropofagia nos une. Socialmente. Económicamente. Philosophicamente» (Andrade, 1928: 2). Por lo mismo, manifiesta Subirats, la moción de Do Amaral y De Andrade debe contextualizarse como una mirada opuesta al desarrollo de la técnica y de la artificialidad de los simulacros y su redención virtual. «La edad de oro, en fin, que las vanguardias europeas se prometían como un futuro virtual, fue reivindicado antropofágicamente por los artistas brasileños como el trasfondo cultural de una realidad plurirreligiosa, multiétnica y multicultural» (Subirats, 2000a: 29).

Al hacer un análisis profundo sobre el canibalismo en Brasil, Subirats, antes de referirse a la antropofagia brasileña, precisa que dicha costumbre culinaria adjudicada a los nativos de América y el Caribe es una invención y una obsesión de Europa. Los conquistadores, incluyendo al propio Colón, construyeron las más atroces historias en torno a los indígenas locales, siendo la ferocidad caníbal una de las representaciones más utilizadas. «La antropofagia fue un elemento de importancia central en la representación del descubrimiento del Nuevo Mundo a lo largo del siglo xvi» (Ibídem: 28).

Para profundizar más en el tema, en el Brasil de los años veinte, cuando la pintora Tarsila do Amaral y el poeta y filósofo Oswald de Andrade (*Tarsiwald*, les llamaría Mário de Andrade), en compañía de un excéntrico y diverso grupo de artistas, echaron a correr las consignas antropófagas de la vanguardia latinoamericana, se desataron muchas y diferentes iniciativas, en distintos ámbitos, produciendo una eclosión interdisciplinaria que velaba por un nuevo entendimiento frente a lo instaurado en torno al canibalismo y a las civilizaciones precolombinas. «Necesitamos desvespuciar y descolonizar América y descabralizar Brasil (gran fecha de los antropófagos: 11 de octubre, esto es, último día de América sin Colón».[14]

La idea de Tarsila y Andrade, entre otros antropófagos, era desligarse –sin dejar de «comérsela»– de la tradición europea y escapar de los nocivos lugares comunes llevados por el temor y la atracción que, al mismo tiempo, producían las exóticas nuevas tierras. En primer lugar, se proponía el rescate de las eliminadas raíces ancestrales de América Latina; luego, la búsqueda de nuevas lecturas para la relación entre hombre y naturaleza, incluyendo el cuerpo, la sexualidad, etc., como fenómeno re-corporeizante. En definitiva, la antropofagia brasileña modificó los miedos y temores, los odios y rechazos construidos en épocas anteriores y mantenidos, mitológicamente, por la cultura occidental. Modificación que se puso en ejercicio a través de un re-emplazamiento artístico –que nosotros ampliamos a un terreno interdisciplinario– sin tapujos y generador de una poética de renovación sociocultural.

La Antropofagia brasileña abrió una perspectiva política y artística diametralmente opuesta a la dialéctica de las vanguardias europeas. Éstas partían de la abstracción y la eliminación del pasado, y visaban tendencialmente la suplantación de la experiencia artística individual por la lógica artificial de la máquina o la elevación de la representación estética a espectáculo real. La mirada de la Antropofagia, por el contrario, trataba de lograr una reconstrucción de las memorias culturales, la recreación, a partir de sus símbolos y conocimientos, de una relación no hos-

---

14. «Precisamos desvespuciar e descolombizar América e descabralizar o Brasil (grande data dos antropófagos: 11 de outubro, isto é, último dia de América sem Colombo)» (Andrade, 1928: 3).

til entre naturaleza y la civilización, la restauración placentera de una desnudez sagrada y el rechazo de una opresión civilizatoria magníficamente emperifollada. [Subirats, 2000a: 29]

En el ámbito narrativo, una de las principales obras de esta agrupación fue *Macumaína, O herói sem nenhum carácter* (1928), de Mário de Andrade (1893-1945).[15] Macumaína, protagonista del libro más importante del modernismo brasileño, es un héroe sin ningún carácter, sin ley. Dicha novela (concebida bajo la forma musical de la rapsodia) se conoce como el mestizaje de la «[...] sacralización chamánica del cuerpo y la memoria histórica trasmitida a través de tradiciones, rituales de danza y canto, y las presencias mágicas de la naturaleza...» (Subirats, 2000a: 29). Por estas características, dicho texto se tornó en un escrito épico del Brasil de las transgresiones, subvirtiendo la idea de héroe cultural y sus cerradas creencias en valores de la modernidad, el patriarcado y la razón. «*Macumaína* abre al lector un mundo maravilloso de risas obscenas, juegos lascivos... Una subversión [...] de la civilización metropolitana e industrial como no hay igual en la literatura universal del siglo xx» (Ibídem: 30).

Para Marilene Ferreira Cambeiro, esta obra localiza una vía de escape, un viraje, frente a la cuestión de la cultura occidental, «[...] Mário "copia", hace "*collages*", "recrea" o "recicla" los mitos y leyendas brasileros y de origen portugués, traídos por la colonización».[16] La idea de los antropófagos brasileños y, por supuesto, de *Macumaína*, es transgredir la ley, como un héroe sin ley.

En esta era de la globalización, es tiempo de repensarnos la cultura brasileña y las nuevas alianzas/casamientos culturales, en otros términos, diferentes de la relación colonizador *versus* colonizado. ¿Será posible? El escritor Mário de An-

---

15. Mário de Andrade publica el libro mencionado el mismo año en que Oswald de Andrade edita, bajo la dirección de Antonio de Alcântara Machado, el «Manifiesto Antropófago» en la *Revista de Antropofagia*. Además, Mário colabora con esta revista y realiza su segundo «viaje etnográfico» al Nordeste de Brasil. En 1929 rompe la amistad con su compañero Oswald. En 1969, Joaquim Pedro de Andrade realiza un largometraje basado en la novela *Macumaína*.

16. «[...] Mário "copia", faz "colagem", "recria" ou "recicla" os mitos e lendas brasileiras e de origem portuguesa, trazidos pela colonização...» (Ferreira Cambeiro, 2003: 1).

drade y su pensamiento poético sobre la cuestión brasilera del mestizaje cultural expresada en *Macunaíma* son buenos comienzos.[17]

De acuerdo con Gilda de Mello e Souza, este libro está basado en la combinación de una gran cantidad de otras obras, como un palimpsesto antropófago —«[...] como son los platos de nuestra culinaria con sus ingredientes fuertes "de pimienta, las salsas *tutu* y *dendê* y la caña"»— que funcionaba, en paralelo a la cultura musical de Mário de Andrade, como un nexo entre música erudita y música popular (Cf. Mello, 1979: XI). Mecanismo «parasitario» que deriva de múltiples procedencias y que su autor somete a todo un proceso de enmascaramientos, deformaciones y adaptaciones.

Con el propósito de recuperarlo, desde su visión antropófaga y como una posible acción de re-emplazamiento, De Andrade propugna la incorporación del hombre natural, libre de la represión de las sociedades civilizadas. En la búsqueda del nuevo hombre, este movimiento caníbal de la multitud luchaba en contra de la autoridad patriarcal, de la propiedad privada del Estado, abogaba por sociedades matriarcales, sin clases, sin Estado moderno, violentando una soberanía imperial, como lo deducimos de las palabras de Subirats, que incentiva la globalización frívola e inidentificable.

La nomadización contraimperial de la antropofagia

En sus estudios sobre la nomadología y la máquina de guerra, Gilles Deleuze y Félix Guattari ofrecen ciertas lecturas que pueden ser de interés para proseguir con esta resistencia contraimperial, estimulada por las dislocaciones transgresoras de la *différance* y su reciente ejemplificación a través de la antropofagia brasileña. Dichos pensadores precisan que la guerra no está incluida en los aparatos del Estado y sus derivados contemporáneos, y lo fundamentan indicando que el Estado ofrece un punto de vista negativo a la originalidad del guerrero: «[...] su excentricidad aparece necesariamente bajo una forma negativa: estupidez, deformidad, locura, ilegitimidad, usurpación, pecado...» (Deleuze y Guattari, 2000: 361). Explican, además y a partir de Georges Dumézil, los tres «pecados» del guerrero en la cultura indoeu-

---

17. «Nessa era da globalizaçao, é tempo de repensarmos a cultura brasileira e as novas alianças/casamentos culturais em outros termos, diferentes da relação colonizador versus colonizado. Será possível? O escritor Mário de Andrade e seu pensamento poético sobre a questão brasileira da miscigenação cultural, expresso em *Macunaíma* são bons começos» (Ferreira Cambeiro, 2003: 4).

ropea: contra el rey, contra el sacerdote y contra las propias leyes del Estado, «supongamos una transgresión sexual que comprometa la distribución de los hombres y de las mujeres, supongamos incluso una traición a las leyes de la guerra tal como son instituidas por el Estado» (Ibídem: 361-362). El guerrero está abierto a transgredirlo y traicionar lo que quiera, inclusive la labor militar. Por eso, la idea de estos intelectuales es confirmar que es necesario pensar la máquina de guerra, no como algo interior al aparato estatal, sino como algo exterior. El Estado siempre se acerca más a las formas internas que generalmente ayudan a conformar los modelos y hábitos. El problema ante esto es que la fuerza extrínseca de la máquina de guerra tiende, en algunas ocasiones, a confundirse con las cúpulas del Estado.

La máquina se desliga del Estado y lo deja de lado ya que el Estado por sí mismo no posee máquina de guerra. Se apodera de ésta, cuando la necesita, en forma de institución militar y, por lo mismo, siempre le estará planteando problemas. La máquina de guerra invita a una indisciplina del guerrero, a un cuestionamiento de las jerarquías —como la de los «guerreros» antropófagos brasileños—, a una transgresión que impide, por supuesto, la conformación y estabilidad del Estado. Michael Hardt lo explica de la siguiente manera al referirse a las luchas de guerra en el ámbito del imperio: «No queremos luchar en las guerras que ya han sido libradas ni en las que están siendo libradas ahora. Tenemos que inventar una nueva concepción de la guerra y un nuevo modo de librarla» (Hardt, 2002: 65). Una nueva guerra contraimperial que finalmente pueda decantar en una verdadera paz.

La máquina de guerra que proponen Deleuze y Guattari se vincula con una «ciencia menor» o «nómada», muy lejana a las ciencias imperialistas e imperiales. Por lo mismo, el guerrero —como nómada y a través de la máquina de guerra— se proyecta en un ámbito del saber abstracto y opuesto a las ciencias estatales. «Es como si el "científico" de la ciencia nómada estuviera atrapado entre dos fuegos, el de la máquina de guerra que lo alimenta y lo inspira, el del Estado que le impone un orden de razones» (Ibídem: 369). La vida nómada es *intermezzo*. La «trayectología» nómada distribuye a los hombres en un espacio abierto, indefinido e ilimitado, sin fronteras, sin cierres ni códigos.

Es, en consecuencia, la misma tierra la que se desterritorializa a tal nivel que el nómada vislumbra un territorio inestable. La tierra, por lo tanto, ya no es tierra, y se convierte en un devenir, un sitio o un soporte, en un intervalo, un espacio intermedio postimperial, como un vector de desterritorialización.

Cada vez que se produce una revolución, a través de un acto transgresor, hay de por medio una máquina de guerra con fuerte potencial nomádico, como Oswald de Andrade y Tarsila do Amaral, quienes, en compañía de su equipo, fueron desterritorializando y reterritorializando las imposiciones de una sociedad compleja y controladora. Así lo estima Ericson Siqueiro:

> Ese aparato conceptual es construido a partir de un agenciamiento colectivo, un encuentro de afectos y preceptos. Constituyéndose como un evento singular, transformado en objeto móvil y fluido al desenvolver trayectos y líneas de fuga por la superficie histórica, éste establecería, por la lógica nomadológica, otros recorridos, no institucionalizados por los aparatos de control del Estado y sus derivaciones.
>
> La historia del antropófago es la historia de esa fluidez, es la historia de la desterritorialización. Ella hará sus recorridos, devorando sus enemigos en una batalla que no solo se limita a la lucha por la hegemonía y por el dominio de un territorio, sino también por la necesidad de tener su propio discurso/recorrido realizado. En su tránsito, en busca de alimento, compondrá con sus intensidades la historia de esos trayectos a partir de los acontecimientos, fundando y construyendo momentos singulares, inaugurando una historia para la vida.[18]

La deglución antropófaga es una diversión en la que se borran los límites, desplazándose y llegando al clímax de la carnavalización. Además, Siqueiro asegura que este ejercicio es el carnaval de las fusiones entre culturas, «[...] samba da mulatizaçao...» (Siqueiro, 2003: 3) de una «tierra» criada por el hambre y para el nuevo hombre. Lo grotesco y lo carnavalesco son una

---

18.   «Esse aparelho conceitual é construído a partir de um agenciamiento coletivo, um encontro de afetos e preceptos. Constituindo-se como um evento singular, transformado em objeto móvel e fluido ao desenvolver trajetos e linhas de fuga pela superfície histórica, estabeleceria, pela lógica da nomadologia, outros percursos que não os institucionalizados pelos aparelhos de controle do estado e suas derivações. // A história do antropófago é a história dessa fluidez, é a história da desterritorialização. Ele fará seus percursos, devorando seus inimigos numa batalha que não mais se limita na luta pela hegemonia e pelo domínio de um território mas sim, pela necessidade de ter seu próprio discurso/percurso realizado. Em seu trânsito, na busca de alimento, comporá com suas intensidades a história desses trajetos a partir dos acontecimentos, fundando e construindo momentos singulares, inaugurando uma história para vida» (Siqueiro, 2002: 2).

suerte de «locura», de desvarío que permite liberarse de la falsa verdad del mundo.

Mariano Oropeza sostiene, por su parte, que la fuerza antropófaga proviene de la «carnavalización de la realidad» como un acto de subversión, como el fenómeno que activa a gran parte de los «artistas caníbales», «[...] ahora es el banquete o cena visualizada: comilona, fiesta, música, danza, bárbaros y alegres, elaboraciones de una historia fundada en el cuerpo»,[19] convertida y dividida en la socialización del cuerpo del otro devorado. En su «Manifiesto Antropófago», Oswald de Andrade es claro y preciso al sintetizarlo en la siguiente frase: «Nunca fomos cathechisados. Fizemos foi Carnaval» (Andrade, 1928: 2). Y en su primer manifiesto, el de «Manifiesto de poesía Pau-Brasil», indica que «El Carnaval en Río es el acontecimiento religioso de la raza. Pau Brasil. Wagner se reclina ante las comparsas de Botafogo. Bárbaro y nuestro. La formación étnica rica» (Andrade, 1924: 137).

Oswald de Andrade carnavaliza los valores establecidos. Acto que él mismo denominaría como «revolución antropófaga» al revisar las funciones de la naturaleza, la música, la cocina y el mismo cuerpo. Con esta posición trata de romper con las consecuencias que acarrea la dependencia cultural, creando algo nuevo, una alternativa a lo que se estaba imponiendo. Al decir de Haroldo de Campos, «Ella no trae un sometimiento (una catequesis), sino una transculturización; mejor aún, una "trasvaloración": una visión crítica de la historia como función negativa (en el sentido de Nietzsche)» (Campos, citado en Schwartz, 1991: 135) y habilita un ejercicio de apropiación, desjerarquización y *desconstrucción*. El caníbal, según De Campos, era un «polemista», pero, al mismo tiempo, también un «antologista»: «[...] solo devoraba a los enemigos que consideraba bravos, para sacarles la proteína y la médula, para robustecerse y renovar sus fuerzas naturales...» (Ibídem: 136).

De todas maneras, estas transgresiones que estamos reconociendo se acercan —en su crítica, subversión y puesta en escena— más al modelo de la modernidad, es decir, a aquellas primeras sociedades disciplinarias que expuso Foucault en 1975, y no necesariamente al tránsito hacia la sociedad de control que desarrolla Deleuze (Cf. Deleuze, 1993 y 1996). Entonces ¿cómo se plantearían estos fenómenos caníbales en el amplio abanico del simulacro imperial? ¿Cómo actuarían los antropófagos frente a la adversidad

---

19. «[...] agora é o banquete a cena visualizada: comilança, festa, música, dança, bárbaros e alegres, elaborações de uma história fundada no corpo» (Siqueiro, 2003: 3).

que les asignan las nuevas sociedades de consumo? Aunque ya apuntamos en párrafos anteriores, estamos seguros de que dicha hambrienta propuesta teórico-crítica hubiera continuado con sus actos transgresores para romper y *desconstruir* estas nuevas tendencias. Porque el movimiento antropófago brasileño también auguró y evidenció, en muchas de sus acciones, al igual que Foucault y tal como lo anunciaría Deleuze, el por-venir y el camino por el cual se delineaba la sociedad que ellos duramente criticaron. «En tanto algunas cuestiones quedan pendientes dentro de ese cuadro: ¿cómo lidiar desde el punto de vista antropófago con relación a la actual tendencia globalizante y mercantil mundial?».[20]

Nuestra idea es retomar, una vez más, los estudios oswaldianos para enfrentarnos a las instancias *iconofágicas* (Baitello, 2005) que, desde modelos antropófagos, nos están comenzando a superar. Las ideas de Oswald de Andrade surgen, ante esto, como una suerte de antídoto para soportar las patologías que provienen de la ausencia colectiva de la humanidad y, desde este punto de vista, retomamos las nociones que sobre dicho autor escribe Haroldo de Campos al prologar y seleccionar su *Obra escogida*:

> Oswald de Andrade, vislumbra una nueva «Edad de Oro», posmoderna, una cultura antropófago-tecnológica, en la cual el hombre natural tecnificado (o sea, rescatado de sus servidumbres por el uso progresista de las conquistas tecnológicas), y bajo la égida del «matriarcado» (vale decir, sin las amarras de la familia, la propiedad y el Estado de clases, propias de la cultura patriarcal, «mesiánica»), redescubrirá la felicidad social y el ocio lúdico, propicio a las artes. [Campos, 1981: XLI]

La voz de los antropófagos se apagó después de la potente modernidad brasileña. Se apagó la *Revista de Antropofagia* y sus activos actores se disolvieron en la extravagancia que su propuesta irradiaba, especialmente para quienes asumían el sistema como una opción viable de vida.[21] Si retomamos los discursos de la *différance* y los antropófagos, y los aplicamos a esta sobe-

---

20. «No en tanto algumas questões ficam pendentes diante desse quadro: como lidar do ponto de vista do antropófago com relação a atual tendência globalizante e mercadológica mundial?» (Siqueiro, 2003: 3-4).

21. «Una tarde, Geraldo Ferraz —el carnicero— corrió alucinado a casa de Osvaldo Costa para comunicar que la revista había sido suspendida por el director del *Diario de S. Paulo*, en vista de la cantidad de cartas recibidas de lectores del periódico, protestando contra

ranía imperial (como estrategia contraimperial), podremos reflexionar sobre las nuevas relaciones, cada vez más complejas, que surgen en esta era del simulacro, «[...] posibilitando pensarlo en este momento en que vivimos la globalización».[22]

En este ámbito (pero denominándolo *tardomodernidad* y no posmodernidad), a partir de una *re-lectura de la antropofagia*, recogemos algunas ideas que Eduardo Subirats nos ofrece. En su investigación, el autor se refiere a los procesos socioeconómicos contemporáneos marcados por la informatización y el capitalismo neoliberal. Así lo expresa Carolina Leao al indicar: «Es en ella que el autor va a buscar, principalmente en el Movimiento Antropofágico, una apasionante traducción de esa manifestación, analizada sobre la óptica del cosmopolitismo».[23]

Sobre lo mismo, Subirats, en una entrevista a Claudia Nina, expresa que el movimiento antropófago brasileño es una de las vanguardias más propicias para enfrentarse al canibalismo posmoderno, a lo que nosotros, desde los postulados de Norval Baitello, denominamos *iconofagia*. Subirats, además y a diferencia de nuestra postura, asocia el concepto de canibalismo con la depredación contemporánea y con el engullimiento simbólico consumista.

El canibalismo es un concepto que fue muy utilizado por el pensamiento posmodernista en los últimos años, afirmando que la sociedad capitalista come, tritura y fagocita cualquier cosa, igualando música clásica, guerra, flores, pobreza. El canibalismo se volvió una metáfora para definir la economía política y cultural de la sociedad capitalista decadente, capaz de trasformarlo todo en energía de consumo y destrucción. El canibalismo es agresivo, sádico. A partir de ahí, veo la oposición entre la utopía antropofágica, que reivindica la libertad, la armonía como la naturaleza, y la creación poética.[24]

---

aquella página corruptora de todos los cánones burgueses, ¡pobre revista! Con ella murió el movimiento antropófago...» (Amaral, 2000: 463).

22. «[...] tornando-o possível de ser pensado neste momento em que vivenciamos a globalização» (Ferreira Cambeiro, 2003: 3).

23. «É nela que o autor vai buscar, principalmente no Movimento Antropofágico, uma apaixonante tradução dessa manifestação, analisada sob a ótica do cosmopolitismo» (Leao, 2003: 1).

24. «O canibalismo é um conceito que foi muito utilizado pelo pensamento pós-modernista nos últimos anos, assinalando que a sociedade capitalista come, tritura e fagocita qualquer coisa, igualando música clássica, guerra, flores, pobreza. O canibalismo tornou-se uma

Con las sociedades actuales hemos perdido la dimensión humana: Auschwitz e Hiroshima son solo feroces ejemplos, escribe Subirats (Subirats, 2000b), y precisa que seguimos viviendo en este estigma. «La utopía tropicalista está desierta de su colorido a partir de los genocidios perpetrados en el Amazonas [...] y de las corporaciones financieras globales» (Subirats, 2000b: 31). Las asociaciones mediáticas se han apropiado de todo el planeta por medio del poder mercantil (empresas españolas en América Latina, por ejemplo), la corrupción sociopolítica (influencia estadounidense en el golpe de Estado chileno), la inseguridad que gira en torno al narcotráfico (Plan Colombia), etc., y, como consecuencia de este crudo diagnóstico, la antropofagia agoniza debido a los nuevo ritos financieros (caníbales para Subirats, iconofágicos para nosotros) que controlan a gusto del consumidor.

—¿Todavía es posible reinventar los paraísos?
—La tesis de que no existen paraísos es defendida por la Iglesia Católica. Yo no pienso de esa forma. Imagino, por tanto, que el mundo como existe hoy no va a aguantar por mucho tiempo. Las destrucciones, como los incendios en las selvas o el envenenamiento de las aguas y otras formas de depredación cultural, no pueden seguir aconteciendo por largo tiempo. Está claro que no somos pasivos, hay resistencias, pero infelizmente el sistema de manipulación se vuelva cada vez más eficaz.[25]

Por ello, como lo hemos anunciado a lo largo de este trabajo, es necesario abogar por un proyecto de resistencia contraimperial (*différance*) que se

---

metáfora para definir a economia política e cultural da sociedade capitalista decadente capaz de transformar tudo em energia de consumo e de destruição. O canibalismo é agressivo, sádico. A partir daí, vejo a oposição entre a utopia antropofágica, que reivindica a liberdade, a harmonia como a natureza e a criação poética» (Subirats, 2003: 23).

25. «—Ainda é possível reinventar os paraísos? // —A tese de que não existem paraísos é defendida pela Igreja Católica. Eu não penso dessa forma. Imagino, porém, que o mundo como existe hoje não vai agüentar mais por muito tempo. Destruições como as queimadas nas selvas, o envenenamento das águas e outras formas de depredações culturais não podem continuar acontecendo pro um longo tempo. É claro que não estamos passivos, há resistências, mas sistema de manipulação infelizmente torna-se cada vez mais eficaz» (Subirats, 2001: 2).

enfrente al sistema imperial de manipulación, el cual, a pesar de la eficacia anunciada por Subirats, debe ser intervenido y transgredido. Sin tregua alguna: resistencia hacia una utopía antropófaga que desafíe el orden impuesto por las nuevas lógicas de poder, más cercanas al mercado que al Estado. La antropofagia como transgresión cultural...

Bibliografía

AMARAL, TARSILA DO. «Pintura Pau-Brasil y antropofagia» [1929]. *Brasil 1920-1950: de la Antropofagia a Brasilia.* Valencia: Institut Valencià d'Art Modern, 2000.

ANDRADE, OSWALD DE. «Manifiesto de la poesía Pau-Brasil» [1924]. *Las vanguardias latinoamericanas. Textos programáticos y críticos.* Ed. Jorge Schwartz. Madrid: Cátedra, 1991.

____. «Manifesto Antropófago» [1928]. *Revista de Antropofagia* (1928-1929). Reedición de la revista literaria publicada en São Paulo-1ª y 2ª «dentiçoes». São Paulo: Abril e da Metal, 1975.

____. *Obra escogida.* Caracas: Biblioteca Ayacucho, 1981.

____. «El movimiento modernista» [1942]. *Brasil 1920-1950: de la Antropofagia a Brasilia.* Valencia, Institut Valencià d'Art Modern, 2000.

BAITELLO, NORVAL. *A era da iconofagia. Ensaios de Comunicação e Cultura.* São Paulo: Hacker, 2005.

BARAÑANO, COSME DE y JULIO DE MIGUEL. «Presentación». *Brasil 1920-1950: de la Antropofagia a Brasilia.* Valencia:IVAM, 2000.

BATAILLE, GEORGES. *El erotismo.* Barcelona: Tusquets, 1997.

CAMPOS, AUGUSTO DE. «Revistas Re-vistas: os antropófagos». *Revista de Antropofagia* (1928-1929). Reedición de la revista literaria publicada en São Paulo-1ª y 2ª «dentiçoes». São Paulo: Abril e da Metal, 1975.

CAMPOS, HAROLDO DE. Selección y prólogo a *Obra escogida* de Oswald de Andrade. Caracas: Biblioteca Ayacucho, 1981.

DELEUZE, GILLES. *Conversaciones 1972-1990.* Valencia: Pre-textos, 1996.

____. «La sociedad de control». *Ajoblanco* 51 (1993).

____ y Félix GUATTARI. *Mil mesetas Capitalismo y esquizofrenia* [1980]. Valencia: Pre-textos, 2000.

DERRIDA, JACQUES. *De la gramatología.* Buenos Aires, Siglo XXI, 1971.

____. «La Différance». *Márgenes de la filosofía.* Madrid: Cátedra, 1989.

FERREIRA CAMBEIRO, MARLENE. «A construção da cultura no mito de macunaíma: antropología e psicoanálise», *Geocities* (2003) <www.geocities.com/ail-br/aconstruçao-daculturanomitodemacunaima.htm>.

FOUCAULT, MICHEL. *Las palabras y las cosas.* México, D.F.: Siglo XXI, 1986.

____. *La verdad y las formas jurídicas.* Barcelona: Gedisa, 1998.

____. *Vigilar y castigar.* Madrid: Siglo XXI, 1994.

HARDT, MICHAEL. «El imperio contraataca». Entrevista de Marina Garcés y Santiago López Petit. *Archipiélago* 53 (2002). Barcelona.

_____ y ANTONIO NEGRI. *Imperio*. Buenos Aires: Paidós, 2002.

_____. *Multitud. Guerra y democracia en la era del Imperio*. Barcelona: Debate, 2004.

KRISTEVA, JULIA. *Visions capitales*. París: Éditions de la Réunion des musées nationaux, 1998.

LEAO, CAROLINA. «O paraíso é antropofágico», *Diario*, São Paulo (2003) <www.pernambuco.com>.

MELLO E SOUZA, GILDA DE. Selección, prólogo y notas de *Obra escogida* de Oswald de Andrade. Caracas: Biblioteca Ayacucho, 1979.

PANERO, LEOPOLDO MARÍA. Agujero llamado Nevermore (selección poética, 1968-1999). Madrid, Cátedra, 2000.

PEÑUELA CAÑIZAL, EDUARDO. «El extraño encanto de la intertextualidad». *Signa. Revista de la Asociación Española de Semiótica* 10 (2001).

Revista de Antropofagia (1928-1929). Reedición de la revista literaria publicada en São Paulo-1ª y 2ª «dentiçoes». São Paulo: Abril e da Metal, 1975.

JORGE SCHWARTZ, ed. *Las vanguardias latinoamericanas. Textos programáticos y críticos*. Madrid: Cátedra, 1991.

_____. *Brasil 1920-1950: de la Antropofagia a Brasilia*. Valencia: Institut Valencià d'Art Modern, 2000.

SIQUEIRO, ERICSON. «Oswald: historia, corpo, Antropofagia». Río de Janeiro: Pontificia Universidad Católica de Río de Janeiro, 2002 <www.geocities.com/ail-br/oswaldohistoricorpo.htm>.

SILVA ECHETO, VÍCTOR y RODRIGO BROWNE. *Antropofagias. Las indisciplinas de la comunicación*. Madrid: Biblioteca Nueva, 2006.

SUBIRATS, EDUARDO. *El alma y la muerte*. Barcelona: Antrophos, 1983.

_____. *Sobre la libertad*. Madrid: Anaya, 1999.

_____. «Antropofagia contra globalización o el Paraíso en América Latina». *Quimera* 193-194 (2000a).

_____. «Do surrealismo à antropofagia». *Brasil 1920-1950: de la Antropofagia a Brasilia*. Valencia: Institut Valencià d'Art Modern, 2000b.

_____. *A penúltima visão do paraíso. Ensaios sobre Memória e Globalização*. São Paulo: Studio Nobel, 2001.

_____. «Uma bienal no país do futebol e do carnaval». *Estadão* (2002) <www.estadao.com>.

TALENS, JENARO. *El sujeto vacío*. Valencia: Frónesis-Cátedra-Universidad de Valencia, 2000.

VILLALTA, BLANCO. *Ritos caníbales en América*. Buenos Aires: Casa Pardo, 1970.

Topografía de la violencia/violencia mediática en el cine actual latinoamericano (Cidade de Deus y Amores perros)

Claudia Gronemann
Cornelia Sieber

Introducción

El cine latinoamericano ha sido criticado en el pasado por su carga de tri-
vialidad e ideología, y no ha llamado mucho la atención del público internacional (con algunas excepciones, como la del Cinema Novo, en Brasil). Sin
embargo, Latinoamérica está presente en muchas producciones internacionales como lugar de acción para representar solo una serie de clichés. Por
tanto, el subcontinente ha servido tradicionalmente de escenario folclórico
(como en *Frida* (2002), de Julie Taymor, *La casa de los espíritus* (1993), de
Bille August, o *Como agua para chocolate* (1992), de Alfonso Arau, por mencionar algunas de las más famosas). Latinoamérica funge básicamente como
espacio contrastante destinado a construir figuras heroicas (de tipo héroe
de *western*, por ejemplo) y, de modo reiterado, para representar el decorado
de un ambiente de violencia, narcotráfico y criminalidad. Esta función de
cliché fue reflejada explícitamente en la película de Orson Welles, *Touch of
Evil* (1958), o, más actualmente, en *Traffic* (2000), de Steven Soderbergh, y
llega a exagerársela estéticamente en *Perdita Durango* (1998), de Alex de la
Iglesia, aunque en la mayoría de las películas los estereotipos se reproducen
simplemente de manera inconsciente.[1]

Ese tópico asignado a Latinoamérica aparece también en el cine español.
En *Nadie hablará de nosotras cuando hayamos muerto* (1995), por ejemplo,
su primera escena, muy sangrienta —un tiroteo entre miembros de bandas
con un desenlace fatal—, no ocurre en México de manera casual y representa, además, la única secuencia de todo el filme localizada en Latinoamérica.
El director y guionista, Agustín Díaz Yanes,[2] justifica en un comentario esta

---

1. En qué medida el tópico de violencia se manifiesta también en la recepción de la literatura
    latinoamericana, lo subraya el estudio de Eva Gerling, *Lateinamerika: So fern und doch so
    nah?* (2004). La autora analiza antologías de textos latinoamericanos en lengua alemana
    que se publicaron entre 1945 y 2000, destacando como temas y contextos importantes las
    injusticias sociales, la pobreza, la violencia, la brutalidad y el machismo, etc. (Gerling, 2004:
    81 y sigs.).

2. El debut de Díaz Yanes fue premiado en España como mejor película del año 1995 y reci-
    bió el premio Goya en ocho categorías. Cabe destacar, sobre todo, la magnífica actuación

aparición estereotipada refiriéndose al tópico latinoamericano de la violencia: «[...] otro problema eran los gánsters. Desde el principio, cuando escribí el guión, no sabía si iban a ser gánsters cubanos [sic] o mexicanos [...] lo único que sabía era que no iban a ser españoles porque no me lo creía que hubiera ese tipo de gánster en España».[3]

En contra de esta perspectiva unidimensional hacia Latinoamérica como lugar de violencia, sin considerar las códigos específicos histórico-culturales y mediáticos de la representación de la violencia, se ha ido desarrollando cada vez más una recodificación del tópico tradicional, lo que ha contribuido de forma decisiva al éxito internacional del cine latinoamericano contemporáneo.

En ese contexto se sitúa nuestro análisis de la representación cinematográfica de la violencia en dos de las películas más significativas del cine actual latinoamericano y que alcanzaron gran resonancia internacional: *Cidade de Deus* (2002), de Fernando Mereilles, y *Amores perros* (2001), con la que debutó Alejandro González Iñárritu.[4] Ambos largometrajes enfocan el fenómeno de la violencia recurriendo al tópico, pero su importancia radica, en nuestra opinión, precisamente en su revisión. A través de una recodificación de dicho tópico, hacen perceptible la ideología relacionada con cada manifestación y representan la problemática de la violencia más allá de los modelos típicos convencionales; por un lado, en su dimensión mediática de masas en *Cidade de Deus*, y, por otro, en su dimensión deterritorializada y arquetípica, en *Amores perros*.[5] A pesar de las diferentes técnicas y proce-

---

de Victoria Abril y Pilar Bardem.

3. Véase la entrevista con el director Díaz Yanes en el DVD (edición especial de *El País*, 2004).

4. Ambas películas tuvieron un importante éxito tanto por parte del público como de la crítica. *Cidade de Deus* recibió nueve premios en el Festival Internacional del Nuevo Cine Latinoamericano, en La Habana, entre otros como mejor película. En la categoría de mejor actor fueron premiados siete de los jóvenes actores. Asimismo la película recibió el gran premio del cine brasileño, tanto en la categoría de mejor película y mejor banda sonora, como por la dirección, la adaptación, el montaje y el diseño. En estas últimas categorías *Cidade de Deus* fue nominada al Oscar. Por su parte, con *Amores perros* González Iñárritu recibió, entre otros, el galardón de mejor ópera prima en el Festival habanero, el premio a la mejor película extranjera en Cannes y una nominación al Oscar.

5. En su más reciente éxito, *Babel* (2006), González Iñárritu sigue fiel a la idea de la deterritorialización de la violencia, aunque explorando esta vez los efectos extensos de una

dimientos narrativos utilizados, ambos filmes no solo ofrecen, en el marco de sus correspondientes adaptaciones, un modelo de explicación general, sino que se sirven del medio cinematográfico y de su gran alcance para confrontar físicamente al público con diferentes formas de violencia.

Estas obras no pretenden ser un instrumento crítico para «desenmascarar» las condiciones sociales, sino que más bien conducen la mirada del espectador al fenómeno que llamamos «violencia en el cine», es decir, al aspecto mediático de la representación de la violencia, concediendo particular importancia al orden cinematográfico específico de la representación.

Por consiguiente, este trabajo no tiene como primer objetivo evaluar los problemas ético-sociales relacionados con la violencia, que no conducen al análisis del fenómeno mediático «violencia en el cine», sino que más bien ocultan los códigos mediáticos.[6] Nuestra lectura se centra en el aspecto cinematográfico de la puesta en escena de la violencia. La «violencia», cuando aparece en el cine, no es un objeto neutral, sino que su representación está siempre relacionada con diferentes códigos y convenciones mediáticas, culturales e históricas, de los cuales no es posible abstraerse. Es decir, a través de códigos específicos, se asigna al espacio geográfico de América Latina el tópico de «lugar de la violencia» de tal modo que tanto su presentación como su revisión no se pueden lograr sin la decodificación de los procedimientos discursivos cinematográficos.

---

potencial fuente de violencia muy concreta —el fusil de un japonés, con el que dos niños en los desiertos maghrebiños lesionan a una turista norteamericana—, y mostrando las consecuencias trágicas que se extienden sobre tres regiones del mundo muy distantes una de la otra. Esta diferencia entre la estructura de la extensión accidental y multicausal de violencia en *Amores perros* y la estructura de la extensión de la violencia por un principio de dominó, subraya la gran sensibilidad del director hacia la violencia como fenómeno complejo y multifacético.

6. Georg Joachim Schmitt ofrece un estudio interesante sobre los diferentes efectos mediáticos y modos de escenificar la violencia en el cine: en su libro *Die Allmacht des Blickes* (2001) subraya la necesidad de una discusión amplia de los procedimientos discursivos cinematográficos, sobre todo con vista a la comprensión ética de estas representaciones y a la protección de menores, que es indispensable, según el autor, un análisis del nivel de mediatización. La autonomía del espectador se produce justamente en el proceso de reconocimiento de esos códigos mediáticos, es decir, que se manifiesta en la capacidad de abstracción de éste.

Así como el *boom* de la literatura latinoamericana de los años sesenta llamó la atención a escala mundial, en primer lugar, por un desprendimiento de las técnicas narrativas tradicionales,[7] el cine latinoamericano empieza a tener una recepción mundial en el momento mismo en el que transgrede los modelos estereotipados de la representación cinematográfica.

Con respecto a la función clave de los procedimientos narrativos para la percepción de la literatura latinoamericana, nos gustaría analizar el cine latinoamericano tomando como ejemplo estas dos producciones actuales. Nos acercaremos a la interrogante de si ocurre un cambio de paradigma parecido al de los procedimientos narrativos en el sector del cine por lo que aparecería también una metatextualidad en el cine.

Cidade de Deus: Ambivalencia en la escenificación de una espiral de violencia en los medios masivos

Cidade de Deus se basa en la exitosa novela homónima de Paulo Lins, que él publicara en 1997. Los cuentos narrados por el autor de la novela están siempre vinculados a la violencia en la favela llamada Cidade de Deus, en los alrededores de Río de Janeiro. Tienen su origen en las memorias contadas a Lins por los habitantes y recopiladas por él en un estudio de casi ocho años dirigido por la antropóloga Alba Zaluar.[8] El texto de Lins atrae la atención especialmente por su carácter autentico de lo narrado. La distancia que se crea con los recursos artísticos de la mediación está, en cambio, menos acentuada. Se nota la presencia de un narrador con rasgos autorales, que relata los antecedentes y pre-historias de los personajes, al tiempo que éstos muestran inevitablemente, como apunta Suzi Frankl Sperber, «miseria, aban-

---

7. La experimentación con procedimientos narrativos no convencionales es de importancia central para conceptos como lo real maravilloso y el realismo mágico, o para el debate sobre lo fantástico. Además, manifiesta una gran conciencia de los autores con respecto a la representación mediática en América Latina. En ese contexto, Alfonso de Toro destaca la circularidad del tiempo en la novela *Cien años de soledad*, de Gabriel García Márquez, como principio de una narración mítica que enlaza las técnicas de Carpentier y Asturias, mientras que Vargas Llosas se sirve de la acronía y provoca una simultaneidad del tiempo basándose más bien en la tradición del sujetivismo y en los modelos narrativos modernos recurrentes en Flaubert, Joyce y otros. (Cf. Toro, 1986).

8. La novela se basa en testimonios de los habitantes recogidos por Lins durante una fase de ocho años en el marco de un estudio para la antropóloga Alba Zaluar, véase «Nota e agradecimiento» de la segunda edición de *Cidade de Deus* (Lins, 2002: 403).

dono, falta de afecto, desplazamiento» (Sperber, 2003: 6), esto es, la misma situación que marca fatalmente el nivel del presente de la narración. Así, la crítica pregunta provocadoramente:

> ¿Es esto, ficción? El libro quiere ser verdad, porque se basa en casos verídicos recolectados en un trabajo de campo de ocho años (entre 1986 y 1993), período en que el autor trabajó como asesor en investigaciones antropológicas sobre la criminalidad y las clases populares de Río de Janeiro. Su ambición no era ser ficticio, o, por lo menos, no parecer ficticio. ¿Qué tematiza la novela fuera de la violencia, alfa y omega del crimen, y de la situación del negro pobre y abandonado? ¿La cuestión de la identidad negra? No.[9]

Parece que es justamente la presentación auténtica de la violencia irreflexiva, lo que atrae y choca al lector. La película se muestra fiel a esta exigencia de autenticidad, pero la vincula –casi violentamente– a métodos estéticos cinematográficos específicos, y a la cuestión de la percepción. Se exhibe al mismo tiempo y en las mismas imágenes de la película una representación de acontecimientos auténticos, una reflexión sobre la problemática de la representación en cuanto a la subjetividad y parcialidad de lo percibido (por medio de la figura personaje-narrador Buscapé), y un producto que satisface las exigencias de los medios de comunicación de masas: la violencia está estéticamente expuesta para mostrarla a una audiencia internacional de cine.[10]

La percepción característica de la violencia transmitida por el libro está insinuada en una reseña de la novela publicada por *Le Monde*: «En Cidade de Deus, la lei del más fuerte se establece, suplantada luego por la de lo más cruel, sustituida a su vez por la del más salvaje».[11]

---

9. «F isto ficção? O livro se quer verdade, porque baseado em casos verídicos, num levantamento de 8 anos (entre 1986 e 1993), em que o autor trabalhou como assessor de pesquisas antropológicas sobre a criminalidade e as classes populares do Río de Janeiro. Sua ambição é não ser ficcional, ou pelo menos, não parecer ficcional. O que tematiza o romance, afora a violência, alfa e ômega do crime e da situação do negro pobre e abandonado? A questão da identidade negra? Não» (Sperber, 2003: 6).
10. Es significativo que la película haya sido premiada especialmente en las categorías artísticas de guión, adaptación, corte y sonido (ver nota 3).
11. «Na Cidade de Deus, a lei do mais forte se estabeleceu, logo suplantada por aquela do mais cruel, substituída por sua vez pela do mais selvagem». Citado en la contraportada de

Este carácter estructural de la violencia cada vez más desatada, la realzan aún más Fernando Meirelles y Braulio Mantovani, el guionista del filme. La forma de espiral de violencia, como la describe *Le Monde*, se refleja ostentosamente en la película. Mantovani y Meirelles se concentran en los personajes más característicos del libro y acentúan el agravamiento progresivo de la violencia mediante la escenificación de un ambiente típico de finales de los años sesenta, luego de los años setenta y, por fin, de la transición a los ochenta.

Al principio conocemos al Trío Ternura, tres jóvenes que, junto con sus familias, forman parte de los primeros habitantes del asentamiento nombrado Cidade de Deus, que es, a finales de los sesenta, un barrio periférico de Río de Janeiro todavía en construcción. Los tres consiguen pistolas y cometen asaltos. Los espectadores son testigos de que el Trío Ternura basa su poder en el potencial amenazador de sus armas.

Zé Pequeño (Leandro Firmino), su sucesor en la jerarquía de la violencia, tiene que basar su fuerza ya no solo en la amenaza del arma, sino en su uso. Dispara a quemarropa a uno de los miembros del Trío Ternura, mata a balazos a los pequeños narcotraficantes de la Cidade de Deus y establece un gran tráfico de cocaína en la favela. Sus sucesores, los niños de la banda Caixa Baixa, que son chicos descuidados y crueles de cuatro a siete años, encarnan luego la disolución total de la civilización. Matan a Zé Pequeño cuando tienen la oportunidad —así no tienen que elevarse paso a paso en la jerarquía de los narcotraficantes, trabajando primero para él—. Y la manera en la que se ponen de acuerdo sobre sus siguientes victimas muestra la ignorancia total de todos los valores humanos. Los límites jurídicos que el Trío Ternura traspasaba usando las armas como amenaza para establecer su poder, y el límite moral que Zé Pequeño transgrede matando a los contrarios para implantar el suyo, ya no existen en las cabezas de los niños de la banda.

Mediante esta estructura tripartita, la película muestra cómo en algo más de una década la violencia destruye y absorbe toda la sociedad de la Cidade de Deus. Su representación en forma de espiral es una escenificación tanto mediática como estética. Esto nos lo muestra Meirelles a través de las indicaciones metatextuales, por un lado, acerca de las técnicas de narración y, por otro, acerca de los procedimientos de selección, incluyendo para este fin una acción de marco en torno al argumento principal. La acción de marco se

---

Lins, *Cidade de Deus*, 2a. ed. 2002.

centra en la figura del personaje-narrador, el fotógrafo Buscapé. La película comienza con una escena que ocurre pocos minutos antes del asesinato de Zé Pequeño. El joven Buscapé (Alexandre Rodrigues) tropieza con Zé Pequeño y su banda armada, camino a un enfrentamiento con el último sobreviviente de los grupos adversarios, dirigido por Cenoura (Matheus Nachtergaele) y Mané (Seu Jorge). La banda de Zé Pequeño posa ante la cámara de Buscapé, y en este momento se escucha la voz de Buscapé haciendo un comentario en *off*, que afirma que nadie en la Cidade de Deus puede escapar de la violencia –«na Cidade de Deus se correr o bicho pega e se ficar, o bicho come. E sempre foi assim...» [en la Cidade de Deus, si uno corre, el bicho pega, y si uno se queda, el bicho come. Y esto fue siempre así].

Con ese comentario, Buscapé trasciende el rol de mero personaje de la película y se convierte también en narrador autobiográfico. Se puede decir que de la figura del narrador Buscapé emerge el personaje de Buscapé, ya que mientras se escuchan los comentarios del primero, la cámara comienza a girar cada vez más rápido en torno a la imagen congelada del personaje, volviendo atrás en el tiempo, hasta 1968. El Buscapé aparece así tras el paso por la «máquina del tiempo»[12] en la misma postura, pero convertido en un niño en la portería de un campo de fútbol en medio de la Cidade de Deus en construcción. De aquí, entonces, parte la escenificación de los acontecimientos siguientes hasta que, al final, la película vuelve al punto de partida de la escena y muestra nuevamente la preparación de la batalla entre la banda rival y la banda de Zé Pequeño posando ante la cámara. Solo entonces la secuencia continúa con el sangriento enfrentamiento, en el que Zé Pequeño intenta finalmente una retirada con ayuda de una camioneta con balones de gas.

Si nos centramos en las técnicas narrativas de la película, podemos decir que por medio del manejo de la cámara girando alrededor de Buscapé, la técnica de montaje de las escenas en forma de prolepsis y analepsis, los comentarios autorales por parte del narrador Buscapé, y a través de los elementos de utilería, como la recurrente camioneta de balones de gas, se

---

12. Esta escena guarda relación con la película de Hollywood de ciencia ficción *Back to the future* (1985), dirigida por Robert Zemeckis, y también supone una insinuación transmediática de las posibilidades técnicas de los videojuegos modernos, en los que con un giro parecido uno se puede convertir en, por ejemplo, uno de los jugadores de los videojuegos de fútbol.

establece una estructura narrativa cíclica cercana a la utilizada en *Cien años de soledad*, el gran modelo de la técnica narrativa del realismo mágico y considerado, desde entonces, como «típicamente» latinoamericano.

La película cita esta gran técnica narrativa, pero, debido al motivo artístico de la derrota continua de las reglas de la civilización descrito más arriba, desaparece la sensación de que la narración es un círculo cerrado, sino que más bien parece tratarse en espiral. En lugar de un ciclo uniforme, la narración va en aumento como un ciclón.

Las indicaciones metatextuales acerca de la selección de escenas también se encuentran en la acción de marco y a través del personaje-narrador: Después de la batalla de las bandas rivales, Buscapé observa cómo Zé Pequeño soborna a la policía para que no lo detengan y cómo, acto seguido, es asesinado a tiros por la banda de niños Caixa Baixa. Buscapé guarda para sí las fotos del pago del soborno a los policías, y con ello la explicación de porqué Zé Pequeño pudo sembrar el terror y asesinar impunemente en la Cidade de Deus. Buscapé entrega al periódico solo la foto de la cara de Zé acribillada por los balazos.

De este mismo modo selectivo se muestra en la película solo el ímpetu macizo de la violencia, pero no la constelación que la hace posible. Los orígenes y las estructuras de la violencia no se tematizan, sino que se dejan entrever solo en los momentos en los que los correspondientes personajes caen en el remolino de la violencia. Dada su perspectiva de narrador autobiográfico, Buscapé aparece como la persona que, del mismo modo que con las fotos, selecciona las secuencias de la película, mostrando así su función de narrador autoral. Comenta tanto lo que aparece en escena (aún cuando conoce algunas de ellas solo de oídas, lo cual remite, también, al realismo mágico de García Márquez) como el orden de la narración. Veamos un ejemplo. En la escena en la que el Trío Ternura, después de atracar un burdel, causa un accidente con el coche robado al chocar con el bar de la favela, el *zoom* se centra momentáneamente en el dueño del bar, y Buscapé presenta a Paraíba con estas palabras: «O Paraíba é outro cara que ficou famoso na Cidade de Deus. Mas ainda não é hora de contar a história dele». (Paraíba es otro personaje que llegó a ser famoso en la Cidade de Deus. Pero todavía no es la hora de contar su historia). No es el momento de relatar la historia de Paraíba, comenta el narrador/fotógrafo, pues su historia solo interesa a partir del momento en que mata a su mujer. Así se subraya que solamente la violencia cometida, el asesinato en sí, vuelve al personaje Paraíba relevante para la narración.[13]

A través del narrador-personaje, la película visualiza los procesos de mediación de la violencia. Se destaca la fragmentación de la narración y la subjetividad de la percepción, así como la presentación de los hechos en el contexto de los medios de comunicación de masas, mostrando cómo se enfoca y se escenifica la violencia: los medios y sobre todo los de masas utilizan la presentación y escenificación de actos de violencia para provocar emociones en el espectador, debido a la conmoción que estos producen.

Al tiempo que alerta sobre estas estrategias mediáticas de escenificar la violencia, la película también experimenta con su escenificación y hace uso de las mismas formas de puesta en escena de la violencia que las utilizadas por los medios de masas. Se convierte, simultáneamente, en una de las pocas películas latinoamericanas que consiguieron un éxito comercial internacional a escala hollywoodense, y en una metarreflexión autocrítica de la comercialización de la violencia en los medios.

Además de la dramaturgia de la violencia, también se experimenta con otras técnicas de puesta en escena de los medios de comunicación de masas. De este modo, Meirelles, que en su momento produjo anuncios publicitarios para la televisión, trabaja en *Cidade de Deus* con técnicas de la publicidad, tales como la presentación optimizada de colores e imágenes, las secuencias que emulan a un videoclip, las alusiones a los videojuegos o, como en la escena inicial, la puesta en escena de lo «típico» —la música, la comida, el fútbol— para simular una imagen de autenticidad. La «autenticidad» que se consigue a través de estas técnicas lleva consigo claramente un carácter híperreal, sobre todo en las escenas en las que se acompañan las imágenes violentas con música de samba. La escenificación de tal «autenticidad» funciona como signo de interrogación que pone en cuestión la expectativa de autenticidad generada por la idea de que la película se base, a través de la novela de Lins, en acontecimientos «reales» y que tenga como escenario una favela original con intérpretes del lugar. (Con excepción de

13. De este mismo modo, es solo a través de la escena de la fiesta de despedida del mejor amigo de Zé Pequeño, que quiere salir de la violenta Cidade de Deus, que el espectador sabe de la existencia de estructuras civiles como la congregación religiosa, el grupo de *soul* o la asociación de samba de Cidade de Deus. Es significativo que esta escena llegue a la pantalla precisamente porque termina en un acto de violencia: el anfitrión es asesinado accidentalmente en un atentado dirigido a Zé Pequeño.

Matheus Nachtergaele y del músico Seu Jorge, no se trata de actores profesionales, sino de habitantes de las favelas que fueron escogidos especialmente para la película y a los que se les dio una formación específica en interpretación para que las escenas resultaran creíbles).

En la película se entrelazan la exposición de las estrategias de representación típicas de los medios de masas, la experimentación artística con estas estrategias y el uso consciente de ellas. Estas estrategias de los medios son puestas conscientemente de manifiesto, al mismo tiempo que la escenificación de la violencia en Cidade de Deus funciona justamente a través de estas mismas técnicas, lo que nos remite al contexto de producción de la película. Hoy día, tras el cierre del Instituto Nacional de Cine en 1990, conocido décadas atrás como plataforma estatal del prestigioso Cinema Novo, las películas de calidad ya no pueden prescindir de apoyos comerciales en el contexto del llamado Cine Latino,[14] es decir, orientándose hacia los intereses de un masivo público internacional.

En este contexto, la autenticidad puesta en escena marca una ambivalencia: Por un lado, el efecto de la asociación del lugar con la violencia es interrogado a través del metanivel representado por Buscapé y por determinados procedimientos, como el irritante acompañamiento de escenas violentas con música de samba. Por el otro lado, la misma híper-autenticidad intensifica el efecto de que la violencia sea un fenómeno típicamente latinoamericano, como está bien apuntado en la reseña de Le Monde. La espiral de violencia se manifiesta como un ciclón o huracán, fenómeno asociado a la naturaleza americana, y se muestra en el estilo mágico-realista de la narración, congénitamente ligado a Latinoamérica.

De todos modos, la estructura de la espiral de violencia a modo de ciclón o huracán en Cidade de Deus no constituye simplemente la translación de

---

14. En el ámbito brasileño, Meirelles constituye, desde Domésticas, o filme (2001), uno de los autores más ambiciosos de la cinematografía conocida como Cine Latino, junto con directores como Walter Salles (Central do Brasil, 1997). Esta categoría de películas destinadas a un público internacional surgió después de que en 1990, en el contexto de la política cultural bajo el presidente Collor de Melo, desapareciera el Instituto Nacional de Cinema, que desde los años sesenta había gozado de gran reputación internacional por su apoyo al Cinema Novo. Con la ayuda económica del Instituto Nacional de Cinema se produjeron películas de un carácter social crítico como Deus e Diabo na terra do Sol (1964) y Antonio das Mortes (1969), de Glauber Rocha, así como Macunaíma (1969), de Joaquím Pedro de Andrade, que intentaron poner en escena alegorías políticas y un simbolismo estilizado.

un fenómeno natural a una representación cultural. Tampoco es el simple resultado de la colisión entre una narración cíclica y un continuo incremento de la violencia. Puede ser interpretado más bien como un intento de comprensión a través de la exploración de los diferentes contextos. Al menos esto es lo que sugiere la interpretación de la estructura de espiral desarrollada por Octavio Paz en su *Itinerario*, donde la califica como un principio de búsqueda y una forma geométrica de indagar por conclusiones:

> La figura geométrica que la [conclusión] simboliza es la espiral, una línea que continuamente regresa al punto de partida y que continuamente se aleja de él más y más. La espiral jamás regresa. [...]. Las preguntas que me hice al principio son las mismas que ahora me hago [...] y son distintas. Mejor dicho: no solo las formulo en un tiempo diferente, sino que ante ellas se abre un espacio desconocido. [Paz, 1993: 138 y sigs.]

Desde esta perspectiva se puede interpretar el uso de la espiral por parte Meirelles como la búsqueda de una conclusión, un girar continuamente en torno a la pregunta del porqué de la violencia. Esta pregunta puede ser un punto de partida y la estructura de espiral surge cuando no se puede concebir una explicación única, estable y duradera ante las constelaciones cambiantes. En este sentido, en *Cidade de Deus* aparecen, en momentos diferentes, ciertos aspectos que constituyen alusiones a variados modelos de explicación. De este modo se podrían buscar respuestas al indagar en el contexto sociopolítico. Desde 1964, el ejército defendió su poder político mediante la amenaza de las armas —igual que lo hace el Trío Ternura en la película— y hacia finales de los años sesenta comenzaron a proliferar numerosos grupos armados que hacían uso de la violencia para callar a los opositores políticos —tan consecuente y arbitrariamente como Zé Pequeño usa sus armas—. Estos grupos armados intimidaron, por ejemplo, a sindicalistas y miembros de otras organizaciones, extendiendo así la violencia a nivel local. Además, de acuerdo con el Acta Institucional N° 5, por ley a cualquier brasileño se le podía desposeer de sus derechos fundamentales como ciudadano. El hecho de que los niños y jóvenes de Cidade de Deus crezcan en un barrio intimidado por la violencia y el uso político de las armas, puede ser interpretado como un eco de esta política. Los padres y adultos estaban siempre amenazados de modo latente en su estatus de ciudadano soberano, perdiendo así su capacidad de servir como ejemplo a las generaciones más jóvenes. Eso podría explicar por qué en la película nadie confronta al Trío Ternura con el asalto al camión de reparto de gas, nadie los delata a la policía y los padres solo pueden apelar a la sinceridad, pero no pueden imponerla. La situación política de aquel entonces es un factor importante para comprender la actitud de los personajes frente a la violencia. No obstante, ésta tampoco ofrece una explicación total y, con ello, irremisible para el desarrollo de la espiral de violencia. Basta tomar en cuenta el hecho de que Zé Pequeño tome un rumbo de vida muy diferente al de Buscapé, a pesar de que los dos crecieron juntos, en el mismo barrio y bajo las mismas condiciones.

En otro momento aparece un aspecto psicológico o místico que contribuye a la explicación del modo violento de Zé Pequeño. El joven se siente desairado y feo y acude a un babalao para pedirle consejo. Éste le da un amuleto y le dice que se lo quite cuando se acueste con una mujer. Además, le aconseja llamarse Zé Pequeño (hasta este momento todos le llamaban Dadinho). Estos rituales místicos le dan la fortaleza mental para imponerse sobre las reglas de la sociedad y en el negocio de la droga. Del mismo modo, también se impone de manera violenta sobre las mujeres. Al violar a una mujer que le rechaza, Zé Pequeño no tiene tiempo de quitarse el amuleto y el efecto chamánico de este error se manifestará más adelante: el novio de la mujer violada, Mané, se convierte en el mayor enemigo de Zé, lo que le obliga a aceptar en su banda a los niños de la Caixa Baixa, quienes finalmente lo asesinarán con las mismas armas que él les dio. Así, las concepciones místico-religiosas son tan concluyentes para el desarrollo de la acción como las influencias de la realidad política. Al mismo tiempo, ellas tampoco sirven como explicación todopoderosa, pues, al igual que con Zé Pequeño, las mujeres también rechazan y desairan a Buscapé, que, al contrario del primero, no se convierte en un delincuente violento, sino en fotógrafo.

Con la aparición de otros personajes se ven también otros motivos que conducen a la continuación y perpetración del torbellino de violencia: Paraíba mata a su mujer por celos, debido a su relación con el hermano mayor de Buscapé, que a su vez es miembro del Trío Ternura. Luego este joven tiene que escapar de Cidade de Deus, lo que facilita, a su vez, el ascenso de Zé Pequeño en la jerarquía de delincuentes. Los policías matan por miedo o frustración, debido al rechazo con el que se les trata en la colonia. Se ven a sí mismos como un blanco fácil y terminan por aceptar sobornos para tratar de protegerse. Asimismo, el prometido de la mujer violada, Mané, termina sucumbiendo al torbellino de violencia para reestablecer el honor de la familia; y así también lo hace su asesino, que a su vez quiere vengar la muerte de su padre, al que Mané mató a tiros en el robo a un banco, cuyo dinero serviría luego en la compra de armas para la batalla contra Zé Pequeño.

La violencia está en cada caso motivada y sus razones son mostradas. Sin embargo, no se ofrece una explicación omnipotente, monocausal y duradera, como tampoco se hace creer que esta espiral de violencia capture inevitablemente a todos los habitantes: mientras todos en Cidade de Deus parecen caer en ella, Buscapé se eleva precisamente de su situación social a través de la escenificación mediática de la violencia. Gracias a sus fotos de Zé Pequeño, estando vivo y luego muerto, Buscapé consigue una pasantía en el periódico *Journal do Brasil*. De este modo, la película muestra cómo la escenificación de la violencia se convierte en una oportunidad para Buscapé. Polémicamente, el personaje-narrador consigue iniciar su carrera transformando la violencia en imágenes mediáticas.

Esta argumentación, sugerida en la acción de marco de la película, puede ser leída metatextualmente, una vez más, para entender el trabajo de Meirelles y su equipo. La película se apoya conscientemente en el efecto de la elevación social a través de la escenificación mediática de la violencia. El trabajo con los jóvenes actores no profesionales de las favelas de Río podría ser considerado un trabajo social pedagógico clásico, como queda reflejado sobre todo en el material adicional del DVD, en el que aparecen los doscientos jóvenes intérpretes seleccionados mientras hacen el curso de interpretación de medio año de duración ofrecido antes del rodaje. Es a partir de este elemento (y no en sus imágenes o en su discurso cinematográfico) que puede decirse que *Cidade de Deus* es una película comprometida socialmente: mejora las posibilidades de los jóvenes seleccionados, sea a través de las técnicas comunicativas que aprendieron en el curso, sea a través del sueldo que se les pagó para su trabajo. Desde esta perspectiva adicional, la violencia mostrada en la película funciona casi como un producto, que se le «ofrece» al público de una forma absolutamente tópica para estimular el interés masivo.

Si se entiende *Cidade de Deus* como una película sobre la escenificación de la violencia en los medios y al mismo tiempo como un producto dirigido a un público amplio, la violencia resulta un fenómeno ambivalente. La película no ofrece una respuesta definitiva a las causas de la violencia en Cidade de Deus, sino que se limita a mostrar la violencia, a presentarla de modo complejo y confrontar al espectador con una nueva pregunta, que interroga, precisamente, nuestras expectativas y percepciones acerca de la (re)presentación de la violencia en el cine.

Amores perros: ambigüedad y desterritorialización del tópico de la violencia

Al igual que *Cidade de Deus*, *Amores perros* se centra en el fenómeno de la violencia más allá de su carácter tópico; y, como Mereilles, Iñárritu tampoco ofrece un modelo de explicaciones generales para ella. Sin embargo, al contrario de *Cidade de Deus*, en la que se expone e indaga simultáneamente la reducción tópica de la violencia relacionándola con la favela del mismo nombre, la película de Iñárritu amplía su foco a las diferentes clases sociales de México, la ciudad más grande de América. A manudo se ha comparado Inárritu con Quentin Tarantino, sin embargo, su película se dirige hacia las más variadas formas de la apariencia de la violencia, que serán traducidas mediáticamente, de manera muy particular. Como *Cidade de Deus*, la cinta mexicana tiene como objetivo suscitar, en primer lugar, una reacción emocional del público: muestra la violencia tan de cerca que el espectador no tiene la oportunidad de distanciarse para reflexionar. El problema se expone de manera tan comprimida que se da la impresión de una erupción súbita y omnipresente de la violencia, incluso un efecto de choque.

La anulación de la distancia necesaria para valorar con serenidad los acontecimientos se produce en *Amores perros* a través de recursos cinematográficos muy específicos, que analizaremos a continuación.

A través de episodios separados, la película cuenta tres historias relativas a diferentes ambientes sociales: la clase humilde, la alta sociedad mexicana y la clase media. Los personajes se caracterizan por sus experiencias privadas y sus conflictos familiares específicos, y las tres clases tienen en común el fracaso de la estructura familiar convencional.

Cada secuencia posee en su centro de acción una pareja, y los personajes no provienen solo de diferentes clases sociales, sino que tienen también diferentes edades, de modo que la película expone sucesivamente tres generaciones. Además, la posición del padre, cabeza de familia, en todas las secuencias es precaria, o bien no está ocupada (primera parte), o el padre en su función fracasa (segunda y tercera parte). Estos son los primero indicios que sugieren una deterritorialización de la violencia en las cintas de Iñárritu y de Arriaga. En vez de describir/presentar un espacio tradicionalmente asociado a la violencia, ambos directores construyen escenas de violencia que funcionan a nivel de las relaciones humanas y más allá de su localización topográfica y sociocultural concreta.

Así, las tres historias de *Amores perros*, cada una relacionada a una constelación específica de figuras, se refieren a motivos bíblicos y tratan temas como el robo, el adulterio, el asesinato y el fratricidio. Pero lo que llama la atención y desconcierta al público es que, precisamente, la película no adopta la interpretación típica de estos motivos, cuya difusión de manos de la tradición cristiana tenía como objetivo la producción de una conciencia moral reedificada sobre la comprensión del «pecado» y la capacidad de distinguir lo bueno de lo malo. En *Amores perros* las intrigas bíblicas y mitológicas quedan como alegorías ambiguas y sirven como punto de referencia para mostrar el fenómeno arquetípico de la violencia. Aquí empiezan a fluir las fronteras entre el orden y el desorden, entre lo justo y lo injusto. Así, la película tematiza el aspecto moral, pero no se centra, en primer lugar, sobre el principio binario de convenciones, sino que saca a la luz el complejo contexto multidimensional y provoca reacciones violentas sin dar una conclusión definitiva. Más bien, la fuerza e intensidad de las imágenes sobrepone visualmente la lógica de los mandamientos cristianos, exponiendo —más allá del establecimiento de un orden— la irreducible ambivalencia de los acontecimientos, su contingencia y su inevitable desenlace, de modo similar a la estructura de una tragedia.

En la primera parte, el fracaso de las relaciones familiares es la consecuencia de una guerra entre hermanos, entre Octavio y Ramiro, enemigos por diferentes razones: primero, porque la madre prefiere a Ramiro, el hermano mayor, cajero en un supermercado, que está casado y a quien le ha sido asignado el papel de cabeza de familia. Segundo, porque Octavio, el menor, empieza a rebelarse contra las agresiones de su hermano, contra la violencia física hacia la esposa, el hijo, el hermano mismo y las víctimas de los asaltos a farmacias perpetrados con un amigo para conseguir dinero. Frente a esa situación, Susana, la esposa de Ramiro, le confía a Octavio sus problemas, el temor al esposo y un embarazo no previsto. Por su parte, Octavio, enamorado de ella, le propone huir juntos para escapar de todos los problemas familiares y rehacer sus vidas. A partir de ese momento, los hermanos se convierten en enemigos mortales y su competencia supera la simple función de sustento de la familia, y se extiende hasta los predios de la esposa y el hijo, luchando por los derechos familiares en general. Mientras

Ramiro la reclama legalmente, Octavio exige reemplazar a su hermano por razones éticas y sentimentales. Pero antes tiene que crear la base económica para mantener a la familia, y para ello entra en el ambiente criminal: envía a su perro Cofi, un rottweiler, a peleas ilegales de perros. Al utilizar a Cofi como fuente de ingresos, se hace un nombre en el ambiente de las apuestas ilegales con las peleas de perros y se deja corromper, como su hermano.

La puesta en escena mediática del espectáculo sangriento de la pelea de perros, en la cual se instiga a las criaturas a despedazarse entre sí, provoca una fuerte reacción emocional por parte del público, y al mismo tiempo expone una alegoría sobre un aspecto de la vida de los protagonistas: al igual que los perros, los hombres parecen no tener otra alternativa que matar para no ser matados o para sobrevivir y organizar sus vidas.

En ese contexto se manifiesta la ambivalencia de la figura de Octavio. Por un lado, está su empleo de la fuerza para afirmarse a cualquier precio en el ambiente criminal; por el otro, y como contraste, su papel de salvador de Susana, del hijo y del bebé por nacer. Todo esto impide una evaluación inequívoca de sus actos. El uso de la violencia, a pesar de ser condenado, tiene también un motivo ético: liberar a Susana de su martirio matrimonial y evitar el aborto.

Esta ambivalencia se manifiesta también en el problema del adulterio. La película expone la situación de las figuras y no permite recriminaciones fáciles acerca de la pregunta de la culpa. Casi se iguala el adulterio de Susana y Octavio a otro que comete Ramiro, el esposo/hermano, con una compañera de trabajo en medio de las estanterías del supermercado. Es cierto que este acto, tradicionalmente una ruptura del tabú, se subraya mediáticamente (recordemos que los dos adulterios se exponen paralelamente como un videoclip con imágenes montadas a un ritmo veloz, con retrospectivas de la primera secuencia, acompañadas de música pop), pero ese modo de escenificación cubre estratégicamente el aspecto moral, de manera que no es posible condenar las acciones. El elemento del ritmo de las imágenes y de las impresiones cinematográficas impide al espectador —como se manifiesta también en *Cidade de Deus*— mantener una posición objetiva, y se produce una cierta resistencia a la interpretación unívoca.

Octavio condena los actos de violencia y la criminalidad de Ramiro, pero entra también en el ambiente criminal al tiempo que produce un nuevo dolor en Susana, apenada por el sufrimiento del perro. Cuando Cofi, la fuente de ingresos de Octavio, corre peligro, pues Ramiro amenaza con matarlo si Octavio se niega a repartir las provechosas ganancias, la guerra entre ambos se agrava aún más. Para no arriesgar sus planes con Susana, Octavio intenta eliminar a su hermano de manera violenta y le encarga a su cómplice, el «jefazo» de la pelea de perros, darle una paliza a Ramiro. Con este encargo, en sí una demostración de poder y una amenaza de muerte para Ramiro, cambia el rumbo de los acontecimientos: Ramiro, gravemente herido, se adelanta a Octavio y huye con Susana, llevándose todo el dinero que este había ahorrado para estar a salvo de las agresiones físicas y morales del hermano mayor. De modo que Octavio, el salvador, al querer defenderse de su hermano se ha transformado él mismo en una persona violenta.

El segundo episodio de la película, enfocado en una pareja de la clase alta, cuenta también una historia de adulterio. Daniel, exitoso editor de una revista sensacionalista, deja a su esposa y a sus hijas para vivir con su amante, la modelo Valeria, y rehacer su vida. En esta parte no tienen importancia los problemas económicos como en la primera, y el foco no se centra en la violencia física del ambiente criminal, sino que se pone de manifiesto a nivel físico y psicológico. A consecuencia de la ruptura de las relaciones familiares, en el caso de Daniel, y de un accidente de tránsito ocurrido a Valeria, el trato de la pareja se caracteriza cada vez más por una enorme agresión verbal. El accidente, cuya función estructurante para la película analizaremos más adelante, deja a Valeria gravemente herida, imposibilitada de salir del apartamento y con su autonomía e independencia perdidas. La relación con Daniel se agrava cuándo su perrito faldero, Ritchie, desaparece en una abertura del parqué, en el que emite un ruido extraño desde ese inquietante e infernal espacio. En un ambiente cada vez más surrealista y con claras reminiscencias buñuelianas, la pareja emprende la larga y angustiosa búsqueda de la desaparecida mascota. Valeria y Daniel entran en conflicto y acaban desesperándose. Por todo lo anterior, la armonía inicial y las ilusiones se destruyen y, al igual que en la primera parte, la vida de los protagonistas cae en el otro extremo. Valeria sufre la amputación de una pierna y pierde no solo sus oportunidades de trabajo, sino también su identidad de modelo. Si bien no es la presión económica lo que pesa sobre ellos y lo que origina la crisis e inestabilidad de la relación de pareja, no por ello los personajes perciben los acontecimientos menos violentamente. La amputación de la pierna no representa solo una deformación del cuerpo de Valeria, sino que revela también la ilusión del cuerpo humano. La pareja depende totalmente de un ideal de belleza exterior que se refleja primordialmente en los medios —el cuerpo intacto de Valeria en el anuncio gigantesco de la marca Enchant frente al apartamento— y suprime su naturaleza efímera y dependiente de códigos históricos y culturales específicos. Precisamente, esta secuencia documenta de manera ejemplar el hecho de que la violencia comienza en los límites del cuerpo humano, cuando ésta destruye la integridad física de una persona.

Por tanto, la película tematiza los conflictos en el contexto de formas generales y arquetípicas de la violencia humana. Valeria, foco de los medios de comunicación hasta el accidente, sufre una agresión fundamental con la mutilación de su cuerpo. Asimismo, Daniel se enfrenta a esta desfiguración en la medida en que con la belleza física de Valeria desaparece un factor importante de su decisión. Después de la vida conflictiva con Valeria, Daniel se siente de nuevo atraído por su familia. Es decir, el filme expone las rupturas familiares en toda su ambivalencia, escenificando la oscilación de las figuras entre la ilusión y la nostalgia.

En el centro del último episodio se encuentra un vagabundo urbano, el desamparado Chivo, que colabora como asesino a sueldo con un policía corrupto, rompiendo continuamente el tabú del asesinato. Como en los episodios anteriores, nos enfrentamos de nuevo a una familia destruida, porque Chivo, cuyo nombre es Martín, había dejado a su esposa y a su hija para luchar, en su juventud, por los ideales de «la Revolución Mexicana» y por un mundo mejor.[15] Su decisión de preferir el bien común al personal provocó la ruptura familiar y tuvo como consecuencia que su familia se apartara de él. De vuelta a la ciudad de México y tras haber salido de la cárcel, con los ideales de la revolución perdidos, Chivo no encuentra destinatario a quien expresar su arrepentimiento y se dedica cínicamente al asesinato profesional.[16] Después de enterarse en un periódico de la muerte de su esposa,

---

15. La referencia que hace el narrador a la actividad revolucionaria del Chivo no resulta de naturaleza concreta e histórica. Indica probablemente la idea general de que una lucha violenta es necesaria para liberar o mantener en libertad al pueblo. En ese sentido, el Chivo aparece en la película como un Che envejecido y desilusionado.

16. Es cierto que la película aborda, sobre todo en esta secuencia y con referencia a la Revolución Mexicana, un tema político e histórico concreto, al describir la pérdida de ideales utópicos por medio de la figura de Chivo. Pero una interpretación tan política como la realiza Podalsky, en una lectura por lo demás muy acertada —«the film is quite ideologically and politically conservative» (Podalsky, 2003: 287)—, nos parece problemática desde la perspectiva de la compleja estructura cinematográfica en la que aparece el tema. Justamente, la narración cíclica y el entrelazamiento de las secuencias al servicio de aquella

Chivo empieza a buscar a Maru, la «hija perdida». Intenta acercarse discretamente a ella para transmitirle su arrepentimiento y, finalmente, para dejarle el dinero obtenido a través de su oficio. El último encargo antes de volver al seno de la sociedad civilizada y adaptar su identidad anterior, la de Martín,[17] no lo ejecuta él mismo, sino que obliga a enfrentarse cara a cara a los hermanastros enemigos, dos socios, la prevista víctima y el autor del encargo. Este encuentro cruel con la pistola en el medio desata la falta de escrúpulos de ambos lados y el principio de matar antes de que te manten: cada uno intenta alcanzar el arma primero para matar al otro.

Ni siquiera para el fenómeno del asesinato por encargo existe una explicación unidimensional e imparcial, así que Chivo también es una figura ambigua que representa la constelación humana general atravesada inevitablemente por poder e impotencia.

Estas estructuras manifiestan también la dependencia de los protagonistas que se encuentran bajo presión existencial. Por tanto, resulta imposible hacer una evaluación moral de su comportamiento, resultante de una situación desesperada. Son más bien la lógica de la lucha por la existencia y las acciones escenificadas las que llevan en sí una ambivalencia fundamental.

Esta interpretación del poder y de la violencia en sus diferentes facetas como estructura arquetípica, casi bruta e inherente al ser humano, se expone también en otro nivel de la película. Las tres historias no hablan solamente acerca de una pareja, sino también de un perro y su relación con el amo, o sobre diferentes perros, como en el caso de Chivo, rodeado de varios de ellos. Según el título, este tema se constituye como significado central, de

---

«aesthetic of presence» (Ibídem: 293) hacen imposible valorar de modo inequívoco los acontecimientos, teniendo por objetivo producir en primer lugar un efecto físico a través de la percepción. Sin embargo, el hecho de que la película se rehúse a tomar una posición unidimensional no implica que no sea política. Al denegar conscientemente una caracterización simplista del comportamiento de Chivo, la cinta no deja de ser eso menos político o «politically conservative», sino que provoca —aplazando el fondo político directo— una percepción de los diferentes contextos socioculturales y condiciones mediáticas del fenómeno de violencia.

17. Nos parece sumamente significativo ese acto, por parte de Chivo, de ponerse las gafas y provocar una mirada transformada hacia la realidad, pues éste corresponde a una metáfora de la percepción cinematográfica en sí, ya que como *profikiller*, Chivo depende de su buena capacidad de ver para poder acertar. Las gafas, entonces, no parecen optimizar la vista, sino más bien encuadrarla.

la misma manera que el amor (destinado a la desilusión). Al margen de la referencia a Buñuel, tantas veces aludida por la crítica, pero igual y absolutamente plausible,[18] otro aspecto adquiere importancia: el de criatura que comparte el hombre con el animal y el apego afectivo entre ellos aparecen en cada secuencia de la película. Los perros, en las manos de sus amos, son relativamente impotentes en la red de la relación hombre-animal, satisfaciendo, en primer lugar, las necesidades del hombre. El hombre se sirve del perro y le da un condicionamiento, una función específica a través con la que se garantiza su existencia y se establece una reciprocidad: perro de pelea (Cofi), perrito faldero (Ritchie) o los perros callejeros de Chivo (Frijol y otros). Chivo, por ejemplo, el asesino a sueldo, se transforma en un hombre sensible que pierde su falta de escrúpulos cuando trata con sus queridos perros. Con el foco en los animales, la película subraya al mismo tiempo el gran espectro de emociones humanas y el paso difuso entre la naturaleza bruta y la cultura civilizada. Cuando Cofi cae por casualidad en manos de Chivo y, en su ausencia, mata por instinto a los otros perros, el *profikiller* no es capaz de dispararle. El «delito» del perro de pelea parece transmitir incluso una parábola del comportamiento inmoral de Chivo como asesino mercenario.

Con lo dicho, se puede concluir que Alejandro González Iñárritu y Guillermo Arriaga como guionista tienen el objetivo de demostrar la violencia en sentido amplio, no solo localizada en contextos y lugares concretos, sino en una dimensión general que une a protagonistas de diferentes clases.[19] En las secuencias se exponen diferentes constelaciones humanas generales que no se limitan a un actor individual, ni a un sector particular, ni a una

---

18. Si bien los perros representados de manera naturalista apenas pueden ser comparados estéticamente con las imagenes surreales de sueños y perros de Buñuel, con en *Le chien andalou*, podríamos muy bien proponer un vínculo entre el gran director español y la tradición cinematográfica mexicana, a la que contribuyó de manera decisiva entre las décadas del 40 y el 50, por ejemplo, con el drama social *Los olvidados* (1950). Iñárritu recurre a la idea de enfocar problemas sociales y hace referencia a Buñuel, además, por medio del motivo canino: en *Los olvidados*, Jaibo, el protagonista «malo» fusilado por la policía, se transforma en perro sarnoso durante su agonía, lo que el director pone en escena a través de una transición gradual de una imagen a otra.

19. El mismo Iñárritu habla de que la película se transforma en una «biopsia», una toma de tejido.

clase social ni a un lugar geográfico específico. La película hace perceptible el fenómeno de la violencia como una red de muchas capas copresentes de relaciones en el sentido foucaultiano del poder transversal (véase más adelante).

A nivel estructural, este sistema de poderes se pone en escena por medio de un orden estético muy complejo, que hay que analizar para poder interpretar las formas de violencia según específicos códigos sociales, culturales y mediáticos.

Una mirada a la estructura narrativa no-lineal de la película —ese procedimiento nos remite a la técnica literaria de la simultaneidad, por ejemplo, en el *nouveau roman* o en la nueva novela latinoamericana (*La casa verde*, de Mario Vargas Llosa, es un modelo en este sentido)— aclara que a Iñárritu y a Arriaga les interesa menos una valoración moral de los acontecimientos y más la exploración del fenómeno de la violencia como experiencia física, la que ellos transmiten al espectador para que pueda sentirla y vivirla «en su propia piel».

Recordemos que la película se divide en tres capítulos, cada uno titulado con los nombres de los respectivos protagonistas: «Octavio y Susana», «Daniel y Valeria» y «Chivo y Maru». Aunque provienen de diferentes clases y no se conocen personalmente, sus caminos se cruzan por casualidad en la metrópoli y en la estructura de la película se intercalan las historias de su vida. En cada episodio se entrelazan escenas de las otras historias, de manera que los tres se perciben como acontecimientos simultáneos.[20]

La película empieza con una espectacular persecución de coches; Octavio y su compañero huyen de sus adversarios, quienes les han traicionado en una pelea de perros ilegal. En el asiento trasero llevan Cofi, herido gravemente de un tiro. Los jóvenes gritan e insultan, temerosos de sus perseguidores armados. Conducen arriesgadamente para salvarse, las ruedas rechinan, hay un ruido enorme de coches y tiro, muchísima sangre. Todo apunta hacia el género *action* y hacia la escenificación estereotipada de la violencia, de la cual Iñárritu se distancia enseguida.

---

20. Hay, por ejemplo, una interferencia de escenas en la transición de la primera a la segunda parte: el amigo y cómplice de Octavio, figura del primer episodio, ve la salida a escena de Valeria en la tele, y poco después, el filme muestra a Valeria, protagonista de la segunda episodio, al salir del estudio de televisión. A partir de este punto empieza la historia de Daniel y Valeria.

La primera escena termina de manera abrupta, con la colisión de dos coches. De repente se interrumpe el ruido del ambiente y se perciben solamente los gritos de los heridos. Este accidente representa el centro narrativo de la película, porque relaciona, de manera casual, a los protagonistas desconocidos de los tres episodios. El acontecimiento violento cambia sus vida, dividiéndolas en un antes y un después. Pero el guión no ofrece un modelo de explicación, sino que les reúne, independientemente de su origen social, de manera accidental. Con ello se subraya la contingencia de la realidad y los episodios de la película son presentados como fragmentos arbitrarios de un universo complejo e impenetrable.

Las repeticiones del accidente a lo largo de la película, mostrado cada vez desde una perspectiva distinta, anuncian siempre una nueva secuencia. No solo indican la vinculación de los tres episodios principales, sino que también provocan una impresión de simultaneidad y una estructura temporal cíclica.[21] La narración cinematográfica ya no se basa en la estructura lineal convencional, sino que se desarrolla dentro de una organización anacrónica del tiempo, producida por el entrelazamiento de las tres secuencias principales. Así, los protagonistas de una secuencia aparecen en otra, como si fueran extras, de modo que se pone en escena un encuentro meramente casual de la vida de todos los personajes, cuyos destinos se cruzan por pura coincidencia. Agresión, violencia y poder —así lo deja implícito la película— se imponen a lo largo de toda la estructura social. Estas figuras al margen de la acción, sin relación causal alguna y dentro de la típica coincidencia urbana, resultan incomprensibles al espectador hasta que la película revela la historias de sus vidas; pero en el proceso de la recepción fílmica, el sentimiento de extrañeza, la falta de claridad, de una visión en conjunto y el anonimato de la gran ciudad se transmiten físicamente. La película enfrenta al espectador a la fragmentariedad, el perspectivismo y la especificidad mediática de su propio punto de vista y del acto de la percepción en sí. El accidente mostrado al inicio de la película desde la perspectiva de Octavio, anticipa ya el fin del primer episodio: Octavio había apostado su dinero en una pelea que Cofi estaba a punto de ganar. Para no perder su dinero, el adversario le dispara al perro y Octavio ataca al jefe del otro clan con una navaja. Comienza así una persecución de coches que culmina en el accidente, y cuyas consecuencias

---

21.   En este contexto Podalsky habla de «cyclical narrative structure and its literal and meta-phoric framing of the action» (Podalsky, 2003: 281).

solo se verán mucho más tarde, en una escena dentro de la segunda parte: el amigo de Octavio muere en el accidente y el propio Octavio queda gravemente herido. La primera secuencia que narra la historia de Octavio hasta esta última pelea de perros, empieza solo después de la primera muestra del accidente y aparece así en forma retrospectiva.

Para pasar del primer al segundo episodio y desde el segundo al tercero, se muestra siempre el mismo accidente, pero desde una perspectiva nueva. Continúa también la técnica de intercalar las figuras en forma de mosaico, integrando así en la segunda parte el desenlace trágico de la primera.

La estructura de la película se desarrolla a base de permutaciones y entrelazamientos temporales, se producen anacronías y el espectador solo puede seguir la acción compleja a través de una recomposición propia de los fragmentos que se le van ofreciendo. Resulta imposible alcanzar una perspectiva panorámica, y el espectador se enfrenta emocionalmente a hechos contradictorios y a situaciones desesperadas en el devenir de los personajes.

El argumento de la película, al escenificar una constelación arbitraria y arquetípica de figuras, continúa incluso más allá del accidente y de los personajes mediante un acontecimiento secundario —el encuentro de los hermanos en la última secuencia—. Esto puede ser interpretado incluso, en el sentido de derrideano del término, como una «diseminación» (*dissemination*) (Derrida, 1972), una diseminación de los personajes, lo que subraya la dimensión desterritorializadora/desterritorializada de los arquetipos, y el espectador puede imaginarse la continuación del argumento. También la idea del accidente nos ofrece la posibilidad de abstraernos del protagonista concreto: se repite siempre desde una nueva perspectiva, de la cual resulta un nuevo enlace que, en teoría, puede ser prolongado más allá de la película. De hecho, sería posible contar otras historias enlazadas a los personajes surgidos casualmente y desarrollarlas a partir del mismo modelo.

En todo ello no se puede realizar una distinción binaria entre víctima y agresor, entre héroes y antihéroes, entre figuras malas y figuras buenas, porque los protagonistas y sus acciones se presentan desde diferentes puntos de vista; sus respectivos papeles resultan interinos; es decir, aparecen a partir de diferentes aspectos, lo que exige, cada vez, una nueva interpretación. De tal manera se presenta en la película el atraco a un banco desde dos perspectivas diferentes, la del agresor y la de la víctima. En dicha escena, el policía corrupto, que transmite profesionalmente los encargos de asesinato a Chivo, se encuentra ésta vez en la situación de víctima.

Además de esta compleja estructura narrativa y el entrelazamiento de la acción, *Amores perros* alcanza una recepción afectiva por el empleo de imágenes chocantes (sangre, violencia física, actuación, velocidad, volumen, etc.), con las que se confronta al espectador ya a partir del comienzo. El tema de la sangre, a diferentes niveles, es el tema principal y la metáfora de lo arcaico dentro de la película: por un lado, se refiere a los lazos familiares, cuya ruptura parece haber sido causada por una fuerza primitiva, propia de la naturaleza. Por otro lado, la escenificación se realiza a través de imágenes extremadamente radicales: perros que se matan mutuamente, víctimas del accidente cubiertas de lesiones, asesinatos o peleas en las cuales permanentemente corre la sangre.

Al final de la película solo podemos constatar una impresión ambigua: Chivo se despide de la gran ciudad y camina por un campo de la periferia —deja de ser asesino profesional, pero, a su vez, pone a los hermanos enemigos a merced del otro; coloca su arma en el medio aceptando así que uno matará al otro—. A diferencia de *Cidade de Deus*, la violencia no se presenta en *Amores perros* con estrategias mediáticas o fenómenos tipológicos, como los asesinatos diarios de la favela, sino dentro de las estructuras básicas de la sociedad, que organizan esas relaciones cuya expresión moderna específica puede ser descrita a través de la definición de «poder» en el sentido en que lo estudió Michel Foucault: como proporciones de fuerzas rigurosamente relacionadas e inmanentes: «El nombre «poder» se asigna a una compleja situación estratégica de una sociedad» (Foucault, 1983: 114) y «las relaciones de poder son proporcionales a otros tipos de relación (procesos económicos, epistemológicos y sexuales) y no se presentan como algo exterior sino que son inmanentes» (Ibídem: 115). Al constatar que la violencia ya existe desde la aparición del ser humano, sus respectivas manifestaciones y concepciones cambian histórica y culturalmente, y no pueden ser determinadas *a priori* por ciertos comportamientos, así como tampoco a través de símbolos particulares. Solo se pueden interpretar en su contexto, es decir, dentro del marco específico de su codificación. La idea tan dominante como actual de la violencia, también en su dimensión jurídica de una violación de la integridad corporal y espiritual, está relacionada inseparablemente con el concepto moderno del sujeto autónomo y consciente de sí mismo.

Pero en *Amores perros* no se trata exclusivamente de este tipo de violencia acompañado de una brutalidad agresiva y ejercida conscientemente. Más bien la película problematiza una forma de violencia en sentido más amplio, que coincide con el concepto foucaultiano de un poder inherente a todo sistema, es la *potestas* como elemento de la estructuración social.[22] Sin embargo, tal especie de poder, que tiene como objetivo estabilizar un orden particular, alcanza su legitimación a través de argumentos supuestamente objetivos y desarrolla un principio binario dentro de la lógica del pensamiento falogocéntrico.[23] En la definición foucaultiana de «poder», como hemos apuntado anteriormente, esto se revela como una construcción estratégica. Siguiendo esta idea, la película representa una sociedad patriarcal en crisis, en la que el principio tradicional ha dejado de funcionar. Además, propone realizar una contra-lectura estética del esquema bueno-malo, que resulta constitutivo para varios géneros cinematográficos. En vez de explicar el mundo a partir de una visión binaria, todas las constelaciones personales en *Amores perros* existen solamente de manera pasajera y se presentan sistemáticamente como arquitecturas de naturaleza frágil. De tal modo, Caín se convierte en Abel, los victimarios se convierten en víctimas (Ramiro y el policía corrupto), las víctimas en agresores (Octavio), etc.

En *Amores perros* –similar a la espiral de violencia de *Cidade de Deus*–, la *violencia*, tanto referencial como mediática, ya no está interpretada como un principio monocausal, sino que se hace visible dentro de una narración cinematográfica compleja, en este caso, más bien descentralizada en toda su inmediata eficiencia física.

Las técnicas específicas de la representación cinematográfica ponen en escena la complejidad de una estructura rizomática del poder[24] en todos los

---

22. Sobre la diferencia entre «violencia» y «brutalidad», véase la obra de Lothar Mikos, «Action und Experimentalfilm: *Natural Born Killers* und die mediale (Re)Präsentation von Gewalt».
23. En el contexto del postestructuralismo, el filósofo francés Jacques Derrida ha desarrollado su crítica del pensamiento occidental dominado por el logos (Derrida, 1967). En una polémica acerca de la teoría lacaniana, Derrida amplía la noción de logocentrismo hasta la de falogocentrismo, término que se encuentra fundamentalmente anclado en el feminismo desconstructivo. (Derrida, 1975).
24. Tendríamos que preguntarnos si el concepto del rizoma, tal y como lo plantean Gilles Deleuze y Felix Guattari, significa tan solo la liberación de una violencia conectada a estructuras jerárquicas. Esta visión, hasta ahora unilateralmente positiva del rizoma, según Deleuze y Guattari, viene a ser interrogada, en la película *Amores perros,* justamente a través de

sectores de la sociedad, en la cual se integran los sujetos y llegan a formarse como tales. Así, la película subraya también la problemática de la conexión mediática con la constitución del sujeto y de la realidad. El espectador no puede considerar los hechos y la violencia desde la distancia, sino que *vive*, en el proceso de la recepción, este efecto omnipresente de las estructuras transversales del poder, puesto que participa afectivamente/emocionalmente, contribuyendo a la constitución del discurso cinematográfico.

La película no adopta la perspectiva de un metarelato (con referencia al modelo del fin de los *métarécits*, según Jean-François Lyotard) y renuncia a evaluar el fenómeno de la violencia partiendo de criterios restringidos (sociológicos, morales o políticos) —reducción tras la cual desaparece el auténtico problema—, para que el espectador *experimente* los hechos en su aspecto mediático y perciba, en primer lugar, sus efectos físicos. Los sistemas significativos supuestamente estables y necesarios para poder valorar la realidad se encuentran entrecruzados mediáticamente de tal manera que no ofrecen un punto de referencia neutral para interpretar los acontecimientos. Según esto, ya no aparecen únicamente fenómenos aislados de violencia dentro de la película *Amores perros*, sino que se realiza una escenificación de las relaciones complejas de poder como una descentrada red rizomática extendida infinita y transversalmente en todas direcciones y que justamente no se puede localizar topográfica, tipológica o figuralmente a partir de las papeles.

Desde luego, el accidente como escena crucial y punto central de la organización de la película, no sirve de centro de significación para los hechos, sino que aparece en su carácter casual como mero punto de cristalización de los acontecimientos dentro de una ciudad laberíntica. A pesar de que la acción se sitúa indudablemente en el contexto latinoamericano y refleja las típicas constelaciones locales de poder, no son presentadas, en *Amores perros*, como fenómenos específicos de la cultura latinoamericana, sino como fenómenos visibles por sus efectos y contradicciones indisolubles dentro de un marco de estructuras arquetípicas y formas complejas de la representación.

Respecto a la estética cinematográfica y al problema de la intertextualidad, *Amores perros* se refiere al lenguaje pictórico convencional, pero pro-

---

la proliferación de la violencia en forma rizomática. Agradecemos aVittoria Borsò por este indicio, que nos los transmitió en Siegen en 2006.

voca además una codificación doble. A partir de ese juego con el saber del espectador, que solo poco a poco va teniendo conocimiento de las verdaderas relaciones, del contexto de cada anécdota y de sus intersecciones, resulta una codificación múltiple de los fenómenos de violencia presentados: en primer lugar, la violencia aparece como una escenificación mediática superflua, pero a medida que crece el reconocimiento del contexto por parte del espectador, se presenta cada vez más como un fenómeno fundamentalmente social.

La película no es una sátira de la violencia comparable al sadismo puesto en escena o a una exposición consciente del funcionamiento mediático de la violencia, como sí puede apreciarse en *Pulp Fiction* (1994) o *Kill Bill* 1 y 2 (2003 y 2004), de Quentin Tarantino, o en *Natural Born Killers* (1994), de Oliver Stone.[25] Tampoco se trata de una película que se caracterice por su posición moral en el marco de un drama social.

Lo desconcertante y nuevo de su (re)presentación de la violencia consiste sobre todo en la manera de enfrentarse a ella, es decir, en la manera de percibir y *vivir* la violencia; sin presentarla como juego mediático o mero choque, ni como representación verídica de la realidad adornada con una superflua responsabilidad social. Más que nada, la película pone en escena la violencia en toda su naturaleza polifacética: como fenómeno, está relacionada al contexto sociocultural, está constituida en forma mediática y alcanza el efecto a través de sus codificaciones, sin llegar a ser comprensible del todo. Siempre queda la sensación de un remanente incomprensible.

Tópico latinoamericano de la violencia y violencia mediática

La violencia mediática documentada en estas dos películas se pone de manifiesto ya en la vinculación de América Latina, con la escenificación de fenómenos violentos. Pero a diferencia del tópico tradicional, problematizan el tema mediante la provocación, en primer lugar, de una percepción física, y lejos de cualquier valoración distanciada. Más que modelos ideológicos, estas obras transmiten la complejidad del fenómeno, sus contradicciones y efectos físicos en el espectador, creando así voluntariamente reacciones afectivas de choque y perplejidad.

---

25. Véase, por su convincente análisis sobre la representación mediática de la violencia, la obra de Mikos ya citada, aunque está orientada exlusivamente al aspecto referencial y poco a la mediatización auténtica de la violencia.

De este modo, ambas películas obligan a una nueva discusión de este fenómeno. La violencia, del modo en que la escenifican, no sirve para ser clasificada solo éticamente, ni permite tomar distancia. La puesta en escena estética y la representación intencionada de la violencia —ya sea en forma de cliché, ya sea como violencia social, arquetípica y verbal—, desempeñan un papel importante, al estar bien acentuada la función constitutiva de la mediatización en ambas películas.

El ritmo de las películas se constituye por el montaje, el sonido y la violencia: por un lado, la cámara (perspectiva, ángulo, *close-up shot*), el montaje (montaje en paralelo), ajuste de colores.[26] la estructura narrativa, la música, y el empleo de otros medios (publicidad, foto, video y televisión, en la que aparece, entre otras, una escena tipo Frankenstein) sirven para crear una violencia de tipo mediático. Por otro lado, esta fuerte presentación de los códigos mediáticos revela en qué medida dicha violencia está codificada y creada de tal modo. Hay en las películas, además, una reflexión sobre la perspectiva de la cámara y sobre su posición, enunciada a través de la imagen grabada: por ejemplo, en la cámara fotográfica de Buscapé y en los movimientos de la cámara en mano y la técnica de cortes rápidos de video/videoclip en *Amores perros*.

Así se aclara la relación inseparable entre *ver* y *poder*, en la medida en que no es posible una visión inocente de los hechos. La fragmentariedad, puesta en escena de manera llamativa, priva al espectador de la oportunidad de calificar de modo objetivo y distanciado. Simultáneamente se demuestra

---

26. Los colores optimizados (especialmente en la retrospectiva de *Cidade de Deus*, en la que se mira hacia el pasado y se observa un paisaje idílico teñido de la luz de un sol brillante, como a través de unos gafas de sol con cristales opacos) no tienen la función de descubrir una verdad enmascarada, como, por ejemplo, en la película de Claude Chabrol *Au cœur du mensonges* (1999), donde los colores pueden ser leídos como indicio, y permiten descodificar los actos dentro del marco lógico de la estructura narrativa de una película policíaca (cf. Rißler-Pipka, 2003). En el caso de las dos películas analizadas aquí, esos colores aumentan mucho más el grado de autenticidad, mediante la imitación de la perspectiva del espectador («la visión a través de las gafas»). Tampoco las escenas de sangre representan una metáfora de la muerte. El rojo de la sangre muestra la muerte en «tiempo real», el momento de la intervención de la misma y la instantaneidad. Además, el acontecimiento en sí no aparece interpretado como elemento indispensable dentro del proceso de interpretación del significado de la narración; es decir, la «sangre» no ofrece ninguna explicación, sino que transmite y renueva el choque.

el hecho de que la presencia de una instancia no neutra siempre está inscrita ya en cada imagen.

Cidade de Deus documenta la ambivalencia de representaciones de violencia por parte de los medios de comunicación de masas, al mostrar el proceso de cómo el espectador, a través de la figura del narrador-personaje, tiene conocimiento de la presentación de Zé Pequeño muerto para el periódico: Buscapé solo selecciona una foto de un pequeño detalle del acontecimiento, el cadáver, situando así con cierta violencia el asesinato fuera de su contexto. Además, la cinta brasileña documenta cómo el fotógrafo se aprovecha de estas imágenes, ya que a partir de ese momento trabaja para el periódico. Por otra parte, el uso de las técnicas de del videoclip en *Amores Perros* sirve para producir un contraste —las escenas del adulterio se muestran paralelamente, las imágenes de diferentes secuencias aparecen cortadas y con un ritmo acelerado—, lo que provoca en el espectador una ruptura de sus costumbres perceptivas y lo confronta con el fenómeno mediático.

Por lo tanto, estos dos ejemplos cinematográficos y el fenómeno de *violencia mediática* como forma de violencia real, se revelan única y exclusivamente bajo el análisis y el conocimiento de las respectivas dramaturgias y los cifrados o códigos de la construcción. La percepción de los procedimientos mediáticos en ambas películas es lo que posibilita —y obliga al espectador— una aclaración ético-social diferente respecto al *tópico* de la violencia en América Latina, subrayando cada vez el aspecto de la participación y co-creación del espectador.

Mereilles expone la violencia en su dimensión mediática y de masas, *mostrando* lo que espera el público de una película brasileña: pobreza, violencia, samba, reminiscencias de la estructura narrativa del realismo mágico, etc. Él realiza una dislocación total del proyecto social relacionado con la película: el taller de aprendizaje con los jóvenes se encuentra fuera de toda visibilidad del público internacional, planteando de tal manera la cuestión de la curiosidad y de las preferencias de ver del espectador. En cambio, *Amores perros* busca descomponer el tópico «latinoamericano» de la violencia, interpretándola como un fenómeno universal y transversal de muchas capas y en el sentido de una red de fuerzas diferentes. Esta estrategia tiene como efecto integrar de inmediato a cualquier espectador presuntamente distanciado y situado fuera de los acontecimientos. De tal manera, a través de la interrogación y la transformación de estereotipos clásicos, el cine latinoamericano puede conquistar su propio terreno por excelencia —tal y como en su mo-

mento lo hizo el *boom* literario, con sus grandes innovaciones narratológi-
cas— e inscribirse en la historia cinematográfica internacional.

Bibliografía

DERRIDA, JACQUES. *De la Grammatologie.* París: Éditions de Minuit, 1967
____. *La Dissémination.* París: Éditions du Seuil, 1972.
____. «Le facteur de la vérité», *Poétique* 21 (1975). 96-147.
FOUCAULT, MICHEL. *Der Wille zum Wissen. Sexualität und Wahrheit,* Band 1. Frankfurt a.M.:
    Suhrkamp, 1983. (Edición original: *Histoire de la sexualité: La volonté de savoir* (I).
    París: Éd. Gallimard, 1976).
GERLING, EVA. *Lateinamerika: So fern und doch so nah?* Tübingen: Narr., 2004.
GONZÁLEZ IÑÁRRITU, ALEJANDRO. «*Amores perros* es una biopsia de la complejidad en la
    que vivimos». *La Jornada.* 10 de mayo de 2000. Julio de 2009 <www.jornada.
    unam.mx/2000/05/10/cul5.html>.
LINS, PAULO. *Cidade de Deus.* 2a. ed. revisada por el autor. São Paulo: Companhia das
    Letras, 2002.
MIKOS, LOTHAR. «Action und Experimentalfilm: *Natural Born Killers* und die mediale (Re)
    Präsentation von Gewalt». *Mediale Gewalt. Interdisziplinäre und ethische Perspekti-
    ven.* Eds. Thomas Hausmanninger y Thomas Bohrmann. Munich: Fink, 2002. 96-
    103.
PAZ, OCTAVIO. *Itinerario.* México: Fondo de Cultura Económica, 1993.
PODALSKY, LAURA. «Affecting Legacies: Historical Memory and Contemporary Structures
    of Feeling in *Madagascar* and *Amores perros*». *Screen* 44.3 (otoño de 2003). 277-
    294.
RISSLER-PIPKA, NANETTE. «*Die Farbe der Lüge* ist blau - die Farbe des Todes ist rot». *Spek-
    trum. Siegener Perspektiven einer romanischen Literatur-, Kultur- und Medienwis-
    senschaft.* Ed. Walburga Hülk. Bd. 148. Siegen: Universi, 2003. 183-192.
SCHMITT, GEORG JOACHIM. *Die Allmacht des Blickes. Die Debatte um Mediengewalt im
    zeitgenössischen Film.* Köln: edition nadir, 2001.
SPERBER, SUZI FRANKL. «Literatura e violência: expressão de trauma, ou abuso do mer-
    cado?». Conferencia sobre la elaboración artística y cultural de las experiencias
    de la violencia en la cultura contemporánea afroamericana en Brasil, leída en el
    V Congreso de Lusitanistas Alemanes, 25-28 de sept. de 2003, Rostock. Saldrá
    publicada en *Lusorama* en el suplemento de la revista.
TORO, ALFONSO DE. *Die Zeitstruktur im Gegenwartsroman.* Tübingen: Narr., 1986.

Whitman en la frontera: el Álamo y la fragmentación lírica en «Canto a mí mismo»

CARL GOOD

La primera edición de *Hojas de hierba* de Walt Whitman aparece en 1855, año que marca un punto intermedio entre dos conflictos centrales en la historia del continente americano del siglo XIX: la guerra entre México y los Estados Unidos, que concluye en 1848 con el Tratado de Guadalupe Hidalgo, y la Guerra Civil estadounidense, que comienza en 1861 con el intento de secesión de los Estados del sur. Para ver qué comenta *Hojas de hierba* sobre la relación entre los Estados Unidos y el resto del continente americano durante (y más allá) de este período, es necesario explorar la manera en que la obra responde temáticamente al primer conflicto y anticipa –alegóricamente– el segundo. En «Canto a mí mismo», el primer poema de la colección y en el que se enfoca este estudio, Whitman responde explícitamente a la guerra mexicano-estadounidense en el episodio sobre la batalla del Álamo, cuyo sentimiento patriótico pareciera mostrar el rostro imperial violento del entusiasmo democrático celebrado en el resto del poema. Pero en el drama de la fragmentación lírica del mismo texto también se evidencia una disgregación de la «voz» del hablante que parece alegorizar un problema de crisis política-nacional que complica considerablemente cualquier intento de interpretar los efectos políticos de la narración de la historia del Alamo. La discusión que sigue analiza el conflicto entre la referencia temática y la fragmentación lírica en el «Canto a mí mismo» con el fin de sugerir cómo dicho conflicto interviene en una reconsideración del discurso sobre la relación entre Whitman y la crítica y la poesía hispanoamericanas.

El drama lírico en «Canto a mí mismo» es un tema poco comentado en el discurso crítico sobre la relación entre Whitman y la literatura hispanoamericana, ya que alude a una dinámica textual que amenaza con interrumpir una tendencia persistente en dicho discurso: la de insistir en la coherencia de Whitman no solo como hablante lírico, sino –y sobre todo– como voz de una *idea* asociada con la presencia histórica de los Estados Unidos en el continente. A través de esta tendencia, la crítica hispanoamericana esquiva la especificidad textual de *Hojas de hierba*, propagando un espectro imaginado de Whitman que poco tiene que ver con los fantasmas textuales de este escritor. A continuación señalaremos varios aspectos de este problema de la reducción de Whitman a una idea, elaborándolos en la primera parte

129

de la discusión antes de dirigirnos a una lectura de «Canto a mí mismo» en la segunda.

La problemática construcción de Whitman como idea comprende por lo menos tres aspectos: primero, el gesto de tomar el romanticismo versolibrista whitmaniano como modelo estético ideal para la poesía hispanoamericana; segundo, el intento de reducir la obra de Whitman a una expresión ideológica del inconsciente cultural imperial estadounidense durante el siglo xix; y tercero, la ideación de la voz lírica de Whitman —su «yo»— como expresión continua del mismo sujeto poético a lo largo de Hojas de hierba. Estos tres aspectos son síntomas interrelacionados del mismo problema, pero trataremos a cada uno por separado antes de acercarnos las paradojas temáticas y formales de «Canto a mí mismo».

La idealización del estilo whitmaniano como imperativo poético para los poetas hispanoamericanos tiene su primer momento en la famosa crónica de 1887 de José Martí, en la que introduce al poeta a los lectores de Hispanoamérica. Aunque Martí nunca escribió poesía en verso libre al estilo whitmaniano (es decir, de métrica irregular), alaba el «pulso enérgico» de la obra de Whitman, llamándolo «el natural movimiento de la savia en el pulso enérgico del mundo» y asociándolo con la promesa de una apertura política para Hispanoamérica (Martí, 1994: 500). Para él, las cadencias libres de Whitman no son menos que la expresión de un nuevo espíritu continental capaz de romper con un viejo orden político estéticamente encajado en, o asociado con, las formas poéticas hispanas tradicionales: «El lenguaje de Walt Whitman, enteramente diverso del usado hasta hoy por los poetas, corresponde, por la extrañeza y pujanza, a su cíclica poesía y a la humanidad nueva, congregada como un *continente* fecundo con portentos tales que en verdad no caben en liras ni serventesios remilgados» (Ibídem: 504, énfasis en el original).

Esa idealización es luego repetida en muchos contextos poéticos y críticos hispanoamericanos. Un caso particularmente notable es el de Octavio Paz, sobre todo en su apéndice dedicado a Whitman en *El arco y la lira* (1956). En ese texto, Paz elogia al poeta norteamericano como ideal, negando implícitamente lo que Jorge Luis Borges había escrito sobre Whitman dos décadas antes en su breve ensayo «El otro Whitman» (1932).[1] El Whitman de Borges

---

1. El texto de Borges fue escrito en 1929 y publicado en *Discusión* en 1932. Borges luego expande sus comentarios sobre Whitman en su «Nota sobre Walt Whitman», publicada en

es una figura desdoblada entre sujeto biográfico y simulacro literario, o entre el hombre mundano y ordinario y la expansión infinita de la persona de Whitman como efecto de su obra poética. A través de este desdoblamiento irónico e inestable, Borges elabora uno de sus tópicos conceptuales predilectos, la subjetividad para- o trans-temporal no-individual, como expresión temprana de un tema luego tratado en un texto más conocido, «Borges y yo», que incluyó en *El hacedor* (1960). Pero a diferencia de Borges, Paz insiste en que máscara y persona se funden en Whitman: «[...] su máscara —el poeta de la democracia— es algo más que una máscara: es su verdadero rostro» (Paz, 1986: 277). Curiosamente, este comentario difiere de otro discurso sobre las máscaras en la obra de Paz, el capítulo «Máscaras mexicanas», de *El laberinto de la soledad* (1950), donde el sujeto mexicano se presenta como un ser escindido entre su proyección como máscara social-cultural y el espíritu mítico-nacional profundo que sacude dicha máscara en momentos liminales. Para Paz, la máscara de Whitman no solo se salva de esa dualidad que sufre el mexicano como sujeto nacional, sino que también representa el sueño de Whitman, y ese sueño se nutre extrañamente del de la cultura norteamericana que lo encierra, ya que en ambos casos sueño y realidad se funden:

> Whitman puede cantar con toda confianza e inocencia la democracia en marcha porque la utopía americana se confunde y es indistinguible de la realidad americana. La poesía de Whitman es un gran sueño profético, pero es un sueño dentro de otro sueño, una profecía dentro de otra aún más vasta y que la alimenta [...]. Sueño dentro de un sueño, la poesía de Whitman es realista solo por esto: su sueño es el sueño de la realidad misma, que no tiene otra substancia que la de inventarse y soñarse. [Paz, 1950: 279-280]

Entonces, según Paz, las cadencias versolibristas de Whitman superan cualquier tensión (o dialéctica) entre historia y literatura, o entre lo real y lo simbólico, al efectuar una síntesis entre lenguaje poético e idealismo histórico-imaginario. Quizás haya un toque de ironía en esta caracterización halagadora de Whitman, por lo menos en cuanto a las referencias al sueño norteamericano —y sobre todo si recordamos que en otros ensayos críticos Paz nunca deja de insistir en que la poesía moderna (romántico-surrealista)

---

la versión de 1955 de *Discusión*.

es inextricable de actos de rebelión ante y dentro de la historia de la temporalidad linear que nace del cristianisno y que, según este escritor, lleva al discurso de la Ilustración y la Modernidad occidental. Si bien la obra de Whitman es un sueño dentro del sueño nacional estadounidense que lo alimenta, entonces el sueño del poeta también constituiría una rebelión ante el devenir histórico de la cultura norteamericana como última expresión del despliegue temporal-histórico occidental. Pero dicha ironía sería demasiado tenue para sostenerse como un factor crítico en este ensayo de *El arco y la lira*. De hecho, Paz parece sugerir —contradiciendo abiertamente la tesis sostenida en otros contextos críticos suyos— que el sueño utópico norteamericano es *redimido* por el sueño de Whitman, y que de esta manera el sueño-anhelo nacional coincide cabalmente con los ideales estéticos del surrealismo poético prefigurados en la obra del poeta decimonónico. Gracias a Whitman, el sueño cultural-nacional estadounidense *es* el agente de la rebelión estética misma. Aunque el trabajo crítico posterior de Paz (como por ejemplo *Los hijos del limo* de 1974) problematiza esta noción de un sueño poético fusionado sin ironía con la historia o con la Modernidad, y aunque los ensayos previos de Paz, sobre todo el mismo *Laberinto de la soledad*, habían tratado la historia y la cultura estadounidenses de manera mucho menos celebratoria, aquí, en esta breve reflexión sobre Whitman, Paz no articula más que un elogio puro al «otro» poético-cultural estadounidense, elogio por medio del cual se ve un problemático intento de plasmar lo poético-estético en el devenir histórico relacionado con los Estados Unidos.

El segundo aspecto del problema del «distanciamiento idealizador-ideológico» de Whitman en el discurso de su recepción nos remite más específicamente a los estudios críticos dedicados a trazar el efecto de Whitman en la poesía hispanoamericana. De nuevo, dichos estudios intentan convertir a Whitman en idea —idea política, en la mayoría de los casos— en vez de tratarlo como texto, y lo hacen por medio de cierta fórmula de exposición crítica. Durante el último medio siglo, por lo menos desde la publicación en 1954 de *Walt Whitman en Hispanoamérica*, de Fernando Alegría, los estudios sobre Whitman en Latinoamérica han aparecido con regularidad, y la fórmula que tienden a seguir —que casi siempre han seguido— es similar a la que emplea el mismo Alegría: una secuencia de descripciones de cómo varios escritores latinoamericanos han registrado el efecto de Whitman en su obra, secuencia que compone una especie de catálogo episódico de distintos contextos de recepción. Curiosamente, dicho acercamiento a la manera de «catálogo» evoca vagamente una de las características formales centrales de la obra del mismo Whitman: esto es, sus largas secuencias anafóricas y metonímicas, en las que la imaginación poética también ofrece extensos «catálogos» de paisajes mentales o geográficos −característica poética que, como es bien sabido, inspiró un buen número de poetas hispanoamericanos, incluyendo a Vicente Huidobro, Pablo Neruda y el mismo Paz. La similitud entre la estructura poética de la obra de Whitman y la fórmula narrativa o conceptual de estos estudios críticos no constituye un problema en sí. Lo que sí es un problema, o por lo menos una paradoja problemática, es el hecho de que dicha similitud resulta muchas veces el *único* punto en que los estudios en cuestión interactúan con la obra de Whitman, y así la similitud retórica evoca al fantasma de Whitman al mismo tiempo que marca un desencuentro con otros aspectos de la textualidad de este poeta. Como veremos, los críticos que discuten la recepción de Whitman en Hispanoamérica se muestran a veces bastante conscientes de la operación de este desencuentro con la textualidad del poeta norteamericano, pero la atribuyen a los poetas, sin reconocer que el no-encuentro es más bien resultado del discurso crítico que de la poesía hispanoamericana.

Uno de esos estudios más recientes, «El gran viejo: Walt Whitman in Latin America» (2001), de Josef Raab, sí reconoce la tendencia de los críticos por esquivar a Whitman, y caracteriza la recepción del poeta por parte de los críticos latinoamericanos como una especie de prueba Rorschach, en la que «the ways in which [Whitman] is being read and employed [...] reveal more about his readers than about him» (Raab: 3). De este modo, Raab comenta con precisión la tendencia de muchos críticos a construir un Whitman imaginado, en vez de considerar la obra de este poeta a través de actos de lectura. Pero él también perpetúa el «método Rorschach» en su propio artículo, reiterando la fórmula del catálogo de influencias y evadiendo así cualquier consideración de la poesía de Whitman más allá de algunas breves observaciones biográficas e históricas.

Otro estudio, «The Accidental Tourist: Walt Whitman in Latin America» (1990), de Enrico Mario Santí, también cae en la misma tendencia, aunque lo hace de una manera crítica más interesante en comparación con otros en su categoría, y por consiguiente merece una consideración más detallada. Santí teoriza rigorosamente no solo la relación de algunos escritores individuales con Whitman, sino también las tendencias más amplias de la recepción de Whitman, desde el Modernismo del fin de siglo xix hasta la poesía de mediados del siglo xx. En su discusión de esta historia de acercamientos a Whitman, Santí demuestra cómo los poetas hispanoamericanos muchas veces se acercan a Whitman de «segunda mano», debido a que su relación con el escritor de Hojas de hierba está mediatizada por descripciones biográficas y barreras de traducción. Así, por ejemplo, cuando Darío elogia a Whitman (en el soneto titulado «Walt Whitman» y publicado en la segunda edición de Azul), o cuando evoca su nombre en su denuncia de la amenaza imperial en «A Roosevelt» —«Es con voz de Walt Whitman o versos de la Biblia / que habría que llegar hasta ti cazador!» (Cantos de vida y esperanza, de 1905)—, trata a Whitman como idea (o «tema», para utilizar un término de Santí) sin haber leído al autor de Hojas de hierba, basándose más bien en la descripción que José Martí dedicó a Whitman en la crónica ya mencionada. Martí escribió su crónica después de asistir a una lectura pública de Whitman en Nueva York, y en ella se enfoca casi exclusivamente en la persona física y la idea de Whitman, casi sin ofrecer comentarios directos sobre su obra. Santí argumenta que otros poetas modernistas, y luego vanguardistas, muestran una relación similar con Whitman, tratándolo más y más no solo como tema, sino también como persona, y casi siempre dentro de ciertos límites artificiales de la traducción, ya que el texto que leían muchas veces era la versión castellana de Leaves of Grass hecha por el uruguayo Armando Vasseur en 1911, traducción que se distancia marcadamente del texto en inglés en términos formales, puesto que (como demuestra Santí, citando a Alegría) Vasseur no tradujo directamente del texto en inglés sino de traducciones al italiano que aparecieron a partir de 1881, las cuales adaptaban el verso libre de Whitman a la versificación silábica regular característica de la poesía de las lenguas romances antes del siglo xx. En la segunda parte de su artículo, Santí analiza los casos de Neruda y Borges, cuya relación con la obra de Whitman, aunque no remite a la misma paradoja de la traducción secundaria (particularmente en el caso del políglota Borges), todavía muestra, según Santí, la tendencia a distanciar a Whitman como persona, si bien ahora de manera más compleja.

Entonces, la conclusión de Santí es que la respuesta a Whitman por parte de los escritores latinoamericanos constituye una reacción «rapsódica» más que un verdadero acto de lectura. Es decir, que en vez de confrontar o asimilar a Whitman, dichos escritores construyen un «otro» poético-cultural fantasmagórico con el fin de mantenerlo a una distancia idealizadora. No obstante, un aspecto problemático de la tesis de Santí es que plantea una conclusión definitiva y totalizadora en torno a la obra de los poetas latinoamericanos concebidos como una colectividad. De hecho, se podría argumentar que la construcción del no-encuentro con Whitman es un acto que pertenece más bien a los críticos (como a Santí mismo) que a los poetas. Podemos entender mejor este problema del acercamiento de Santí si interrogamos el modelo poscolonial y sicoanalítico que emplea como marco conceptual. Para él, los poetas hispanoamericanos de las primeras dos décadas del siglo xx parecen conformar y compartir un mismo imaginario, una especie de siquis lingüística colectiva que se construye al oponerse, dialécticamente, a Whitman como sinécdoque de la amenaza imperial norteamericana. La relación entre los poetas latinoamericanos y Whitman se constituye a través de «the disparity between what Whitman actually wrote and what they imagined he was and wrote». A su vez, dicha relación «depends upon a political paradox: it wishes to borrow Whitman's mask from North America as the rhetorical shield of Latin America *against* North American imperialism» (Santí: 161). De esta manera, Santí subordina el campo de la poesía hispanoamericana dentro de un marco de relación política-cultural en las Américas, relación en la que Whitman se convierte en el espectro del poder imperial norteamericano, precisamente con el fin de evadir, inconscientemente, un verdadero encuentro con la amenaza norteamericana. Santí se refiere a este gesto como un acto de «mala fe» de parte de los poetas del sur, cosa que él identifica como mecanismo constitutivo de la cultura latinoamericana en general: «[...] that bad faith may be explained as one more version of *the paradox with which all of (Latin) American culture is fraught*—being an American Self through the language of the European Other» (Santí: 161, énfasis mío).

Otra vez, lo que hace posible esta conclusión generalizadora sobre la escena latinoamericana de la recepción de Whitman es nada menos que el propio desencuentro en la lectura con Whitman de parte de Santí: tanto como, o incluso más que, los poetas que discute, Santí también participa del enmascaramiento paradójico del poeta norteamericano al promover el tratamiento de este escritor como idea, en vez de leerlo como texto. Al eludir la lectura de Whitman, se constituye lo que podríamos llamar la fenomenalización de un no-encuentro: es decir, la construcción como fenómeno real, o imagen, de algo que se debe a una inscripción material o textual, pero cuya lectura, no obstante, está siendo evadida. De esta manera, Whitman sirve de pretexto, no tanto para la consolidación de un imaginario poético hispanoamericano que resista a los Estados Unidos en el plano cultural, sino más bien para la elaboración de una red de imaginarios críticos involucrados en un acto sistemático de su propia consolidación institucional.

En dicho proceso de fenomenalización de la lectura, se trata nada menos que de la construcción de una ideología por medio de una evasión del evento de la lectura. En la supresión del texto de Whitman, lo que se construye es también cierta concepción ideológica de la relación entre la literatura estadounidense y la hispanoamericana, en la cual las ideas elaboradas en torno a Whitman se utilizan para confirmar ideas históricas-culturales preconcebidas. No obstante, cada vez que se pone en evidencia una supresión semejante, y particularmente cuando ello ocurre con tanta persistencia en un contexto literario-político tan prominente, también se plantea la posibilidad ética de «confrontar» el texto no leído. Dicha posibilidad no debería dar paso a la búsqueda de un entendimiento que triunfe sobre lo previamente evadido, sino instigar a un acto en que uno se exponga a la posibilidad de que el evento ingobernable de la lectura, cuando éste al final se produzca, desplace al entendimiento, abriéndolo a algo que el mismo entendimiento tal vez no hubiera podido imaginar de antemano.

El tratamiento de Whitman como idea, predicado sobre un no-encuentro con el texto del poeta, se relaciona estrechamente con el tercer aspecto del problema del «distanciamiento ideal» en el discurso de la recepción de Whitman en Hispanoamérica. Este aspecto, que nos lleva directamente a nuestra reconsideración de «Canto a mí mismo», es la tendencia a suponer que el «yo» de la primera persona de Whitman tiene como referente un sujeto estable e ideológicamente consistente. En otras palabras, se trata de la tendencia a suponer que la voz lírica en «Canto a mí mismo», o en *Hojas de hierba* en su totalidad, es ni más ni menos que la voz del Whitman biográfico e ideológico, la voz de quien posee ciertas ideas. Ideas, por ejemplo, acerca del carácter de la democracia estadounidense y sus designios imperialistas respecto a otras naciones y culturas del hemisferio. A partir de un buen número de secciones de *Hojas de hierba*, incluyendo su prólogo, y a partir de ciertos enunciados hechos por el Whitman biográfico en otros contextos documentados, no sería difícil sacar conclusiones sobre las ideas u opiniones que Walt Whitman mantuviera respecto a Hispanoamérica —en particular a México—, para luego postular cómo dichas ideas y opiniones pudieran relacionarse con las nociones de democracia mantenidas por este escritor. Como señalamos anteriormente, la primera edición de *Hojas de hierba* en 1855 marca un punto medio entre la guerra de los Estados

Unidos con México y la Guerra Civil estadounidense, y varios comentarios hechos por Whitman durante este período parecen indicar ideas a favor de una complicidad (inquietante para ciertos lectores contemporáneos) con el imperialismo estadounidense. Estos comentarios incluyen varias denuncias que hizo Whitman acerca de México en el contexto de la guerra, y es quizás inevitable que éstas hayan afectado la manera en que leemos los tonos subyacentes de la supuesta hospitalidad democrática y expansiva en la escritura de Whitman. Sin embargo, aun si tratáramos estos enunciados de Whitman de una manera biográfica y directa, al fin y al cabo nos veríamos obligados a considerarlos no como prejuicios sostenidos por este escritor en calidad de dogmas a lo largo de su vida, sino como momentos, continuamente revisados y abandonados, de un flujo cambiante de opiniones. El Whitman de 1865, por ejemplo, no parece reflejar las mismas ideas —sobre la democracia estadounidense, México y las repúblicas hispanoamericanas, etc.— que las que parece haber sostenido en la década de los 1850.

En *Ambassadors of Culture: The Transamerican Origins of Latino Writing* (2002), la crítica norteamericana Kirsten Silva Gruesz ofrece un resumen muy útil del contraste entre las opiniones democrático-imperialistas tempranas de Whitman y sus expresiones en contra del expansionismo democrático expresadas durante y después de la Guerra Civil. En la sección dedicada a Whitman, Gruesz añade una nueva dimensión a la comprensión contemporánea de este escritor, al revisar nociones recibidas en cuanto al contexto histórico y geográfico de su escritura. Gruesz subraya la importancia de la residencia de Whitman en New Orleans antes de escribir *Hojas de hierba*, no solo para entender mejor su obra, sino para re-situarlo dentro de una concepción más compleja del horizonte transnacional geopolítico de la escritura norteamericana del xix. Whitman, en ese estudio, se reimagina a la luz de su contigüidad con la prensa en lengua castellana de New Orleans del siglo xix, y Gruesz utiliza dicha contigüidad para re-conceptualizar al escritor y a su actitud paradójica ante la cultura hispánica. No obstante, a pesar de la utilidad innegable de esta re-imaginación de Whitman y su contexto, *Ambassadors of Culture* tampoco rompe con la tendencia de arraigar *Hojas de hierba*, y su «yo», en una idea del autor que ignora la complejidad del texto mismo.

Cierto, el objetivo de Gruesz se limita al análisis de la escritura periodística de Whitman de este período, y ni siquiera pretende abarcar su poesía. Pero en su exploración de las crónicas de Whitman, Gruesz nunca señala cómo su revisión del contexto cultural de Whitman pudiera afectar la lectura de su poesía, esa poesía a la que se debe —hay que reconocerlo— todo el interés en este escritor y sin la cual probablemente no habría pretexto para tomarlo en consideración como personaje histórico o como periodista. Con estas observaciones de ninguna manera pretendo tachar el estudio de Gruesz de irrelevante para la lectura de *Hojas de hierba*; nunca leemos una obra literaria sin imaginar y re-imaginar las contradicciones y paradojas de su contexto histórico o biográfico, y *Ambassadors of Culture* reinventa dicho contexto en el caso de Whitman de manera que sin duda suscita, y suscitará, nuevas lecturas de este escritor. Sin embargo, al leer a Gruesz tal vez terminamos preguntándonos por qué los dos proyectos —la revisión del contexto de Whitman y la lectura de la obra de Whitman— tienen que excluirse el uno al otro.

No obstante, las «ideas» de Whitman o el contexto histórico-biográfico de su obra no es el objetivo central de nuestra discusión, que más bien gira en torno al problema de la interpretación de la voz lírica en «Canto a mí mismo». Interesa más lo concreto de la inestabilidad del pronombre de la primera persona en la obra. Como veremos, dicha primera persona de Whitman es múltiple y no remite simplemente a un sujeto ideológico en posesión de sus propias ideas. Algunos de los estudios más recientes se niegan a reconocer esta multiplicidad. En el primer capítulo de *Proceed With Caution When Engaged by Minority Writing in the Americas* (1999), Doris Sommer busca «confrontar» directamente a Whitman (y además con muy poca cautela), identificándolo con la expresión del imperialismo norteamericano, con el fin de argumentar que la supuesta apertura democrática expansiva en la obra de este escritor encubre una actitud de exclusión retórica y política. La crítica de Sommer a veces parece una queja contra una personalidad concreta y no la lectura de textos. Este efecto no es del todo accidental, ya que Sommer busca retratar al poeta, si no como voz biográfica, por lo menos como la perfecta expresión lírica, prosopopéyica, de la ideología expansionista estadounidense del XIX. Como ella argumenta, es precisamente la construcción de esa voz íntima de parte de Whitman lo que tan eficazmente seduce a sus lectores y los lleva a aceptar su canción democrática, de manera que la voz lírica en cuestión es la trampa de «un narcisismo totalizador» con consecuencias hegemónicas e imperiales a nivel continental.

Analizar «Canto a mí mismo» como lo hace Sommer es ignorar la complejidad narrativa de este poema y el papel cambiante del hablante lírico dentro del mismo. Dicha complejidad lírica ya viene señalada en la historia crítica de Whitman, aunque ha tendido a suprimirse en las últimas décadas debido a la tendencia de desenfatizar cuestiones de la forma literaria en los estudios culturales recientes. Como gesto de reconocimiento mínimo de la discusión crítica de la complejidad lírica de Whitman, podríamos citar la observación de Harold Bloom de que el «yo» lírico de Whitman remite a por lo menos tres instancias diferentes aunque también interpenetradas. Explorar dichas instancias dentro de la teoría de la influencia síquica-literaria de Bloom excedería los propósitos de este ensayo, pero su esquema, aún resumido de manera breve, sirve como un reconocimiento importante del carácter no-unitario de la «cartografía síquica» de Whitman. En el «Canto a mi mismo», las tres instancias incluyen el «yo» («*I*» o «*myself*»), identificado con el Whitman autobiográfico, quien habla de sí mismo en primera persona durante gran parte del poema; el «yo real» o «yo mismo» («*real me*» o «*me myself*»), cuyo papel se vuelve cada vez más importante en el desarrollo poético-narrativo de la obra; y finalmente «el alma» («the soul», la cual, aunque no habla con su propia voz, opera como fantasma en la segunda mitad de la obra. Bloom propone este esquema tri-partita en *Poetry and Repression: Revisionism From Blake to Stevens* (1976), así como en otros trabajos posteriores, incluyendo *Wallace Stevens: the Poems of Our Climate* (1977). En éste último libro, Bloom describe «myself» como «Walt Whitman, one of the roughs, an American, malest of males», así como también un reino de «anxiety, negativity, meaning.» El «real me» es «night, death, the mother, and the sea.» Y el *alma* es como «the dark side or alienated, estranged element in nature.» Bloom comenta: «The crossings in Whitman's poetry therefore take place in the realm of myself... But the crossings move from the realm of my soul, unknown nature, to the known world of the real me or me myself, where what night, death, the mother, and the sea have in common is restitution, the function of compensating Whitman for what an estranged nature keeps taking from him» (*Poetry and Repression:* 12). Añade, que el «yo» (o «myself») en Whitman es poco más que un lugar de cruce de la sique poética, así como también cierta ruptura de la forma lírica misma: «The persona of myself, as in the title *Song of Myself*, is only a perpetual breaking of forms or shattering of vessels, a dance of roles constantly substituting for one another, an interplay of re-cognitions that leads Whitman from the haunts of his soul to the recognitions of the real me» (12).

Para nuestros propósitos, más que la definición que ofrece Bloom de las tres instancias lírica-subjetivas en Whitman llama la atención la dinámica que llevan a cabo en el poema, según este crítico. En *Poetry and Repression*, Bloom sostiene que la primera instancia del que habla en el poema «yo», no domina a lo largo del poema, sino que nos lleva deliberadamente a una escena de su destrucción explícita a mediados de la obra. Según Bloom, en dicha escena el yo es literalmente violado por una multiplicidad de «otros», los cuales, sin ser simplemente ajenos al yo, no obstante interrumpen y hasta destruyen su sueño de unidad. Aunque Bloom no desarrolla detalladamente sus observaciones acerca de esta violación (como tampoco elabora en detalle las tres instancias del yo whitmaniano en general), no es difícil identificar y trazar la escena. Esta comienza inmediatamente después de una secuencia en la que el hablante se sumerge en una identificación rapsódica con la música, primero al escuchar la canción de un tenor y luego la de una soprano: «The orbic flex of his mouth is pouring and filling me full... / ... the ... soprano ... convulses me like the climax of my love-grip» (Whitman, 2005: 20). Dichas referencias al efecto de la música sobre el hablante son seguidas primero por el clímax de los esfuerzos del mismo hablante por definir su «ser» literal: gracias a la música de los cantantes, el yo siente «... the puzzle of puzzles /... that we call Being» (Ídem). No obstante, esta búsqueda de definición-clímax de parte del yo ontológico señala su mayor error, y es precisamente en este momento que el poema pasa repentinamente a la escena de la (auto-«alter») violación del yo.

La transición a la escena de violación ocurre en el momento en que el «ser» del hablante es súbitamente interrogado como problema de *forma*: «To be in any form, what is that» (Ídem), pregunta el hablante, de repente acosado y escindido por sus dudas, como si estuviera cuestionando radicalmente el riesgo en que acaba de incurrirse al definir la integridad de su propia forma ontológica en un contexto (un poema) que no hace otra cosa que abrir continuamente las clausuras de la forma por medio de las cadencias expansivas del verso libre y cuya temática versa de manera tan continua sobre la frontera incierta entre el yo y los otros. Protestando, el hablante entonces reitera su intento previo de definirse como una forma abierta a toda otredad: «Mine is no callous shell, / I have instant conductors all over me whether I pass or stop. They seize every object and lead it harmlessly through me» (Ídem). Esta reflexión crítica, o reversión, parece resolverse inicialmente en un énfasis sobre el sentido táctil que hace vibrar al hablante en su camino hacia una nueva identidad —«quiver[s] me to a new identity» (Ídem)—, pero es luego desgarrado por una fuerza que está más allá de sí mismo y al mismo tiempo proviene de sí mismo, de su propio «yo», ahora revelado como multiplicidad fragmentada en la metáfora de un rebaño (*herd*) que destruye la definición de la identidad y traiciona explícitamente al «yo». La escena debe citarse casi en su totalidad:

On all sides prurient provokers stiffening my limbs,
Straining the udder of my heart for its witheld drip,
Behaving licientious toward me, taking no denial,
Depriving me of my best as for a purpose,
Unbuttoning my clothes and holding me at the bare waist,
Deluding my confusion with the calm of the sunlight and pasture fields,
Immodestly sliding the fellow-senses away,
They bribed to swap off with touch, and go and graze at the edges of me,
No consideration, no regard for my draining strength or my anger,
Fetching the rest of the herd around to enjoy them awhile,
Then all uniting to stand on a headland and worry me.
The sentries desert every other part of me,
They have left me helpless to a red marauder,
They all come to the headland to witness and assist against me.
I am given up by traitors.
I talk wildly ... I have lost my wits... [Ibídem: 21]

En esta traición, el yo reconoce no ser una entidad separada de los agresores (éstos designados tanto en plural [«*traitors*»] como en singular [«*red marauder*»], y en colectivo [«*herd*»]), sino ser cómplice de la violación misma y hasta violador de sí mismo: «I and nobody else am the greatest traitor, / I went to the headlands ... my own hands carried me there. / You villain touch! What are you doing? ... my breath is tight in its throat; / Unclench your floodgates! You are too much for me» (Ibídem: 21).

La escena de violación se ubica precisamente en el centro del poema, marcando así una clara distinción entre lo elaborado previamente y lo que se desarrollará a continuación. Lo crucial de la escena es que rompe explícitamente el discurso ontológico o identitario inicial del poema —aquel discurso en el que el hablante se describe obsesivamente a sí mismo: «Walt Whitman, an American, one of the roughs, a kosmos, / Disorderly, fleshy and sensual ... eating and drinking and breeding, / No sentimentalist... no stander above men and women or apart from them ... no more modest than immodest»—, y proyecta profética y políticamente hacia el futuro su propia identidad: «I speak the password primeavel... I give the sign of democracy; By God! I will accept nothing which cannot have their counterpart of on the same terms» (Ibídem: 17).

En este discurso introductorio el problema no es solo la obsesión por el yo, sino también la manera en que dicho yo busca hablar por otras voces mudas: «Through me many long dumb voices, / Voices of interminable generations of slaves, / Voices of prostitutes and deformed persons, / Voices of the diseased and despairing...» (Ibídem: 17).[2] No obstante, con el desplazamiento radical del yo inicial en la escena de violación agenciada por el «otro» destructor o autodestructor, se cuestiona gran parte de la ideología y la retórica que los críticos comúnmente han asociado a ese yo. En otras palabras, precisamente esa voz contra la que Doris Sommer, por ejemplo, reacciona tan negativamente se encuentra ya fuertemente cuestionada en este punto de ruptura central en el poema. Sommer objeta particularmente la tendencia del «yo» whitmaniano de incluir a otros, como por ejemplo, en los primeros versos del poema, «I celebrate myself, / And what I assume you shall assume, / For every atom belonging to me belongs to you» (1). Lo que ella critica como expresión de una ideología imperial democrática en Whitman, y lo que otros lectores han elogiado, de manera igualmente problemática, como la enunciación de la inclusividad política, sufre una fragmentación en el poema por medio de la escena de la violación y destrucción del yo, lo cual, de nuevo, impide concluir que el yo en el poema sea únicamente el vehículo consistente de una ideología política.

Por supuesto, también podríamos concluir, todavía fijándonos en este momento del poema, que la destrucción del «yo» por lo que Bloom identifica como los complementos en primera persona del yo —el «yo real» («real me») en su multiplicidad, o «el alma» evocada pero nunca asimilada—, funciona, de hecho, como una supresión dialéctica de la alteridad en la que el yo se eleva a un nivel superior en un proceso de asimilación de lo que es exterior a sí mismo. Cabe añadir que dicho proceso sintonizaría bastante bien con la problemática postulación de Octavio Paz, para quien Whitman purifica, o interioriza, el sueño manchado de la democracia estadounidense, dentro

---

2. Un siglo después, Neruda repetiría el mismo gesto en su declarado intento de hablar por los subalternos muertos en una estrofa muy conocida y comentada de «Las alturas de Macchu Picchu» de *Canto general*: «yo vengo a hablar por vuestra boca muerta» (38)..

del cual se despliega el «yo» poético whitmaniano. Hay que reconocer que Whitman sí se acerca a este riesgo, por lo menos parcialmente. Pero lo que dificulta concluir que la escena de violación opera como mecanismo para efectuar la elevación trascendental del sujeto es el hecho de que el yo poético, tras su fragmentación en esta escena, «deviene» algo más que un simple vehículo renovado para expresar determinadas ideas sobre la democracia. Efectivamente, la narración que sigue a la escena de destrucción, en vez de elevar al hablante, lo identifica cada vez más con la huella material de la letra, huella no definida como deidad o superación del cuerpo material o del «yo» ideológico, sino descrita simplemente como el efecto de la firma —como si el hablante, después de esa escena, se enunciara por primera vez a partir de la materialidad de la letra, o a partir de un nivel textual en que el hablante no se sitúa ni dentro ni más allá del espacio del poema—. Este lugar material es el de la firma de Dios en el pañuelo, identificado al inicio del poema como metáfora de las «*Hojas de hierba*» que constituyen el «material» del poema desde su título hasta su último verso. La primera referencia a la firma de Dios en el pañuelo es la siguiente:

A child said, What is the grass? Fetching it to me with full hands;
How could I answer the child?... I do not know what it is any more than he.
I guess it must be the flag of my disposition, out of hopeful green stuff woven.
Or I guess it is the handkerchief of the Lord,
A scented gift and remembrancer designedly dropped,
Bearing the owner's name someway in the corners, that we may see and remark, and say Whose?
Or I guess the grass is itself a child ... the produced babe of the vegetation.
Or I guess it is a uniform hieroglyphic. [Ibídem: 4]

Esta descripción inicial de *Hojas de hierba* contiene múltiples niveles y referencias que merecerían una discusión más extensa, pero nos limitamos a observar que la referencia al «jeroglífico uniforme» de la firma de Dios entra en contradicción abierta con otro momento anterior del poema, cuestionándolo. Dos páginas antes, el «yo» expresa un claro «logocentrismo» al postular una experiencia del lenguaje más real y actual que la de las voces muertas de los libros: «Stop this day and night with me and you shall possess the origin of all poems, / [...] / You shall no longer take things at second or third hand ... nor look through the eyes of the dead ... nor feed on specters in books» (2). No es tan difícil situar la contradicción en el desarrollo del drama lírico, ya que la exhortación logocéntrica pertenece claramente al «yo» que luego se expondrá a su propia destrucción y a su desplazamiento radical en la escena de la violación.

Unas páginas después de dicha escena, el «yo» se caracteriza de manera muy distinta: el sujeto transformado o desplazado que «emerge» de la escena de la violación ha perdido la previa confianza en su capacidad de representar la convergencia dentro de sí mismo de toda exterioridad u otredad. En otras palabras, el «yo» de las estrofas iniciales no sobrevive como tal en el poema. Esto lo vemos, primero, con las secuencias anafóricas poéticas que disminuyen el efecto antropomórfico al dirigir la atención del hablante más sobre los animales que sobre los seres humanos. Y en segundo lugar, en el hecho de que a partir de este momento el yo transformado-desplazado se muestra consciente de haberse puesto en una especie de libre circulación o intercambio, como se ve en la referencia a los «tokens of myself» en el mismo pasaje: «So they show their relations to me and I accept them; / They bring me tokens of myself ... they evince them plainly in their possession» (Ibídem: 22). Incluso, el «yo» convertido en «fichas» (palabra que también se podría traducir como señales, monedas o prendas) ya ni siquiera se reconoce a sí mismo, porque ha pasado a ser radicalmente «otro» respecto a sí mismo, o por lo menos solo ahora está fantasmagórica o metonímicamente asociado a sí mismo en cuanto principio de identidad.

Estas líneas van seguidas de un pasaje de suma importancia, en el que el hablante expresa su propia incapacidad de (re)conocer sus orígenes en las mismas fichas que metaforizan la inscripción —la copia— y la fragmentación de sí mismo: «I do not know where they got those tokens, / I must have passed that way untold times ago and negligently dropt them...» (Ibídem: 22). Al ponerse en circulación la identidad del hablante (en el acto de copia-fragmentación cifrado en los «tokens of myself»), la circulación misma se interrumpe, ya que no produce un retorno, o porque lo que retorna es irreconocible. La referencia a «dropt them» es fugaz y sutil, pero constituye un eco inconfundible y deliberado del verso anteriormente citado acerca de la firma de Dios en el pañuelo. Recordemos que en aquel verso las hojas de hierba se habían caracterizado —casualmente, y en conjunto con el niño, con la bandera de la disposición del hablante y con el jeroglífico uniforme («uniform hieroglyphic»)— como «the handkerchief of the Lord, / A scented gift and remembrancer designedly dropped, / Bearing the owner's name somewhere in the corners, that we may see and remark, and say Whose?» (Ibídem: 4). El eco entre los dos momentos del poema, tanto en la referencia a lo «dejado caer» como en la manera en que se deja caer, no apunta a una apoteosis en la que el hablante devenga idéntico al mismo Dios (el «Lord» que anteriormente ha dejado caer el pañuelo y cuya acción el hablante ahora repite). Al contrario, el eco del pasaje anterior en el verso «I must have passed that way untold times ago and negligently dropt them» marca el desplazamiento del hablante hacia, o por, lo que podríamos llamar una alteridad pre-originaria, identificada con la misma inscripción material de las hojas de hierba. Así, el yo es ahora testificado como palabra —lenguaje—, ya no proyectado simplemente como un yo fenoménico en el plano de la experiencia. Los adjetivos que modifican el verbo dropt son cruciales en ambos contextos: la firma es «designedly dropped» en la primera referencia, cuyo énfasis en el «designio» evoca cierta teología que, por cierto, apoyaría la problemática asociación inicial del «yo» con un principio divino (de parte del hablante). Pero en el eco posterior de este pasaje, el pañuelo-firma es «negligently dropt». En este deslizamiento sutil entre designio y negligencia (de «designedly» a «negligently»), el hablante se «identifica» no con la previa intencionalidad teológica o ideológica, sino con el error casual del azar en el que, al dejarse llevar por el movimiento del viento, se expone a un itinerario no guiado. Y en la literalidad de dicha exposición, el hablante también se somete a lo que podríamos llamar una errancia más ética, una errancia muy distinta del imperativo «narcisista» de la persuasión democrática que, como alega Sommer, incluye excluyendo, incluye solo al excluir.

A continuación, el «yo», a primera vista, parece proseguir su itinerario narrativo de antes, pero si prestamos mayor atención, el viaje se revela ahora como una errancia en la que el yo ya no se muestra capaz de asimilar o interiorizar las cosas o los seres con que se topa o se confronta. La identificación escópica parece dar paso al movimiento: «I skirt the sierras ... my palms cover continents, / I am afoot with my vision» (23). Dicha visión atraviesa un territorio continental muy semejante al que se evoca en la primera mitad de la obra, pero la mirada ya no reclama, ya no interviene en las cosas que testifica, aun cuando reencuentra, muy explícitamente, muchas de las mismas figuras humanas marginales u oprimidas a las que con tanto orgullo el yo había extendido antes su hospitalidad, como por ejemplo el esclavo al que el hablante había otorgado refugio en su propia casa. Ahora, en lugar de esa hospitalidad, el «yo» pone nuevo énfasis en su propio devenir. En vez de cuidar *a* otros o hablar *por* otros, habla de su súbito cambio *en* otro, interrumpiendo la línea divisora entre él y ellos: «All these I feel or am. / I am the hounded slave ... I myself become the wounded person» (27). La larga secuencia anafórica que sigue —compuesta de versos que comienzan con la repetición de la frase «I am»— se fusiona finalmente con el tiempo mismo, al afirmarse el «yo», «I am the clock myself» (Ibídem: 28). Pero la temporalidad de este reloj no parece ser la de un tiempo gobernado o controlado por una subjetividad individual o ideológica; más bien sería el tiempo de la ausencia del sujeto y de su desplazamiento por parte de otros dentro del ritmo irregular de los versos.

Nada de lo anterior toma en cuenta todavía la secuencia sobre el Álamo en el poema, pero no la hemos olvidado y no debemos olvidarla. El «episodio» en cuestión aparece precisamente en este momento, al sonar el reloj, y no antes, donde tal vez lo hubiéramos esperado, en el fanfarroneo democrático de las enunciaciones iniciales del «yo». El Álamo aparece aquí, hacia el final del poema, en el contexto de la vagancia errante del «yo mismo» «I myself», contexto en el que este «yo mismo» habla tan paradójicamente como los otros y no por los otros. En otras palabras, el pasaje más políticamente problemático del poema surge precisamente en este momento del texto en que la política de la escritura se encuentra, de modo paradójico, en su punto más «ético». ¿Y qué podríamos decir sobre la sección dedicada al Álamo? Es sin duda la expresión más «patriótica» de todo el poema, quizás de toda la obra de las Hojas de hierba, y no es «redimible», o por lo menos no en nombre de Whitman. De hecho, el pasaje en cuestión solo se puede leer dentro de su propia contradicción: es decir, como expresión problemática de una ideología expansionista imperial, por una parte, pero también como una extraña reversión de dicha ideología, por la otra. De nuevo, no habría manera de «redimir» el episodio en cuestión. Pero debido a su extraña ubicación en el poema, es también difícil calificar la escena del Álamo simplemente como metáfora o representación de algún proyecto político problemático atribuido a la obra en su totalidad.

La secuencia dedicada a la historia del Álamo en «Canto a mí mismo» abre una paradoja liminal en el poema al figurar al «yo» como alteridad radical respecto a sí mismo, un «yo» que se presenta en contigüidad con Whitman, pero que no es recuperable en su nombre. Para elaborar esta tesis, hace falta explorar brevemente cómo la historia del Álamo se enmarca en la obra. Quizás lo más sobresaliente del pasaje es su clara condición de *narración*, de historia. No hay otro «episodio» en el poema marcado de la misma manera, con la única excepción de la narración inmediatamente posterior, que cuenta la historia de la batalla de Flamborough Head en 1779 entre dos buques de guerra, el *USS Bonhomme Richard* y el *HMS Serapis*, durante la Guerra de Independencia estadounidense, batalla que marcó históricamente un punto culminante del conflicto entre Inglaterra y sus colonias norteamericanas. No obstante, esta otra narración difiere marcadamente del episodio del Álamo, ya que identifica al enemigo como protagonista en la historia, elogiando incluso el valor del capitán inglés, e incorporándolo como sujeto en el episodio. En contraste, la narración sobre el Álamo condena las fuerzas enemigas a una colectividad abismal (extrañamente semejante a los «red marauders» en la escena de la violación del yo). Aparte de una referencia a su gran número, los soldados mexicanos nunca se mencionan como contrincantes de batalla. Paradójicamente, el pasaje es enmarcado como una no-narración: «I tell not the fall of the Alamo» (Ibídem: 28), declara el hablante. Al parecer, el narrador anuncia así que lo que sigue no se va a enunciar como su propia narración. Pero lo siguiente es, sin duda, una verdadera *historia* (en el sentido aristotélico de «fábula») y, de nuevo, es marcadamente distinto a cualquier otra sección del poema. «Here now the tale of a Jetblack sunrise», comienza el hablante, por segunda ocasión. De hecho, en las revisiones de este episodio en las versiones posteriores de *Hojas de hierba*, Whitman subraya cada vez con más énfasis el marco *narrativo* de la historia. En la edición de 1867, la introducción se reescribe de esta manera: «Now I tell what I knew in Texas in my early youth». La nueva versión añade la referencia narrativa, «Tis the tale of [...]», subrayando su carácter como relato. En todas las versiones, la narración cuenta, por supuesto, la batalla del Álamo tal como ésta ha sido contada demasiadas veces, a pesar de las dudas históricas planteadas recientemente con la publicación del diario de Enrique de la Peña (*With Santa Anna in Texas: A Personal Narrative of the Revolution*), testimonio directo que sugiere que Davy Crocket no murió en el campo de batalla, sino que se entregó a Santa Anna. El testimonio de De la Peña pone en duda la sustancia patriótica de la leyenda desde el punto de vista histórico tejano y estadounidense. Las controversias historiográficas sobre el Álamo son demasiado largas y complejas como para tratarlas adecuadamente en este estudio, aunque podríamos citar la paciente y matizada discusión que hace Rolando Romero en «The Alamo, Slavery, and the Politics of Memory» (2002). Entre otras cosas, Romero discute las políticas de oposición en la leyenda del Álamo, como, por ejemplo, la dificultad historiográfica de representar la batalla simplemente como lucha entre norteamericanos y mexicanos, ya que había mexicanos en amboo lados de la contienda. Los esfuerzos posteriores para re-narrar la batalla desde una perspectiva cultural chicana también presentan problemas de clase y raza, que añaden más complejidad a la leyenda y a la historia de su apropiación.

Sin embargo, nuestro enfoque aquí se limita a la manera particular en que la leyenda es utilizada dentro de la narrativa de «Canto a mí mismo». De nuevo, insistimos en que la historia del Álamo dentro del poema no es «redimible» o «justificable» en términos temáticos, pero al mismo tiempo se puede observar que el episodio atestigua —no por su contenido temático sino por su posición y función formal en el poema— una promesa democrática mucho más paradójica que la ofrecida anteriormente en el poema por la visión democrática celebratoria del hablante cuando éste se presentaba en su ambición por encarnar y utilizar las energías políticas. Al volver a contar la historia del Álamo, el hablante *cae* respecto a su anterior presentación, traicionando la posibilidad de su propia redención, o de su capacidad de cumplir con sus propias promesas políticas iniciales, de esta manera sugiriendo un paralelo —en un nivel puramente formal, al violarse la poesía por la prosa narrativa— con la escena de su (auto-) violación. Así como el «yo» del hablante se había fragmentado al dar lugar a una alteridad no individual «dentro» de sí mismo, el episodio del Álamo también efectúa la incorporación paradójica en el poema de algo a lo que el mismo poema no es capaz de darle cabida.

Pero al mismo tiempo que Whitman «cae», o «falla», en su manera ideológico-patriótica de enmarcar los eventos del Álamo —o al tiempo que sus cadencias poéticas son violadas por la prosa narrativa que dichas cadencias sin embargo ya contienen en su posibilidad—, el poema testifica, en el nivel de su secuencia exclusivamente «formal», no el simple fracaso de la democracia, sino una apertura incluso más radical de ella: una democracia no gobernada o gobernable como/por una idea, igual como «Canto a mí mismo» no es gobernado/gobernable por la enunciación de una sola voz lírica individualizada o por una consistencia o intencionalidad estéticas. Paradójicamente, es precisamente porque el Álamo no «cabe» en el resto del poema —debido a la excepcionalidad narrativa del episodio en contraste con (inasimilable a) las cadencias poéticas abiertas del resto de la obra— que el episodio debe leerse como una figuración, en un nivel político, de algo que ninguna formulación estética o ideológica de la democracia, por más abiertamente que se definan dichas formulaciones, podría controlar o integrar. Pero la difícil inclusión-exclusión de la historia del Álamo en el poema también presenta la paradoja de una democracia que alberga dentro de sí misma lo que no es: la no-democracia. Y dicha incorporación paradójica es lo que hace posible que ella sea ingobernable, errante, abierta al futuro.

De la misma manera, la secuencia sobre el Álamo también representa —de nuevo, paradójicamente— la relación entre los Estados Unidos e Hispanoamérica en el siglo XIX como una relación cuyo destino tampoco puede ser asimilado o gobernado por una idea, venga de la mano de Whitman o de cualquier otro. Por consiguiente, en el no-encuentro violento y contradictorio entre sí mismo y los países hispanos del Sur, Whitman apunta mudamente —mudamente porque es en lo que el poema hace y no en lo que el hablante dice donde «habla» el Álamo en el texto— hacia una visión política que ni él ni nadie más podría concebir jamás, porque la visión se somete sin reservas a una alteridad que ya alberga secretamente pero sin poder contenerla o concebirla. Lo que sugiere el poema en este nivel paradójico es que uno no puede hablar por los otros y que uno no puede hablar como los otros; uno solo puede dejar que el lenguaje haga sus gestos, a su manera, hacia esta paradoja de la posibilidad del otro.

Bibliografía

ALEGRÍA, FERNANDO. *Walt Whitman en Hispanoamérica*. Mexico D.F.: Ediciones Studium, 1954.

BLOOM, HAROLD. *Poetry and Repression: Revisionism from Blake to Stevens*. New Haven, Conn.: Yale UP, 1976.

____. *Wallace Stevens: the Poems of Our Climate*. Ithaca: Cornell UP, 1977.

BORGES, JORGE LUIS. «El otro Whitman». *Discusión*. Buenos Aires: M. Gleizer, 1932.

GRUESZ, KIRSTEN SILVA. *Ambassadors of Culture: The Transamerican Origins of Latino Writing*. Princeton: Princeton University Press, 2002.

MARTÍ, JOSÉ. «El poeta Walt Whitman». *Literatura hispanoamericana: una antología*. Ed. DAVID WILLIAM FOSTER. New York: Garland Publishing, 1994 495-506.

NERUDA, PABLO. *Canto General*. Buenos Aires: Losada, 1975.

PAZ, OCTAVIO. *El arco y la lira* [1956]. México: Fondo de Cultura Económica, 1986.

____. *El laberinto de la soledad*. México: Cuadernos Americanos, 1950.

____. *Los hijos del limo*. Barcelona: Seix Barral, 1974.

PEÑA, JOSÉ ENRIQUE DE LA. *With Santa Anna in Texas: A Personal Narrative of the Revolution*. Traducido y editado por Carmen Perry. College Station: Texas A&M Press, 1997.

RAAB, JOSEF. «El gran viejo: Walt Whitman in Latin America». 3.2 (June 2001) <http://

clcwebjournal.lib.purdue.edu/clcweb01-2/raab01.html>

ROMERO, ROLANDO. «The Alamo, Slavery and the Politics of Memory». *Decolonial Voices: Chicana and Chicano Cultural Studies in the 21st Century.* Eds. Arturo J. Aldama y Naomi H. Quiñónez. Bloomington: Indiana University Press, 2002.

SANTÍ, ENRICO MARIO. «The Accidental Tourist: Walt Whitman in Latin America». *Do the Americas Have a Common Literature?* Ed. Gustavo Pérez Firmat. Durham: Duke University Press, 1990.

SOMMER, DORIS. *Proceed with Caution, When Engaged by Minority Writing in the Americas.* Cambridge, MA: Harvard University Press, 1999.

VASSEUR, ÁLVARO ARMANDO. *Walt Whitman. Poemas.* 1912. Montevideo: Claudio García Cía., 1939.

WHITMAN, WALT. *Leaves of Grass.* [Facsímil de la primera edición]. Ed. David S. Reynolds. Oxford: Oxford University Press, 2005.

Del cuerpo eléctrico a los oscuros circuitos del deseo: Literatura queer transnacional de las Américas

Agnieska Soltysik

Este ensayo pretende ser una invitación a reflexionar acerca de la historia no escrita de la literatura *queer* panamericana. La cadena de conexiones que me propongo trazar representa solo uno de los muchos circuitos de influencia dispersos, como una gran red transnacional, en todo el continente americano. Muchos más esperan en la oscuridad la corriente eléctrica de la docta curiosidad. Para empezar, planteo algunas cuestiones metodológicas implícitas en la noción de la genealogía literaria *queer*; luego investigo las complicidades literarias entre varios escritores, empezando por Walt Whitman, introducido en la América hispanohablante por el escritor cubano José Martí. A pesar de que Whitman es más conocido como el locuaz profeta de la fraternidad democrática panamericana, esta imagen mítica está inextricablemente vinculada no solo a su celebración del «cuerpo eléctrico», sino también, más específicamente, a su política *queer* del «amor de los camaradas». De este modo, para varias generaciones de poetas latinoamericanos y norteamericanos, Whitman ha sido un pionero del erotismo literario *queer*. La genealogía literaria que esbozaré, desde Whitman hasta el presente, zigzaguea a través del continente e incluye a Hart Crane, Pablo Neruda, Federico García Lorca, Xavier Villaurrutia, Allen Ginsberg y Adrienne Rich.

En primer lugar, me gustaría explicar brevemente la elección del término *queer*, en vez del de *homosexual*, más neutro, o *gay* y *lesbiana*, más familiares. Estoy consciente del hecho de que esta palabra puede parecer una exportación angloamericana de moda, que podría conducir a interpretaciones erróneas de las circunstancias específicas del género y la sexualidad en América Latina, cuyas culturas nacionales y regionales son tan variadas. Sin embargo, como el propio término *América Latina*, *queer* serviría precisamente *por* su carácter extranjero: su distancia y su capacidad pueden contribuir a su utilidad. Recordemos que el concepto de una «América Latina» surgió de los fallidos proyectos franceses en México, pero el término se popularizó porque supone un sustrato cultural común entre las culturas lingüísticas derivadas del «latín» e identifica a un bloque que contrarresta con la América del Norte de habla inglesa. Del mismo modo, la palabra *queer* se ha convertido en el término que mejor abarca los significados de la voz médica *homosexual* y del

151

monolítico «*gay*» y «lesbiana».[1] En vez de especificar una identidad estable o una categoría, *queer* funciona más como un término relativo que se opone a lo que Adrienne Rich llamaba la «heterosexualidad obligatoria», o a lo que también se conoce con el nombre de «hetero-normatividad», o sea, la ideología y las prácticas sociales que imponen la heterosexualidad como norma establecida. *Queer* no intenta describir una categoría de personas, sino que hace referencia a actividades, comportamientos y textos que desafían la suposición de que la heterosexualidad, la reproducción y el matrimonio son las únicas ocasiones legítimas en las que puede tener lugar la sexualidad.

Tal y como afirma Amy Kaminsky en «The Queering of Latin American Studies», «las sexualidades *gay* y lesbiana son dos formas de la condición de *queer*, pero hay otras» (Kaminsky, 2001: 209). El uso del plural *sexualidades* remite en esta oración al proyecto básico de los estudios *queer*, tal y como surge a partir de los estudios *gay* y lésbicos (*Gay and Lesbian Studies*) para cuestionar la supuesta coherencia ontológica y la definición monolítica de la homosexualidad y de la heterosexualidad. Si los estudios *gay* y lésbicos trataban de demostrar que las voces homosexuales existían, los estudios *queer*, por su parte, analizan cómo están constituidas, producidas y representadas estas voces. Aquí la cuestión de si se puede verificar biográficamente la homosexualidad de los escritores es menos importante que la de cómo ellos inscriben el deseo y la sensibilidad no-hetero-normativa en su escritura. Así, mientras que los estudios *gay* y lésbicos prestaban especial atención a la voz homosexual que hablaba sobre temas homosexuales, los *queers* han afinado su oído para escuchar los silencios, las dudas, los recursos estilísticos, las alusiones sutiles y las figuras que caracterizan la naturaleza, a menudo muy codificada, de la escritura *queer*.[2]

---

1. Para una presentación de las políticas y las prácticas actuales en América Latina con respecto al uso de estos términos, véase la introducción de Lillian Manzor-Coats a *Latin American Writers on Gay and Lesbian Themes: A Bio-Critical Sourcebook* (1994).
2. Es importante recordar que la homosexualidad emergió a finales del siglo XIX como una categoría cargada de fuertes estigmas, que ofrecía una peligrosa forma de identificación y visibilidad, con connotaciones de criminalidad y de enfermedades mentales. Como resultado, los textos *queer* a menudo tratan los temas *queer* solo mediante formas indirectas, alusiones e, incluso, catacresis. Los estudios críticos que se centran en la naturaleza codificada de la escritura *queer* incluyen *Hart Crane and the Homosexual Text*, de Thomas Yingling, *Closet Writing/Gay Reading*, de James Creech; «Outing Silence as Code», de José Quiroga; y *Epistemología del armario*, de Eve Kosofsky.

Además, al seguir planteando la identidad sexual y de género como temas de investigación, en lugar de considerarlos como hechos conocidos, la teoría *queer* inaugura un espacio teórico dispuesto a interrogar el contacto intercultural y el intercambio literario que, a su vez, facilitan el traspaso crítico de fronteras. La primera frontera que estos estudios cruzan sin ninguna reticencia es la de las literaturas nacionales. Con ello no significa que ignoren o subestimen las diferencias culturales. Por el contrario, los investigadores prestan particular atención a la manera en que el género y la sexualidad se conceptualizan en diferentes contextos culturales. También están en consonancia con la manera en que clase social, raza, región y una multitud de factores culturales *dentro* de cualquier situación sociohistórica modulan los discursos sobre el sexo y los paradigmas de género.

Superficialmente podría parecer, por ejemplo, que el surrealismo nocturno y mórbido de Villaurrutia no posee ningún punto en común con los expansivos y vigorosos panegíricos de Whitman sobre América. Sin embargo, una lectura de ambos a través del oscuro erotismo de Neruda y de García Lorca revela vibrantes hilos de continuidad. De acuerdo con los paradigmas convencionales de la cultura y la tradición literarias, el hecho de que Lorca sea español podría suponer asimismo un problema para la elaboración de esta genealogía. No obstante, precisamente este tipo de modelos cerrados de la historia literaria, arraigado en modelos nacionalistas del patrimonio literario y al servicio de intereses nacionales más que literarios o humanos, deben ser reexaminados.

Durante las últimas décadas, el estudio de la influencia literaria ha estado, singularmente, demasiado influido por un modelo determinado: el de Harold Bloom. En *La angustia de la influencia* (*The Anxiety of Influence*, 1973) y *Un mapa de malas lecturas* (*A Map of Misreading*, 1975), Bloom desarrolló una teoría de la influencia literaria basada, de cierta manera, en el concepto freudiano del complejo de Edipo, e imaginó la relación entre escritores como una lucha de poder entre padres e hijos literarios. Dado el tropo filial que lo sustenta, este modelo puede aplicarse solo a los escritores más canónicos dentro de una misma tradición nacional. El impacto del argumento de Bloom es aún más sorprendente si se considera que su teoría no es acerca de la «influencia» en un sentido ordinario o familiar: «Por "influencia poética" no me refiero a la transmisión de ideas e imágenes de poetas anteriores a los más recientes. Esto es sin duda "algo que ocurre" [...y es] para los cazadores de fuentes y biógrafos, y [tiene] poco que ver con mi preocupación» (Bloom, 1973: 17. Traducción mía).

Lo que quiere decir Bloom por «influencia» (definida como «el estudio del ciclo de la vida del poeta como poeta») es menos claro que lo que su teoría de la influencia logra *hacer*, a saber, atraer la atención hacia un grupo muy exclusivo de poetas angloamericanos en el preciso momento en que este canon estaba siendo desafiado por el feminismo, los estudios afroamericanos y una naciente teoría poscolonial.

En resumen, el modelo de este académico presenta todas las características de una violenta reacción contra las transformaciones radicales que los estudios literarios estaban empezando a experimentar en las universidades estadounidenses a principios de los años setenta. Mientras tanto, cada una de estas nuevas disciplinas desarrollaba otras maneras de pensar la historia literaria y los tipos de influencia específicos entre escritoras, escritores marcados por su origen racial y escritores poscoloniales, así como sus diferentes condiciones de producción y recepción literarias. La mayoría de estos escritores ha estado muy consciente de su estatus marginal, incluso de oposición, con respecto al canon de los escritores blancos. Como resultado, las nociones de «escribir en respuesta» (*write back*, contestar), responder (*speak back*), revisar, significar y otras formas de protesta o de apropiación irónica, han pasado a formar parte del vocabulario de la historia literaria.

Ni el modelo de Bloom de paternidad literaria ni los modelos alternativos de los márgenes reaccionando contra el centro son apropiados para la literatura *queer*. Muchos escritores *queer* ocupan incluso la posición del centro cultural, pero a la sombra, por así decirlo. Son conocidos y leídos en tanto poetas nacionales, pero una dimensión vital de sus obras permanece invisible o discretamente ignorada. En cuanto al modelo de Bloom, a primera vista podría parecer afín a la posición generativa que Whitman ocupa en la genealogía *queer*, pero una mirada más atenta sugiere que la paternidad no es una manera útil de figurar la posición de Whitman con respecto a los poetas que entablan relación con él. Entre otras cosas, pocos de los escritores posteriores tienen rasgos estilísticos en común con Whitman. La mayoría de los poetas de esta genealogía dialoga con él, en vez de imitar su técnica poética (con las notables excepciones de Pablo Neruda y Allen Ginsberg). Más que un innovador literario, Whitman representa para sus sucesores un conjunto de varias ideas interrelacionadas: una América espiritual y democrática, el poeta como un visionario social y un hombre que ama a otros hombres.

Cuando se le considera como un maestro, su enseñanza consiste más en «coraje» o «ser americano» que en técnicas o temas poéticos. Ginsberg, por ejemplo, lo llama «profesor valeroso, mayor y solitario» (Ginsberg, 1984), una imagen que tiene algún sentido en la historia literaria hetero-normativa, pero mucho más en la *queer*, en la cual el solo hecho de escribir acerca de la condición *queer* era peligroso.

Otra gran diferencia entre las tradiciones literarias convencionales y la que propongo reside en el hecho de que esta se halla a horcajadas entre el inglés y el español (y, potencialmente, otras lenguas). Esto también requiere nuevas maneras de pensar en y de articular los contactos literarios. El compromiso de un escritor con el trabajo de otro a veces puede no ser visible inmediatamente en su propia obra, pero puede ser rastreado en la traducción o crítica del escritor extranjero. Estas formas de influencia deben explicarse, ya que podrían revelar ciertas preocupaciones e inquietudes de los escritores que pasarían inadvertidas dentro de marcos monolingüísticos o nacionalistas.

El tercer punto de mi genealogía, que está relacionado con este tema y que la distingue de la historia literaria tradicional, es la manera en que el viaje y el paso literal de fronteras ocupan un espacio central. Para decirlo muy simplemente, los escritores *queer* suelen emprender viajes consecuentes, viven en el extranjero durante largos períodos de tiempo, y quedan profundamente marcados por estos viajes. Por supuesto, muchos escritores han viajado y han vivido en el extranjero, incluyendo autores célebres como Henry James, Gertrude Stein, T.S. Eliot, Langston Hughes y toda una generación de modernistas estadounidenses. Los latinoamericanos se han mostrado incluso más inquietos, así como más vulnerables al exilio político. Aún así, los *queers* son una mayoría en este grupo de trotamundos literarios, para los cuales viajar a otro país se ha traducido a menudo en libertad de vivir, escribir y publicar, lo que les era imposible en sus lugares de origen.

Por ejemplo, García Lorca no solo viajó a América cuando era joven, sino que se convirtió en el icónico escritor *queer* que le ha dado la fama solo después de su larga e influyente estadía en Nueva York y Cuba. Con esto no quiero decir que no fuera ya *queer* cuando estaba en España, sino que su viaje a las Américas sirvió de catalizador de su forma de pensar y escribir sobre ello. Parte de esto puede deberse, simplemente, a la mayor libertad sexual que cualquier viajero experimenta lejos de los inquisitivos ojos que le juzgan en su ciudad y país natales; y esto es especialmente cierto para los viajeros *queer*. No obstante, las consecuencias legales y políticas reales de la homosexualidad deben incluirse en este apartado, así como la tendencia a imaginar verdes prados eróticos de libertad sexual al otro lado de la frontera. Por ejemplo, Lorca era más conocido como *queer* en América Latina que en España, porque sus textos clave, que trataban de lo que él llamaba el «amor oscuro», nunca se publicaron en España durante su vida (o la de Franco). Inicialmente, la «Oda a Walt Whitman» se publicó en una edición limitada en la Ciudad de México y nunca en su versión completa en las ediciones españolas de *Poeta en Nueva York*. De manera más dramática, la familia de Lorca ocultó los «Sonetos del amor oscuro» hasta 1983 (!), cuando un editor recibió anónimamente una versión de ellos, lo que forzó a la familia Lorca a admitir que poseían el manuscrito original. La versión expurgada que entonces se publicó en España contenía alteraciones, con el fin de confundir los marcadores de género del amante al que los poemas estaban dirigidos (Cf. Garlinger, 2002: 709-730). Este tipo de circunstancias es habitual en la historia literaria *queer*, y subraya la importancia de considerar las condiciones materiales de la vida de un texto impreso, así como sus cualidades literarias.

En el mundo académico estadounidense, la obra chicana y lesbiana de Gloria Anzaldúa y Cherríe Moraga constituyó una vanguardia importante en la interrogación crítica acerca de los vínculos entre los límites nacionales y la hetero-normatividad. La colección de ensayos *Este puente llamado mi espalda* (*This Bridge Called Back*, 1981) conectó al feminismo y a los estudios étnicos, mientras que *La Frontera/Borderlands* (1987), de Anzaldúa, un texto híbrido que combina análisis crítico, poesía y autobiografía en inglés y español, fue un texto fundador para el nuevo campo de los estudios fronterizos (*Border Studies*), que sirvió para acuñar el término «conciencia de frontera» («*border consciousness*»), e instó a los (norte)americanistas a empezar a pensar acerca de la hibridrez cultural y el mestizaje como tema central de la experiencia americana. Ambas son escritoras y críticas abiertamente *queer*, que interrogan las intersecciones de sus herencias culturales desde una posición de sujeto que combina el feminismo y una forma marcadamente chicana de conciencia *queer*.

Me gustaría mencionar a un teórico de la identidad transnacional y del entremedio («*in-between-ness*»), el escritor polaco-argentino Witold Gombrowicz. Gombrowicz llegó a Argentina en 1939 para una estancia corta, pero debido a la invasión de Hitler a Polonia se vio obligado a permanecer en el país. Nuestro interés en él se basa no tanto en el hecho de que es un escritor y un filósofo de lo trasatlántico y lo transnacional, como en el hecho de que sus interrogaciones sobre las categorías nacionales se originaron tanto de su condición de *queer* como de exilado. En su novela satírica y semiautobiográfica *Trans-Atlantyk* (1953), Gombrowicz presenta el conflicto del narrador del libro como el problema de elegir entre los valores de su Patria (patriotismo y patriarcado) y aquellos de su amigo argentino, Gonzales (al que el narrador llama «Puto»). Los valores que Gonzales identifica como «La tierra del hijo», en un gesto retórico de oposición binaria a la Patria, son descritos en términos de progreso, libertad personal, evasión de las viejas formas y liberación de los hijos de las prisiones del padre, donde están condenados a repetir todo lo que sus progenitores han hecho. Inicialmente, el narrador está horrorizado con la idea de traicionar al «Padre» y a la «Patria», tan importantes para su identidad de polaco, y Gonzales lo desafía con la idea que luego se convertirá en el motor de todo el desarrollo filosófico de Gombrowicz: «¿Para qué quieres ser polaco?». El hecho de que esta noción iconoclasta de identidad nacional entendida como algo que tiene que ser cuestionado, e incluso descartado, se deba al único personaje abiertamente *queer* de la obra de Gombrowicz, nos conduce al centro de este proyecto genealógico. La línea que seguimos en la siguiente sección concierne al hecho de que la condición de *queer* no solo ha convertido a todos estos escritores en viajeros, en personajes que atraviesan las fronteras o en exilados internos, sino que también los ha transformado en poetas que complican sus identidades y literaturas nacionales de manera innovadora e impredecible. Para citar a Whitman, no solo abren nuevas puertas, sino que quitan «las puertas mismas de sus quicios» («unscrew the doors themselves from their jambs!». Whitman, 1980: 24).[3]

¿Eres mi ángel?

Por muchas razones, Whitman encabeza esta genealogía. En primer lugar, es difícil pensar en otro escritor estadounidense que haya tenido un impacto parecido en escritores y pensadores de América del Sur y del Norte. Gracias a los esfuerzos de José Martí, fue introducido en la América hispanohablante como el profeta norteamericano de la democracia transcontinental. En un artículo publicado en el periódico argentino *La Nación*, Martí alabó *Hojas*

---

3. Las traducciones al español han sido tomadas de la versión hecha por Jorge Luis Borges. Cf. http://seriealfa.com/varia/varia1/whitman.htm.

de hierba, lo parafraseó y subrayó su compromiso hacia la cultura de la clase trabajadora y la democracia social. Martí interpreta las referencias de Whitman al amor entre compañeros como simple afecto entre amigos. Todo esto, junto con el hecho de que Whitman era poco leído en inglés, e incluso en la traducción española, al contrario de lo que pasaba con las versiones alemana, francesa e italiana, contribuyó a disimular los aspectos *queer* de la poesía de Whitman en América Latina.[4] Pero también en el Norte los significados *queer* de Whitman eran a menudo eliminados. Mientras los lectores y escritores *queer* reconocían y acogían a Whitman como uno de los suyos, enviándole cartas, historias y poemas propios, la mayoría de los lectores simplemente ignoraba la sexualidad poco ortodoxa de *Hojas de hierba*.[5]

Hojas de hierba se publicó por primera vez en 1855 y en su cubierta se podía ver la desenfadada y ambigua foto del anónimo autor. La obra se revisó y expandió a través de nueve ediciones hasta 1892. La imagen representada en este libro es más importante que la vida: un semidiós poético que todo lo ve, que comprende a todos los seres y une los elementos más dispares de la vida americana con sus propias conjugaciones épicas. Llevando la convención autobiográfica estadounidense de la «vida ejemplar» hasta alcanzar proporciones míticas, Whitman se presenta a sí mismo como un modelo de libertad personal e igualdad absoluta. Libertad e igualdad deben ser leídas a varios niveles, entre los cuales se encuentra claramente el nivel sexual:

> *I sing the body electric:*
> *The armies of those I love engirth me, and I engirth them;*
> *They will not let me off till I go with them, respond to them,*
> *And discorrupt them, and charge them full with the charge of the Soul.*[6]

---

4. Para la complicada recepción lingüística de Whitman en América Latina, véase «The Accidental Tourist: Walt Whitman in Latin America», de Enrico Mario Santí, en *Do the Americas Have a Common Literature?*

5. *The Homosexual Tradition on American Poetry*, de Robert K. Martin, estudia la recepción de Whitman por parte de los lectores y escritores estadounidenses de finales del siglo XIX, así como de poetas contemporáneos como James Merril y Alfred Corn.

6. «Yo canto al cuerpo eléctrico, / Me abrazan los ejércitos de quienes amo y yo los abrazo, / No han de soltarme hasta que yo vaya con ellos, hasta que les responda, / Hasta que yo los purifique y los colme con la carga de mi alma». («I Sing the Body Electric», en «Children of Adam», *Leaves of Grass*).

El «cuerpo eléctrico» es un cuerpo sexual, deseado, deseoso y receptivo. El poeta no solo se presenta a sí mismo como un profeta sexual, buscado por «ejércitos» de amantes, sino que llama al sexo «descorrupción», invirtiendo la noción victoriana convencional del sexo como algo sucio y corrupto. El potencial *queer* del sexo al que alude se introduce mediante la simetría de los abrazos dados y recibidos entre Whitman y sus amantes (que sugiere una similitud anatómica), aunque lo que importa no es hacer hincapié en el sexo de los enamorados (que no se especifica), sino restarle énfasis, lo que es en sí un gesto *queer*.

A pesar de que las referencias a la afecciones pansexuales de Whitman impregnan todo el texto de *Hojas de hierba*, es en la sección «Cálamo» donde el autor se consagra exclusivamente a celebrar la «vida escondida» del «cariño viril» y revela su importancia y belleza. Posiblemente la parte más compleja, meditativa y tenue de *Hojas de hierba*, en ella se pueden discernir los rasgos generales, aunque parezca anacrónico, de lo que Eve Sedgwick ha analizado agudamente como «la epistemología del armario», o la dinámica y dilemas que conlleva la ocultación de la homosexualidad. Por consiguiente, los poemas de «Cálamo» pueden cartografiarse según los ejes clave del armario *gay*: público *vs.* privado, vida diurna *vs.* vida nocturna, apariencias externas *vs.* verdades ocultas. En cada caso, el poeta sitúa la verdad y la autenticidad en la vida privada y oculta, la vida de la noche y los amantes. Por ejemplo, denomina a su ser público y profesional «esta sombra, a mí semejante» («that shadow my likeness»), mientras que, «en medio de [sus] amantes», no duda «jamás» de su «yo» íntimo («I never doubt whether that is really me»).[7] Es significativo que el «yo» que escribe-canta estas canciones (el poema que estamos leyendo) se clasifique con los amantes en la esfera privada e íntima, y no en la esfera pública. Esto sugiere que los actos de amar y de escribir sobre ello están relacionados, iniciando así un tema clave de la literatura *queer*, para la cual el texto es, a menudo, un lugar de autocreación *queer* más que una simple expresión de sí mismo.

La voz intimista y a veces indecisa del Whitman de los poemas de «Cálamo» es mucho menos familiar para la mayor parte de los lectores que el bardo épico del resto del libro. Sin embargo, este último Whitman, el influyente poeta de una América nueva, democrática y socialmente justa, tan impor-

---

7. «Esta sombra, a mí semejante, vagando de un lado a otro, / intentando subsistir, locuaz, fisgoneando, / ¡Cuántas veces yo mismo me veo, de pie, mirándola deslizarse! / ¡Cuántas veces me pregunto y dudo si ella es realmente mi imagen! / Pero, en medio de mis amantes y gorjeando estos cantos, / ¡Oh! Jamás dudo si ella es realmente yo».

tante para los escritores sudamericanos de la primera mitad del siglo, está arraigado en la otra persona: la del dulce revolucionario sexual. Y «Cálamo» es la clave de la revolución que Whitman previó, sobre lo cual los estudios de Whitman hacen hincapié desde hace poco.[8] En una carta escrita en 1876, Whitman insistía en que

> por más importante que sean para mi propósito en tanto expresiones emocionales para la humanidad, el significado especial del grupo *Cálamo* de *Hojas de Hierba* [...] reside principalmente en su significación política. En mi opinión, es a través del desarrollo ferviente y aceptado de la camaradería, la hermosa y sana afección del hombre por el hombre, latente en todos los jóvenes, Norte y Sur, Este y Oeste; es a través de esto, digo, y a través de lo que lo acompaña directa e indirectamente, que los Estados Unidos del futuro (no puedo repetirlo lo suficiente) se soldarán más efectivamente, intercalados, templados en una Unión Viviente.[9] [Traducción mía]

Aquí Whitman identifica el sentido de lo que está en juego en los muy personales poemas de «Cálamo» como algo esencialmente político. Es importante reconocer en este pasaje, como en su poesía, que las ideas de Whitman sobre el amor entre hombres no se pueden catalogar simplemente bajo la rúbrica de *homosexual*. Ellas preceden a este término y a la postulación de una clase específica de personas definidas por su interés sexual en personas del mismo sexo. En cambio, Whitman no se interesa por identificar a una minoría sexual, sino por ampliar el registro y la conciencia sexual y afectiva de todos. Él proyecta «el amor de los camaradas» hacia la totalidad de la población de una América futura y utópica, como condición

---

8. Entre los estudios críticos más destacados sobre la condición *queer* de Whitman y sus interpretaciones culturales, se encuentran *The Homosexual Tradition in American Poetry* (1979) y *The Continuing Presence of Walt Whitman: The Life alter the Life* (1992), de Robert K. Martin, y *Breaking Bounds: Whitman and American Cultural Studies* (1996), de Betsy Erkkila y Jay Grossman.

9. «important as they are in my purpose as emotional expressions for humanity, the special meaning of the *Calamus* cluster of LEAVES OF GRASS [...] mainly resides in its Political significance. In my opinion it is by a fervent, accepted development of Comradeship, the beautiful and sane affection of man for man, latent in all the young fellows, North and South, East and West—it is by this, I say, and by what goes directly and indirectly along with it, that the United States of the future, (I cannot too often repeat,) are to be most effectually welded together, intercalated, anneal'd into a Living Union» (Citado por Folson, 1996: 199-200).

previa para que se convierta en «una Unión Viva». En resumen, la visión de Whitman del potencial democrático de los Estados Unidos es inseparable de su profundo compromiso con una revolución general de las costumbres sociales y amorosas.

La influencia de Whitman en América Latina no siguió inmediatamente a los esfuerzos de Martí, sino que llegó tras casi una generación, y como parte de un alejamiento del esteticismo y de la influencia literaria francesa (así como la de Poe), liderado por los jóvenes poetas que deseaban unir de nuevo la poesía con la especificidad geográfica y cultural de las Américas.[10] Pablo Neruda es uno de los mayores admiradores de Whitman, así como uno de sus más destacados imitadores.[11] Su *Canto general* (1950), considerado por muchos como su mejor obra, le debe mucho a Whitman en lo que se refiere a sus versos largos, las enumeraciones detalladas, las ambiciones épicas y la conexión entre el socialismo y la puesta en escena de la imagen poética como bardo americano. En la «Oda a Walt Whitman», Neruda le atribuye a él, más que una simple inspiración poética, el haberle enseñado cómo ser americano: «tú / me enseñaste / a ser Americano» (Neruda, 1999-2002: 428-429).

Mientras los críticos han destacado a menudo la influencia de Whitman en el Neruda de *Canto general* y *Residencia en la tierra* (1957), su importancia en la genealogía *queer* aquí esbozada es más sutil e indirecta. De hecho, he incluido a Neruda principalmente por un trabajo muy anterior, el ineludible e influyente *Veinte poemas de amor y una canción desesperada* (1924). En esta obra, Neruda adopta una imagen muy distinta a la de sus epopeyas latinoamericanas posteriores. Como la voz poética de «Cálamo», el poeta de los *Veinte poemas...* es un amante. Aunque la voz de los poemas sea la de un hombre que ama a una mujer, el amor que describen está extrañamente atormentado por un sentimiento de imposibilidad. El mundo del texto es onírico, dolorosamente frágil y totalmente literario y metafórico. La misma poesía se figura a menudo con los mismos términos que el amor efímero del poeta, y ambos están obsesionados con la muerte. Las palabras *muerte*, *noche*, *crepúsculo* y *sueño* aparecen con frecuencia. El poeta-enamorado está atormentado por la ausencia del otro, una ausencia que, no obstante,

---

10. Para una explicación detallada acerca del contexto cultural de la recepción de Whitman, véanse las «Notes on Whitman in Spanish America», de John E. Englekirk.
11. Para obtener más información sobre las similitudes entre ambos poetas, véase «Neruda and Whitman: Short-circuiting the Body Electric», de Djelal Kadir.

ensaya constantemente a lo largo del poema: «Me gustas cuando callas porque estás como ausente. / Distante y dolorosa como si hubieras muerto».

El último poema del libro, «Canción desesperada», conduce al inevitable término de un amor imposible, y define la voz poética, finalmente, como el «abandonado», el poeta del amor no correspondido. La destinataria del poema ha sido motivo de mucha especulación por parte de la crítica, especialmente en lo que se refiere a su profunda ambigüedad y sus múltiples facetas. Sin embargo, más que simplemente ambigua, la «amada» de los poemas no está esencialmente disponible, incluso durante sus relaciones sexuales o los momentos en que están juntos. Ella es la no-disponibilidad misma, lo que provoca la angustia constante del enamorado. *Veinte poemas de amor...* supuso un cambio de tonalidad de la poesía amorosa hispánica, conduciéndola hacia un registro más oscuro, más *queer*, más sensual y más surrealista, que anticipa la obra de Federico García Lorca y Xavier Villaurrutia.

Cabe subrayar que no estoy sugiriendo que Neruda fuera *gay* o que su poesía es *queer*, sino que estos poemas de amor, obsesionados por la muerte y la pérdida, aunque claramente heterosexuales, constituyen un vínculo en el circuito de interconexiones entre Whitman y otros poetas. Sería una lástima y un descuido omitir a Neruda en esta genealogía, aun cuando su pertenencia no sea inmediatamente evidente ni esté basada explícitamente en su identidad. Así como la voz expansiva y continental de Neruda en el *Canto general* puede comparase al personaje de Whitman en «Canción de mí mismo», así también la amante-interlocutora más íntima y melancólica de Neruda en *Veinte poemas...* se compara significativamente con el Whitman de «Cálamo». Entre las numerosas y llamativas correspondencias entre estos dos poemas, mencionemos el uso frecuente del vocativo «tú» para dirigirse al lector en tanto amante.

Lorca es una figura clave de la literatura *queer* panamericana porque para los poetas angloamericanos representa lo que Whitman para los poetas *queer* latinoamericanos: el icono literario *queer* más importante del otro lado de la frontera. La condición *queer* de Whitman fue ignorada por varias generaciones de críticos literarios estadounidenses, del mismo modo que se minimizó la de Lorca. Sin embargo, este último constituyó uno de los poetas homosexuales más abiertos de su generación y no es ningún secreto que su asesinato fue cometido tanto por su homosexualidad como por sus ideas republicanas.

El poeta granadino viajó a las Américas en 1929, tras un desengaño amoroso y la ruptura de su amistad con Salvador Dalí. Permaneció nueve meses en Nueva York y tres en La Habana. El libro que nació de esta experiencia es extraordinario, un retrato oscuro de Nueva York y del capitalismo urbano estadounidense y, a la vez, un *tour de force* del surrealismo lírico de Lorca. Se trata, además, del primer trabajo en el que escribe explícitamente sobre la homosexualidad, y se dirige a Whitman por su propio nombre en «Oda a Walt Whitman». Tal y como varios críticos han observado, esta oda es un poema profundamente ambivalente, que intenta disociar a Whitman de la cultura *queer* moderna y salvarlo de las apropiaciones de los afeminados *queer* urbanos, quienes lo señalan (y lo señalan como homosexual) gritando: «¡También ése!, ¡También!» (García Lorca, 1998: 158). Lo más interesante de esta imagen es que supone que los homosexuales urbanos han reconocido fácilmente a Whitman en tanto escritor *queer*. A Lorca esto le parece reprensible, pero indica que existían comunidades urbanas *gay* que se identificaban en tanto comunidades y buscaban conscientemente figuras históricas poderosas a quienes reclamar como precursores, como pasó con el movimiento de los años ochenta para hacer «salir» (*out*) a famosos hombres *gay*, con el fin de aumentar la visibilidad de una población que en ese momento era diezmada en relativo silencio por el sida.

Irónicamente, Lorca anticipa algo de la retórica de la era del sida, cuando describe a «los maricas» en términos de enfermedad, corrupción moral, veneno y muerte. El odio que el poema dirige sorprende por su violencia:

Por eso no levanto mi voz, viejo Walt Whitman,
contra el niño que escribe
nombre de niña en su almohada,
ni contra el muchacho que se viste de novia
en la oscuridad del ropero,
ni contra los solitarios de los casinos
que beben con asco el agua de la prostitución,
ni contra los hombres de mirada verde
que aman al hombre y queman sus labios en silencio.
Pero sí contra vosotros, maricas de las ciudades,
de carne tumefacta y pensamiento inmundo,
madres de lodo, arpías, enemigos sin sueño
del Amor que reparte coronas de alegría.

Contra vosotros siempre, que dais a los muchachos
gotas de sucia muerte con amargo veneno.

Contra vosotros siempre,
Faeries de Norteamérica,
Pájaros de La Habana,
Jotos de Méjico,
Sarasas de Cádiz,
Apios de Sevilla,
Cancos de Madrid,
Floras de Alicante,
Adelaidas de Portugal.

¡Maricas de todo el mundo, asesinos de palomas!
Esclavos de la mujer, perras de sus tocadores,
abiertos en las plazas con fiebre de abanico
o emboscadas en yertos paisajes de cicuta.

¡No haya cuartel! La muerte
mana de vuestros ojos
y agrupa flores grises en la orilla del cieno.
[García Lorca, 1996: 565-566]

Lorca ya ha distinguido entre el «viejo Walt Whitman», anteriormente descrito como «macho» y «hermosura viril», de los *queers* afeminados de la ciudad moderna que tratan de reclamar a Whitman como «uno de ellos». Aquí él extiende su amnistía a algunos perversos sexuales, tanto *queer* como heterosexuales, vinculados y exonerados por su silencio: el niño enamorado (¿culpable de qué?, ¿de deseo pre-matrimonial?), el travestí a escondidas, el solitario cliente de prostitutas, el silencioso y quizás también abstinente *gay*. No es necesario mencionar que aunque este poema se publicó en una reducida edición para una élite homófila, no es exactamente un manifiesto de orgullo *gay*. La condenación de los hombres de las ciudades que abiertamente se declaran *queer* está dirigida, en parte, contra su carnalidad y, en parte, contra su carácter afeminado. Otras lecturas más benévolas del poema sugieren que Lorca se refería a que los hombres afeminados reproducen papeles sexuales desiguales al asumir los papeles de sumisión y pasividad atribuidos a las mujeres. Una lectura menos condescendiente podría dejar entrever que el propio poeta reproduce una visión misógina de los afeminados, atribuyendo el origen de su depravación precisamente al hecho de serlo. John K. Walsh comenta que la ambivalencia del poema se debe a que la actitud de Lorca ante su propio deseo por los hombres cambió durante sus estancias en Nueva York y La Habana, en donde, según Walsh, finalmente aceptó y admitió «que sus propensiones eran permanentes» (Walsh, 1995: 258). Tales han sido las especulaciones que tratan de explicar la ambivalencia de este provocativo poema.

Sin embargo, de lo que no cabe duda es de que, de manera paradójica, con el acto de insultar a «los maricas de todo el mundo», Lorca también los incluye, retóricamente, en la existencia y la visibilidad literarias. La lista de términos infamatorios y de jerga, tales como *mariquitas, jotos, floras* y otros más, ponen de relieve la existencia de un cosmopolitismo *queer* global que saca de las sombras a una cultura *queer* plena, urbana y transnacional. La frase «maricas de todo el mundo» recuerda, incluso, a Marx, «trabajadores del mundo», e implica la idea de un potencial revolucionario, aunque no queda claro si este significado es intencional, y aún menos, si fuera considerado positivo en caso de serlo. Finalmente, lo que dio a este poema su estatus de texto de culto y *underground*, fundador de la identidad *queer* colectiva, es el hecho de que, inicialmente, fuera impreso en México con una ilustración de dos jóvenes desnudos en la cubierta. El dibujo es sutil, aunque marcadamente homoerótico y, para los lectores contemporáneos, desplaza el ambivalente poema de Lorca hacia el bando *pro-queer*.[12] Sin embargo, el hecho de que los dos jóvenes estén dibujados sin cabeza es signo de la problemática que en ese momento de la historia constituía imaginar un rostro y una identidad pública unida a un cuerpo *queer*.

Enmarcar la «Oda a Walt Whitman» en su contexto histórico es la mejor manera de entender sus gestos conflictivos de afiliación y exclusión. Desde que el término médico y legal de «homosexual», dio paso al concepto de *queerness* o condición de *queer* en la conciencia pública a fines del siglo XIX, los *queers* de las primeras décadas del siglo XX ya no pudieron refugiarse en las sombras de la ignorancia pública. La explicitud que Whitman pudo permitirse a mediados del siglo XIX, pasó a ser inconcebible después de que la medicina inventara la «homosexualidad» y esta fuera patologizada y criminalizada. Como lo señala Eve Sedgwick, la invención de la homosexualidad produjo una reorganización masiva de la cultura occidental según el eje homosexual/heterosexual (Sedgwick, 1990: 2-3). No solo se pensaba que la homosexualidad era legible a través de ciertos «signos», sino que estos signos ya incluían, en los años veinte, enfermedades, criminalidad y toda una

---

12. Para una explicación más completa de ésta y otras ediciones anteriores del poema, véase «A Logic in Lorca's *Ode to Walt Whitman*», de John K. Walsh.

gama de significados freudianos, incluyendo la inmadurez, el narcisismo, la promiscuidad y el engaño. Enviado desde las profundidades históricas del autodesprecio del *queer*, el poema de Lorca representa un intento contradictorio de imaginar una comunidad de gente *queer* aislada e inocente, pero el poema se tambalea bajo el peso de sus propias e imposibles circunvoluciones de inclusión y exclusión.

Pocos poetas estadounidenses han sufrido tanto las innumerables consecuencias de esta atmósfera histórica como Hart Crane. Al contrario de Whitman y Lorca, la obra de Crane ha sido, de hecho, discutida a menudo en términos de su homosexualidad, y es instructivo ver cómo la homofobia ha dictado las pautas para juzgar el trabajo de Crane como inmaduro, sentimental y fracasado. Estas palabras, tan habituales en la crítica a Crane, revelan mucho de la actitud de mediados de siglo con respecto a la homosexualidad, y poco acerca de sus escritos, a pesar de ser considerado un poeta brillante y sus poemas incluidos incluyen en la mayoría de las antologías de la literatura estadounidense.

Crane no fue tan solo un contemporáneo de Lorca, sino que se cree que estuvieron en contacto en Nueva York, aun cuando casi nada se conoce de este encuentro.[13] Lo cierto es que la experiencia de Crane en Nueva York (viniendo de una ciudad de provincia en Ohio) fue tan profunda y productiva como la de Lorca. Su trabajo más importante, *El puente* (*The Bridge*, 1930), es una epopeya inspirada directamente en la visión whitmaniana del estadounidense en *Hojas de hierba*. El poema de Crane toma los valores tecnológicos y metafóricos del puente de Brooklyn como símbolo de la cultura estadounidense, e intenta convertirlo en una especie de puente imaginario entre lo material y lo espiritual. Irónicamente, Crane solo pudo empezar esta epopeya poética sobre los Estados Unidos cuando estaba en Cuba, en lo que antes se conocía como la Isla de Pinos (actualmente la Isla de la Juventud).

Al igual que la de Lorca, la poesía de Crane se caracteriza por una estética surrealista, una yuxtaposición violenta, metáforas irracionales y un estilo opaco y densamente alusivo. Su poesía ha sido descifrada más que leída, y su significado se ha intuido más que comprendido. Así pues, *El puente* resulta un denso caleidoscopio de referencias históricas, físicas y míticas, entretejidas en una epopeya modernista sobre la modernidad. El principal

---

13. Para más información sobre este supuesto encuentro, véase «A Chronicle of a Poetic Non-Encounter in the Americas», de Carl Good.

objetivo de Crane al escribirlo era responder al pesimista *La tierra baldía* (*The Waste of Land,* 1915), de T.S. Eliot, con una visión menos sombría de la ciudad moderna, y la figura que Crane adopta como guía en este proyecto es Whitman. A pesar de que el espíritu de Whitman está presente en todo el texto, es en «Cape Hatteras» donde Crane lo llama por su nombre. Esta parte trata acerca de la invención del aeroplano de los hermanos Wright en la costa del Cabo Aterras, en Carolina del Norte, que Crane utiliza como metáfora para describir la capacidad humana de atravesar las fronteras y, en general, las aparentes barreras de lo imposible. Whitman aparece en este fragmento como un profeta del progreso y el desarrollo técnico, pero al mismo tiempo sirve para hacer más resonantes las connotaciones *queer* de la metáfora de Crane acerca del progreso como trasgresión. Las últimas estrofas del poema fusionan la imagen *queer* del poeta que estrecha las manos de un Whitman beatificado con la exaltación de la naturaleza divina del hombre:

> *Recorders ages hence, they shall hear*
> *In their own veins uncancelled thy sure tread*
> *And read thee by the aureole 'round thy head*
> *Of pasture-shine,* Panis Angelicus*!*
> yes, Walt,
> Afoot again, and onward without halt, –
> Not soon, nor suddenly, – no, never to let go
> My hand
> in yours,
> Walt Whitman –
> so –
> [Crane, 2000: 84][14]

La referencia al «*panis angelicus*», o «el Pan angélico / hecho pan de los hombres», escrita por Santo Tomás de Aquino, promueve la idea de Crane de fusionar el desarrollo tecnológico humano con el sentido espiritual. Tal y como Alan Trachtenberg explica, «Crane no estaba interesado, principalmente, en la visión social de Whitman, sino en su concepción de la poesía

---

14. «¡Los cronistas del futuro oirán, sí, / en sus propias venas liberadas, tu seguro paso /y te leerán, viendo la aureola alrededor de tu cabeza / refulgente de hierba, *Panis Angelicus!* / sí, Walt, / otra vez en el camino, hacia adelante, sin hacer un alto, – / ni pronto, ni repentinamente–, no, nunca soltaré / mi mano / de la tuya, / Walt Whitman —así—» (Costa Picazo, 2008: 87).

como el último paso hacia la restauración de la integridad del hombre» (Trachtenberg, 1965: 150). En otras palabras, el poeta completa el proyecto de la modernidad mediante la atribución de un sentido espiritual a los desarrollos materiales a través de la poesía y la cultura. La decisión de Crane de concluir este ambicioso apartado con la sugestiva imagen de dos hombres tomándose las manos nos recuerda la convicción de Whitman de que la realización de la promesa de América debe acompañarse de una revolución de las costumbres sociales y sexuales. Si América no quiere ser corrompida y destruida por su capitalismo cruel y despiadado, el progreso material tiene que ir acompañado de compromisos afectivos fuertes. Aunque a veces ambivalente, este fragmento es uno de las más positivos.

Una parte más conocida de *El puente* (ya que aparece a menudo en las antologías), aunque más oscura y estilísticamente más sorprendente, es la primera, el «Proemio». La ciudad que se evoca aquí es la de los edificios y los metros, el tráfico y el acero. Las únicas figuras o voces humanas son «el llanto del amante» («lover's cry»), el «rezo del paria» («prayer of [the] pariah») y un suicidio (Crane, 2000: 44). En conjunto, el paisaje urbano es agresivo, irregular y plagado de violencia y desesperación. Crane emprende la tarea de redimir esta modernidad urbana. No es extraño pensar que trabajó con este poema durante años, y que a menudo desesperaba por llegar a terminarlo.

Lo que más nos interesa de esta primera parte es la manera en que el narrador, que ha sido impersonal y omnisciente en los tres primeros cuartos del poema, aparece de repente como un «Yo» lírico con una posición y una perspectiva específicas: en las sombras debajo del puente, en un área por entonces conocida como lugar de encuentro de hombres homosexuales. En resumen, el narrador se identifica como una figura marginal y potencialmente *queer*: «Under thy shadow by the piers I waited; / Only in darkness is thy shadow clear» (Crane, 2000: 44).

La oscuridad define la situación del poeta-narrador. En ambos versos, la palabra *oscuridad* aparece una vez; y *sombra*, dos veces. Aunque la oscuridad oculta al narrador, éste puede, no obstante, ver a través de ella. La paradoja de la afirmación de que «solo en la oscuridad» la «sombra del puente es clara» es muestra de la presencia de otros significados que van más allá de la apariencia superficial de las cosas, un gesto paradigmático de la literatura *queer* que a menudo requiere la observación de sentidos más profundos y la separación entre los distintos matices del color negro. Las expectativas del poeta son inciertas: al estar esperando en un área de encuentros homosexuales, podría ser que estuviera esperando un contacto sexual. En la medida en que está esperando bajo un puente que Crane quiere convertir en un símbolo de América, también podría estar esperando que se cumpla la promesa de Whitman.[15]

Con la publicación de este libro, en 1930, Crane recibió el Premio Guggenheim, lo que le dio la oportunidad de viajar a Ciudad de México para trabajar en una segunda epopeya, un poema largo sobre la civilización azteca. Este proyecto refleja el profundo interés de Crane por la cultura mexicana, y todavía más el deseo whitmaniano de Crane de unir las diferencias culturales entre estos dos países vecinos a través de sus propios esfuerzos poéticos. Nunca lo terminó, ya que la soledad, el alcoholismo y la depresión lo estaban destruyendo. Su suicidio, mientras navegaba de México a los Estados Unidos, donde debía casarse con Peggy Crowley para «salvarse» de su homosexualidad, sugiere que los tres males de los que sufría estaban vinculados al estigma de ser homosexual en un momento de intensa homofobia. Crane se hallaba atormentado por la imposibilidad de reconciliar su condición de *queer* con la sociedad estadounidense de los años treinta. En una célebre carta, escribe «que mi lujuria sea mi ruina, ya que todo lo demás es falso y una burla» («let my lusts be my ruin, then, since all else is a fake and a mockery»), en referencia a «Cálamo» de Whitman, donde afirma que su vida nocturna con amantes masculinos es la verdad más personal, auténtica e intensa (Crane, 1965: 264). Sin embargo, durante los años que precedieron a su suicidio, el poeta quiso persuadirse de que el matrimonio con la ex mujer de su amigo Malcolm Crowley podría ofrecerle una existencia más estable y menos desolada. El hecho de que, en última instancia, prefiriera morir antes que encontrar esta «salvación» nos hace recordar que, históricamente, en un mundo homofóbico, el «amor oscuro» ha significado muy a menudo más oscuridad que amor.

Ya hemos mencionado que se puede considerar a literatura *queer* de mediados de siglo (es decir, entre 1930 y 1960) como abrumadoramente oscura. Claro, en un período que incluía el auge del fascismo a nivel inter-

---

15. Los *beats* continuarían con este tropo de la «espera» de América para completar sus propias promesas de forma más explícita y lúdica. Laurence Ferlinghetti escribió un poema titulado «I Am Waiting», que consiste en listas al estilo de Whitman de cosas que está esperando, entre ellos «for someone / top really discover America» y «for a new rebirth of wonder" (estribillo). Allen Ginsberg también interroga a su país en su poema «America»: «America when will you be angelic? // [...] // When will you be worthy of your million Trotskyites?».

nacional y la guerra mundial, también era bastante oscura la literatura no *queer*. Por eso es tan importante distinguir la veta específica de oscuridad que tanteaban los poetas *queer*. En primer lugar, la literatura *queer* estaba marcada por más de una clase de muerte. El suicidio de Crane, parecido al salto del loco de *El puente*, representa un tipo de muerte que obsesionó a los escritores y a la escritura *queer*. Otro tipo de muerte, menos trágica, era la figurativa y onírica, heredada del decadentismo, que le ofreció cierto grado de protección a la literatura *queer* en la medida en que ésta adoptó el manto de la morbosidad aportado por la cultura heterosexual (tal y como hemos visto reproducido en la obra de Lorca). Ningún escritor ilustra mejor este fenómeno que el mexicano Xavier Villaurrutia. Su libro más destacado, *Nostalgia de la muerte* (1938), está implacablemente centrado en la triple constelación formada por el sueño, la noche y la muerte, lo que convierte a este oscuro paisaje poético en un lugar de complejo significado, de increíble belleza y sorprendente libertad sexual.

Uno de los aspectos más interesantes de *Nostalgia de la muerte* es el empleo de los recursos retóricos relacionados con el viaje. Al igual que Lorca, Villaurrutia emprendió un importante viaje a los Estados Unidos, una experiencia plasmada en un libro que, de no ser por este viaje, contiene escasas referencias geográficas. De hecho, el propio título evoca la idea de un largo viaje, un exilio, ya que la palabra *nostalgia* hace entrever la añoranza del país natal. Además, hay un poema dedicado al poeta *queer* afroestadounidense Langston Hughes. Titulado «North Carolina Blues», ese poema trata sobre el racismo y las leyes de Jim Crow (y sobre cómo el sexo desvanece las fronteras raciales), y demuestra que el poeta, de hecho, ha viajado por todo el norte de los Estados Unidos (y no solo por las ciudades principales). El penúltimo poema, «Volver...», reafirma el concepto del viaje y evoca la compleja dialéctica entre el país de origen y el país de acogida, haciendo hincapié en cómo el viaje, imperceptiblemente, cambia (y deforma) el lugar de origen. El último poema está dirigido a la muerte, caracterizada a la vez por el amor y el lugar de origen en una compleja fusión poética.

El poema más comentado por la crítica, y que Paz califica como el más «sensual» de todo el libro, toma su título de la ciudad de Los Ángeles, «Nocturno de Los Ángeles». El poema, que se encuentra más o menos en la mitad del libro, no es tan morboso como los demás. La palabra *muerte* no aparece, al contrario de *noche* y *sueño*, y en sus versos se evoca un paisaje urbano agitado y nocturno que no difiere sustancialmente del de Lorca o Crane, aunque no es tan violento, sino más onírico e infinitamente más relajado con respecto a sus rasgos *queer*. El poema empieza con la escena de una calle por la noche, descrita como un río:

Se diría que las calles fluyen dulcemente en la noche.
Las luces no son tan vivas que logren desvelar el secreto,
el secreto que los hombres que van y vienen conocen,
porque todos están en el secreto
y nada se ganaría con partirlo en mil pedazos
si, por el contrario, es tan dulce guardarlo
y compartirlo solo con la persona elegida.
[Villaurrutia, 1993: 44]

Estos hombres no son simples *flaneurs*; están ligando (*cruising*). El secreto que todos comparten es el «deseo», explicado con detalle en la estrofa siguiente. La palabra *dulce* es una palabra que aparece raramente en el retrato de Lorca o de Crane de la ciudad moderna, lo que subraya, a pesar de las similitudes aparentes, el tono radicalmente diferente del poema de Villaurrutia. La calle de Los Ángeles de Villaurrutia, con hombres que se buscan unos a otros, no es tanto un terreno de caza como un abrevadero:

De pronto el río de la calle se puebla de sedientos seres,
caminan, se detienen, prosiguen.
Cambian miradas, atreven sonrisas,
forman imprevistas parejas...
[Villaurrutia, 1993: 44]

Los hombres se describen más como «sedientos» que hambrientos, y sus contactos no son predatorios, sino tímidos y cariñosos: se sonríen mutuamente y forman «imprevistas parejas».

El poema se vuelve aún más lúdico en las estrofas siguientes, donde los hombres parecen elevarse de manera invisible:

Pero una nueva pulsación, un nuevo latido
arroja al río de la calle nuevos sedientos seres.
Se cruzan, se entrecruzan y suben.
Vuelan a ras de tierra.
Nadan de pie, tan milagrosamente
que nadie se atrevería a decir que no caminan.

171

[Villaurrutia, 1993: 46]

El verso siguiente explica, como si fuera real, el misterio de este milagroso vuelo: «¡Son los ángeles!». La capacidad del hablante (*speaker*) de ver el vuelo que nadie más puede ver, crea un trasfondo sutil y particular de reconocimiento e identificación *queer*.

El tropo del joven *queer* como un ángel es muy común en la literatura *queer*, aunque no siempre tiene las mismas connotaciones. En este caso, los ángeles de Villaurrutia son carnales, tanto como generosos. Parece que solo quieren copular con todo el mundo, y especialmente entre ellos:

> *Vienen del mar, que es el espejo del cielo,*
> *en barcos de humo y sombra,*
> *a fundirse y confundirse con los mortales,*
> *a rendir sus frentes en los muslos de las mujeres,*
> *a dejar que otras manos palpen sus cuerpos febrilmente,*
> *y que otros cuerpos busquen los suyos hasta encontrarlos*
> *como se encuentran al cerrarse los labios de una misma boca,*
> *a fatigar su boca tanto tiempo inactiva,*
> *a poner en libertad sus lenguas de fuego,*
> *a decir las canciones, los juramentos, las malas palabras*
> *en que los hombres concentran el antiguo misterio*
> *de la carne, la sangre y el deseo.*
> *Tienen nombres supuestos, divinamente sencillos.*
> *Se llaman Dick o John, o Marvin o Louis.*
> *En nada sino en la belleza se distinguen de los mortales.*
> *Cambian miradas, atreven sonrisas.*
> *Forman imprevistas parejas.*
> [Villaurrutia, 1993: 46]

Su forma de hacer el amor se presenta como una mezcla y confusión del límite entre lo angelical y lo mortal, lo cual implica y figura la caída y la confusión de las barreras de género. Los nombres de los ángeles los define como angloamericanos, pero como se trata de nombres «supuestos», podrían provenir de cualquier parte.

A pesar de que el cuarto verso revela que «vienen del mar» y sugiere que son navegantes, el hecho de que utilicen «nombres supuestos» evoca otra población de bellos jóvenes de Los Ángeles, las legiones de actores esperanzados que acuden a la ciudad en busca de éxito. Aunque no se mencione directamente en el poema, la industria del cine se cierne, sin embargo, sobre «Nocturno de Los Ángeles» en la dedicatoria a Agustín J. Fink, un productor de cine mexicano y *queer* de los años treinta y cuarenta. El poeta y compañero de Villaurrutia en el círculo de los Contemporáneos, Salvador Novo, menciona brevemente a Fink en sus memorias en el contexto de «una aventura sexual de juventud» (citado por Irwin, 2000: 357). La dedicatoria de Villaurrutia a Fink en este poema implica un potencial trasnacional transnacional. A pesar de que la lujuriosa comunidad *queer* descrita con tanta dulzura en el poema se sitúa en una ciudad norteamericana, el nombre de Fink al inicio del poema indica que, posiblemente, estos ángeles humanos («bajado a la tierra / por invisibles escalas) también se pueden encontrar en México. Así como los ángeles tienen nombres ficticios, así también podemos preguntarnos si «Los Ángeles» no es otro nombre para México.

Si las estancias en los Estados Unidos parecen haber ayudado a los poetas latinoamericanos a escribir sobre su condición *queer*, las incursiones al sur del Río Grande también han sido un importante catalizador para los escritores estadounidenses. Para nadie fue esta influencia más importante que para los escritores de la Generación Beat (entre los que destacan Jack Kerouac, Lawrence Ferlinghetti, William Burroughs y Allen Ginsberg). Al igual que las visitas de Lorca a Nueva York y a La Habana, los críticos reconocen el viaje de Allen Ginsberg en 1952 a México como el momento decisivo en el que reconoce su condición de *queer*. A su regreso, Ginsberg se enamoró de su compañero de toda la vida y empezó a escribir su obra poética más importante e influyente, *Aullido* (*Howl*, 1955).

Aullido es un volumen clave en la genealogía *queer* que propongo, ya que reúne muchos de los temas e imágenes mencionados anteriormente. Whitman es, sin lugar a dudas, una influencia espiritual y estilística que preside la visión continental del poema, así como su misticismo, su carnalidad y sus largos versos mágicos. Crane, un héroe para Ginsberg, aparece en las referencias al Puente de Brooklyn, pero también, y más crucialmente, en el tema principal del poema: la manera en que «las mejores mentes» de la generación de Ginsberg han sido destruidas por el conformismo, el materialismo, la represión sexual y el desolador capitalismo urbano de los Estados Unidos. A pesar de que Crane no fue coetáneo de Ginsberg, es ciertamente una de las víctimas de la homofobia, la esterilidad y el conformismo que, según Ginsberg, destruye a sus hijos. *Aullido* también reúne la visión política socialista de Neruda con el oscuro y violento surrealismo de Lorca. La ciudad de Nueva York, en *Aullido*, está estrechamente relacionada con los paisajes de pesadilla urbana de *Poeta en Nueva York*. Finalmente, como en la obra de Villaurrutia, los *queers* de Ginsberg son figuras angelicales que pueblan el escenario apocalíptico que está destruyendo «las mejores mentes» de la generación de Ginsberg, todos poetas y *queer*:

who let themselves be fucked in the ass by saintly
motorcyclists, and screamed with joy,

who blew and were blown by those human seraphim,
the sailors, caresses of Atlantic and Caribbean
love ...

who hiccuped endlessly trying to giggle but wound up
with a sob behind a partition in a Turkish Bath
when the blond & naked angel came to pierce
them with a sword
[Ginsberg, 1984: 128][16]

Ginsberg fusiona las oscuras imágenes del alienado espacio urbano con una sexualidad gráfica que, no obstante, consigue comunicar la idea de que estos actos sexuales son islas de la santidad humana en medio del moderno apocalipsis urbano estadounidense. Los «gritos de gozo» de los versos anteriores (los versos que se consideraron ofensivos en el juicio por obscenidad que se le hizo a *Aullido*) son prácticamente los únicos sonidos de placer o de felicidad humana audibles en este poema.

Otro poema de Ginsberg, más meditativo, donde menciona a Whitman y Lorca, es el ligeramente surrealista «Un supermercado en California» («A Supermarket in California», 1955). En lugar de la jungla urbana de *Aullido*, este poema describe un supermercado suburbano en una hora tardía de la noche, donde los valores de la posguerra —bienestar económico y estructura familiar— forman un telón de fondo lúdico para las búsquedas y preguntas de los solitarios compradores, incluyendo al poeta:

---

16.   «que permitían que los virtuosos motoristas les dieran por culo, y gritaban de gozo, / que mamaban y fueron mamados por esos serafines humanos, los marineros, caricias de amor Atlántico y Caribeño, // [...] // que hipaban interminablemente intentando forzar una risita pero acabaron sollozando tras una partición de unos Baños Turcos cuando el rubio desnudo ángel apareció para atravesarles con una espada» (Ginsberg, 1993: 19).

What thoughts I have of you tonight, Walt Whitman, for
I walked down the sidestreets under the trees with a headache
self-conscious looking at the full moon.
In my hungry fatigue, and shopping for images, I went
into the neon fruit supermarket, dreaming of your enumerations!
What peaches and what penumbras! Whole families
shopping at night! Aisles full of husbands! Wives in the
avocados, babies in the tomatoes!--and you, Garcia Lorca, what
were you doing down by the watermelons?

I saw you, Walt Whitman, childless, lonely old grubber,
poking among the meats in the refrigerator and eyeing the grocery
boys.
I heard you asking questions of each: Who killed the
pork chops? What price bananas? Are you my Angel?
[Ginsberg, 1984: 136][17]

Hasta ahora, Ginsberg es el único poeta que utiliza los largos versos de
Whitman y las «enumeraciones» mencionadas y representadas en este
poema. El poema es juguetón en su tímida invocación del insulto americano para los *queers*, «*fruit*» (fruta), aunque dolorosamente consciente de
la brecha que separa la vida *queer* y el sueño americano. A pesar de que
las tiendas están repletas de alimentos y de familias (maridos, esposas y
bebés), los compradores *queer* están solos y hambrientos. La presencia de
Lorca sirve para reforzar la idea que el poema trata del hecho de ser *queer*,
así como de una Norteamérica más amplia, más «otra». La identificación de
la voz del poema con Whitman está subrayada por la manera en que ambos
hacen preguntas. Las estrofas finales están estructuradas como una serie

---

17. «Qué cosas pienso de ti esta noche, Walt Whitman, porque caminé por las calles laterales,
bajo los árboles con dolor de cabeza y consciencia de mí mismo mirando la luna llena. / En
mi hambriento cansancio, y en busca de imágenes que comprar, entré al supermercado de
frutas de neón, soñando con tus enumeraciones! / ¡Qué melocotones y qué penumbras!
¡Familias al completo haciendo la compra por la noche! ¡Pasillos llenos de maridos! ¡Esposas donde los aguacates, bebés donde los tomates! — y tú, García Lorca, ¿qué estabas
haciendo tú allá abajo junto a las sandías? // Te vi, Walt Whitman, sin hijos, viejo mendigo
solitario, hurgando entre las carnes del refrigerador y echándoles el ojo a los muchachos
de las verduras. / Te oí hacerles preguntas a todos: ¿Quién mató las chuletas de cerdo?
¿Qué valen los plátanos? ¿Acaso eres tú mi Ángel?» (Ginsberg, 1993: 45).

de preguntas, empezando por «¿A dónde nos dirigimos, Walt Whitman?» y culminando con:

Ah, dear father, graybeard, lonely old courage-teacher,
what America did you have when Charon quit poling his ferry and
you got out on a smoking bank and stood watching the boat
disappear on the black waters of Lethe?
[Ginsberg, 1984: 136][18]

La tácita pregunta que plantea esta última interrogación es: ¿Qué Estados Unidos tenemos ahora? En 1955, se trataba de unos Estados Unidos en los que Whitman, en el papel de «maestro del coraje», era más importante que nunca, ya que la revolución por él pregonada todavía no había acontecido, y los poetas esperaban y ansiaban la «Ilustración» sexual y espiritual.

En este punto de mi efímera genealogía, me gustaría destacar el hecho de que he estado sugiriendo, más que desarrollando, las conexiones entre cada uno de estos poetas. Se requiere un importante trabajo arqueológico para poder apreciar completamente los contactos subterráneos entre los escritores *queer* de Norte- y Sudamérica. Algunos de estos escritores se leyeron y tradujeron entre sí, mientras que otros simplemente sabían de la existencia de los demás. También me gustaría corregir la impresión posible de que todos los poetas *queer* son hombres, y explicitar que he omitido, deliberadamente, a muchas de las escritoras *queer*, como Clarice Lispector, Elizabeth Bishop, Muriel Rukeyser, Alejandra Pizarnik, Sylvia Molloy y muchas otras que han sido tan transnacionales como sus colegas masculinos.

Sin embargo, voy a concluir con una poeta *queer*, Adrienne Rich, que tuvo un gran impacto tanto en América del Norte como en América Latina a través de su crítica y su poesía. Las referencias a los conceptos de «heterosexualidad obligatoria» y del «*continuum* lesbiano» salpican los ensayos académicos de las feministas, lesbianas y activistas de todo el continente. El libro de poemas que quiero tomar en consideración, *The Dream of a Common Language* (*El sueño de un lenguaje común*),[19] es un tesoro de

---

18. «Ah, querido padre, barbagrís, solitario y viejo maestro del coraje, ¿con qué América te encontraste cuando Caronte dejó de empujar con la pértiga su bote y tomaste tierra en una humeante ribera y permaneciste observando cómo desaparecía el bote en las negras aguas del Leteo?» (Ginsberg, 1993: 46).

19. Imposible de hallar alguna traducción al español de este libro, he preferido mantener las citas que tomo de él en su idioma original.

los tropos *queer* femeninos: volcanes, cuevas, minas, cavidades, naufragios submarinos y otros pretextos para zambullirse, excavar, buscar y explorar en el interior de las cosas. También menciona o alude a un gran número de poetas *queer* femeninas, incluyendo a H.D., Elizabeth Bishop y Audre Lorde, inscribiéndose así en una rica tradición de escritura *queer* femenina.

Al mismo tiempo, reconoce abiertamente que les debe mucho a escritores masculinos clave, como Walt Whitman y Pablo Neruda. El sueño de un «lenguaje común» es también el sueño de Whitman, así como la noción de la vocación lírica de crear este lenguaje:

No one lives in this room ...
Without contemplating last and late
the true nature of poetry. The drive
To connect. The dream of a common language.
[Rich, 1978: 7]

Al hablar de la «verdadera naturaleza de la poesía» como conexión, el poema apunta en dirección a las vastas conjunciones whitmanianas, además de atribuir al trabajo de Crane la condición de articulación vital de esta «pulsión de conectar» a través del puente. Parece que la tarea y el talento particulares del poeta *queer* consiste en conectar cosas, y nada ilustra mejor esta capacidad que el homenaje de Rich a Pablo Neruda, en el interior de este texto intensamente identificado con la mujer.

La serie titulada «Twenty-One Love Poems» («Veintiún poemas de amor»), la escribe una mujer para su amante femenina. Nueva York, la ciudad central de los poetas *queer* masculinos, es el telón de fondo del apartamento de las amantes, un espacio descrito, paradójicamente, a la vez como un lugar seguro alrededor del cual, en la última estrofa, el narrador traza un círculo, y como un terreno desconocido del cual no existen mapas:

The rules beak like a thermometer,
quicksilver spills across the charted systems,
we're out in a country that has no language
no laws, we're chasing the raven and the wren
through gorges unexplored since dawn
whatever we do together is pure invention
the maps they gave us were out of date
by years ... we're driving through the desert

wondering if the water will hold out
the hallucinogens turn to simple villages
[Rich, 1978: 31]

El poema usa el tropo del trayecto en la carretera, tan importante para Whitman y Ginsberg, como trasfondo para un tipo de viaje totalmente diferente. Las dos mujeres no exploran un espacio geográfico, sino uno social, poco familiar, como aventureras a un país que no solo desconocen, sino que tienen que inventar. No hay ley ni idioma conocido; hay peligro y excitación en perseguir.

A pesar de que el poema se inspira en el de Neruda, Rich reemplaza la «canción desesperada» del final con un poema erótico sin numerar y que aparece en la mitad del texto, como si no perteneciera a ningún sitio en particular y a todos en general. En el «Poema flotante, sin número» la voz poética escribe sobre el cuerpo de su amante, evoca con ternura el acto del sexo oral y la penetración digital, sin dejar ninguna duda de que el acto amoroso es entre dos mujeres. La importancia de este poema es que, aunque parezca flotar libremente a través de los demás, es descrito como el fundamento de todos. El final del último verso, «whatever happens, this is» («pase lo que pase, esto es»), recuerda la insistencia de la voz poética de Whitman en «Cálamo» (y la de Crane en su carta) de que su vida secreta, la de sus intimidades nocturnas con su amante, es la más real, la más auténtica y verdadera, en oposición a la vida pública de todos los días.

El homenaje de Adrienne Rich a Neruda sugiere que las conexiones de los poetas en la red *queer* transnacional que he evocado pueden ser sorprendentes. Al igual que los sedientos ángeles de Villaurrutia, los poetas *queer* transnacionales zigzaguean el hemisferio y forman parejas impredecibles. Para comprenderlos, los críticos necesitan desarrollar nuevos métodos de percepción y análisis. En su discurso presidencial de 2004 en el seno de la Asociación de Estudios Americanos, Shelley Fisher Fishkin comentó que las «historias del flujo transnacional» forman parte tanto de la historia como del futuro de la propia América, e instó a los americanistas a escribir sobre ellas (Fishkin, 2005). En este ensayo he procurado mostrar cómo el transnacionalismo y la teoría *queer* son una pareja imprevisible que nos ayuda a entender la circulación literaria y los intercambios en las Américas. Como las amantes en los *Veintiún poemas de amor* de Adrienne Rich, nos adentramos en un país para el cual no hay mapas, pero sí huellas y otros signos de intenso tráfico. A nosotros nos toca ver adónde conducen.

[Traducción del inglés por MARÍA RECORTS]

Bibliografía

ANZALDÚA, GLORIA. *Borderlands/La Frontera: The New Mestiza*, 2da. ed. San Francisco: Aunt Lute Books, 1999.

BLOOM, HAROLD: *The Anxiety of Influence*. Oxford: Oxford University Press, 1973.

COSTA PICAZO, ROLANDO. *Hart Crane y El Puente: una aproximación a la poética modernista de Hart Crane*. Buenos Aires: Ediciones Colihue SRL, 2008.

CRANE, HART. *The Letters of Hart Crane, 1916-1932*. Ed. Brom Weber. Berkeley. University of California Press, 1965.

____. *Complete Poems of Hart Crane*. Ed. Marc Simon. NY: Liveright, 2000.

CREECH, JAMES. *Closet Writing/Gay Reading: The Case of Melville's* Pierre. Chicago: University of Chicago Press, 1993.

ENGLEKIRK, JOHN E. «Notes on Whitman in Spanish America». *Hispanic Review* 6.2 (1938): 133-138.

ERKKILA, BETSY y JAY GROSSMAN. *Breaking Bounds: Whitman and American Cultural Studies*. New York: Oxford University Press, 1996.

FISHKIN, SHELLEY FISHER. «Crossroads of Cultures: The Transnational Turn in American Studies—Presidential Address to the American Studies Association, November 12, 2004». *American Quarterly* 51.1 (2005): 17-57.

FOLSOM, Ed. «Whitman's Calamus Photographs.» *Breaking Bounds: Whitman and American Cultural Studies*. Eds. Betsy Erkkila y Jay Grossman. New York: Oxford University Press, 1996. 193-219.

FOSTER, DAVID WILLIAM. *Textual Sexualities: Essays on Queer/ing Latin American Writing*. Austin: University of Texas Press, 1997.

GARCÍA LORCA, FEDERICO. *Poet in New York*. Trans. Greg Simon & Steven F. White. Es. Christopher Maurer. New York: The Noonday Press, 1998.

____. *Obras Completas I*. Ed. Miguel García-Posada. Barcelona: Círculo de lectores: Galaxia Gutenberg, 1996.

GARLINGER, PATRICK PAUL. «Voicing (Untold) Desires: Silence and Sexuality in Federico García Lorca's *Sonetos del amor oscuro*». *Bulletin of Spanish Studies* 79.6 (2002).

GINSBERG, ALLEN. *Collected Poems, 1947-1980*. New York: Harper & Row, 1984.

____. *Aullido y otros poemas*. Prólogo de William Carlos Williams, traducción de Katy Gallego. Madrid: Visor, 1993.

GOOD, CARL. «A Chronicle of a Poetic Non-Encounter in the Americas». *The New Centennial Review* 3.1 (2003).

IRWIN, ROBERT MCKEE. «The Famous 41: The Scandalous Birth of Modern Mexican Homosexuality». *GLQ: A Journal of Lesbian and Gay Studies* 6.3 (2000): 353-376.

JAY, GREGORY. *T.S. Eliot and the Poetics of Literary History*. Baton Rouge: Louisiana State University Press, 1983.

KADIR, DJELAL. «Neruda and Whitman: Short-circuiting the Body Electric». *Pacific Coast Philology* 8 (1973).

KAMINSKY, AMY. «The Queering of Latin American Literary Studies». *Latin American Research Review* 36.2 (2001).

MANZOR-COATS, LILLIAN. «Introduction» *Latin American Writers on Gay and Lesbian Themes: A Bio-Critical Sourcebook*. Ed. David William Foster. Westport, Conn.: Greenwood Press, 1994. XV-XXXVI.

MARTIN, ROBERT K. *The Homosexual Tradition in American Poetry*. Iowa City: University of Iowa Press, 1979.

____. *The Continuing Presence of Walt Whitman*. Iowa City: University of Iowa Press, 1992.

MILLER, BEN. *Allen Ginsberg and Friends*. New York: Sotheby's Catalog for Sale 7351 (Oct. 7, 1999).

NERUDA, PABLO. *Veinte poemas de amor y una canción desesperada*. Ed. Hugo Montes. Madrid: Editorial Castalia, S.A., 1989.

____. *Obras completas 2*. Barcelona: Galaxia Gutenberg, 1999-2002.

QUIROGA, JOSÉ. «Outing Silence as Code». *Tropics of Desire: Interventions from Queer Latino America*. New York-Londres: New York University Press, 2000.

RICH, ADRIENNE. *The Dream of a Common Language, Poems 1974-1977*. New York: W.W. Norton & Co., 1978.

RUMEAU, DELPHINE. «Walt Whitman and Pablo Neruda, American Camerados». *Revue Française d'Études Américaines* 108 (2006): 47-62.

SANTÍ, ENRICO MARIO. «The Accidental Tourist: Walt Whitman in Latin America». *Do the Americas Have a Common Literature?* Ed. Gustavo Pérez Firmat. Durham-Londres: Duke University Press, 1990. 156-176.

SEDGWICK, EVE KOSOFSKY. *Epistemology of the Closet*. Berkeley: University of California Press, 1990.

TRACHTENBERG, ALAN. *Brooklyn Bridge: Fact and Symbol*. New York: Oxford, 1965.

VILLAURRUTIA, XAVIER. *Nostalgia for Death & Hieroglyphs of Desire* [1936, 1978]. Trans. Eliot Weinberger y Esther Allen. Port Townsend, Washington: Copper Canyon Press, 1993.

WALSH, JOHN K. «A Logic in Lorca's *Ode to Walt Whitman*». *Entiendes? Queer Readings, Hispanic Writings*. Eds. EMILIE L. BERGMAN y PAUL JULIAN SMITH. Durham-Londres: Duke University Press, 1995. 275-278.

WHITMAN, WALT. *Leaves of Grass* (1891-92 [originally 1855]). New York: New American Library, 1980.

____. *Hojas de hierba*. Traducción de Jorge Luis Borges <http://seriealfa.com/varia/varia1/whitman.htm>.

YINGLING, THOMAS E. *Hart Crane and the Homosexual Text: New Thresholds, New Anatomies*. Chicago-Londres: University of Chicago Press, 1990.

Ritmos urbanos. La ciudad contemporánea en el cine latinoamericano

James Cisneros

Las primeras imágenes son un faro, una estatua de John Lennon, la ciudad vista desde un barco saliendo del puerto, un hombre en bicicleta, una familia sentada a la mesa, la ciudad que se despierta como en un día cualquiera. Estas figuras vuelven a lo largo de *Suite Habana* (2003), como ritornelos que puntúan las imágenes prosaicas de la vida cotidiana de la ciudad, como contrapuntos de la sinfonía urbana que Fernando Pérez, su realizador, compone con el ritmo visual de las calles en movimiento. Las escenas nos conducen suavemente a través de la ciudad, hasta que los personajes entran en el fluir de su música, tocando el saxo, girando en pareja al son de una orquesta popular, bailando ballet clásico o imitando, travestidos, a la cantante Celia Cruz. La música diegética no hace más que presentar al verdadero protagonista del filme: El espacio, hecho de gestos y arquitecturas, de travesías y estructuras levantadas por el deseo y el ingenio: el ritmo urbano, ya largamente elogiado por los poetas. Alejo Carpentier ve en cada columna de la ciudad, «aparentemente ordenada y serena», versos baudelerianos inspirados por palabras confusas, mientras que José Lezama Lima canta a La Habana en su diversidad y convergencia:

> Zarandeada, estirada, desmembrada por piernas y brazos, muestra todavía *un ritmo*. Ritmo que entre la diversidad rodeante es el predominante azafrán hispánico. Tiene *un ritmo* de crecimiento vivo, vivaz, de relumbre presto, de respiración de ciudad no surgida en una semana de planos y ecuaciones. Tiene un destino y un ritmo. Sus asimilaciones, sus exigencias de ciudad necesaria y fatal, todo ese conglomerado que se ha ido formando a través de mil puertas, mantiene todavía ese ritmo. [Lezama: 61; énfasis suyos]

Ese ritmo, tan propio, destinado a ser suyo como lo son sus inevitables cambios, no es exclusivamente musical sino estético, en su sentido etimológico, pasando por la percepción y lo sensible: la luz veloz, el olor del azafrán, la respiración, el zarandeo, el contoneo, el estilo de caminar de los cuerpos que desmiembran los planos y ecuaciones, el sonido de las palabras confusas.

En *Suite Habana* el ritmo es visual. Pérez retoma la tradición del cine mudo que buscaba producir una imagen de la ciudad en su dimensión cotidiana:

Berlin: Die Sinfonie der Großstadt (1927), de Walter Ruttmann; *El hombre con la cámara* (1929), de Dziga Vertov; o *À propos de Nice* (1930), de Jean Vigo. Hechas sin audio sincronizado, estas sinfonías urbanas se escuchan con los ojos al seguir el tempo visual de los movimientos de cada pieza. Más que su contenido musical o sus melodías diegéticas, el ritmo urbano visible de estos filmes está constituido por cada ciudadano que se mueve en el paisaje urbano. En una escena, un poco después del comienzo de *Suite Habana*, oímos una radio en el trasfondo sonoro:

> Faltan dos minutos para las once de la mañana. Mientras usted, habanero que me escucha, está en el centro del trabajo o en el estudio o en sus labores cotidianas, y la ciudad entera tiene su ritmo único, no hay mejor momento para escuchar la parte más vibrante de una suite que forma parte ya de cada uno de nosotros. Para ustedes, la *Suite Habana*, interpretada por...

El radio-monólogo es sustituido por un fluir de imágenes cuyo compás interpreta la suite: una mujer que grita por Yosvany desde su balcón, los medios de transporte, autobuses y camiones y máquinas de trabajo, niveladoras, aparatos industriales, personas en tránsito, de nuevo la mujer que grita —ahora en primer plano, como si la repetición agrandara este detalle de la urdimbre audiovisual—, gente haciendo sus gestos cotidianos, el zapatero con su martillo, el obrero con su pala o su barra de hierro, manos repitiendo gestos y movimientos, de nuevo la niveladora, los camiones, los gritos.[1] Poco antes de que termine esta parte de la suite se termine, con la imagen de un sarcófago que se cierra, se ve una señal de tráfico: «Deficientes auditivos», puntuación irónica que confirma que la cadencia de la suite es visual; palabras confusas que demuestran las limitaciones de los signos, planos y ecuaciones cuando se trata de sentir el ritmo urbano.

En esta y otras películas recientes, la puesta en escena del ritmo urbano presenta una figuración de las transformaciones de las ciudades contemporáneas. El ritmo configura la ciudad. En *Latinoamérica. Las ciudades y las ideas*, un clásico de la historiografía latinoamericana, José Luis Romero arguye que éstas comparten una lógica histórica que se manifiesta en sus dimensiones físicas, demográficas y discursivas. Al mismo tiempo, estudios más recientes de Alan Gilbert y Mike Davis confirman que las urbes han

---

1.   En la edición DVD, esta escena empieza en el minuto 12 y termina en el 14.

seguido avanzando por caminos paralelos desde el auge del neoliberalismo y la mundialización. Los múltiples y precipitados cambios físicos y demográficos desencadenados en la era neoliberal[2] han desfigurado espacios previamente legibles, obligando a los residentes de la urbe a buscar una nueva figuración para su espacio vital. Los síntomas de esta búsqueda son el crecimiento reciente de imágenes de la ciudad en la literatura y en el cine latinoamericano, junto con nuevos estudios urbanos por parte de universidades, gobiernos y organizaciones no gubernamentales. Estos esfuerzos coinciden con preguntas teóricas sobre la posibilidad de proyectar «una imagen de la ciudad» posmoderna (ver Jameson), la aplicabilidad de la palabra «ciudad» a urbanizaciones caóticas como Buenos Aires o México D.F. (ver García-Canclini), o la disparidad entre el espacio local urbano y la «ciudad global», cuyas funciones virtuales operan en el mismo territorio (ver Sassen). En términos generales, la cuestión de la «figurabilidad» urbana, recuerda Hubert Damisch, emerge en la modernidad cuando los residentes de la ciudad decimonónica pierden la noción de sus límites y escala, y resurge cada vez que fuerzas políticas alteran las dimensiones físicas o imaginarias de la ciudad (Cf. Damisch: 1996).

Dos de las muchas fuerzas que transforman las ciudades latinoamericanas de hoy son las tecnologías de comunicación y la creciente diversidad cultural en el seno de la megalópolis. En sus escritos sobre la ciudad, Néstor García Canclini hace hincapié en cómo la televisión y la radio alteran los límites urbanos y en la fragmentación del espacio cultural de la urbe, cuya homogeneidad se ha perdido con la llegada de diversas comunidades étnicas. Cada una de estas comunidades tiene su idioma y su saber, su manera de apropiarse del espacio y de moverse por la ciudad, sus gestos y tradiciones. En el D.F. se hablan más de cincuenta idiomas, y cada uno corresponde a la cultura de una población distinta, cuya mayor concentración, tras una inmigración masiva, está en la capital. Esta situación se repite en las otras megaciudades: «São Paulo, capital de los nordestinos» es el título de una emisión de radio en esa conurbación. Así como las ciudades –si aún podemos llamarlas así– son el centro de operaciones de la mundialización y el territorio donde los cambios físicos e imaginarios del neoliberalismo se hacen

---

2. Estos cambios no han dejado indemne a Cuba. Cf. «Cuba in the Age of Neoliberalism», de Raúl Fernández, una reseña acerca de *State Resistance to Globalization in Cuba* (Londres, 2004), de Antonio Carmona Báez (Fernández, 2005: 162-164).

palpables, son también focos privilegiados de la interculturalidad, espacios donde el diálogo entre culturas se hace imprescindible. La ciudad neoliberal coincide así con una nueva forma de diálogo entre culturas. Según Walter Mignolo, la interculturalidad surge cuando el poder centralizador del Estado disminuye frente a las fuerzas globales de la industria cultural, de un lado, y, del otro, frente a fuerzas locales que rechazan sus programas de «multiculturalismo». Con la disminución de la capacidad del Estado para controlar la ciudad y el campo cultural, varios grupos subalternos se disocian (*delink*) de su cultura hegemónica. Se podría decir, con André Leroi-Gourhan, que cada colectividad recupera su «estilo", su manera «de asumir y marcar las formas, los valores y los ritmos» (Leroi-Gourhan: 93).

La segunda fuerza que nos interesa aquí son los medios de comunicación de masas, especialmente aquellos basados en imágenes transmitidas electrónicamente, como el cine o la televisión, que coinciden históricamente con nuevas mediaciones políticas. Jesús Martín-Barbero muestra cómo la invención de nuevos medios a lo largo del siglo xx provoca cambios en los imaginarios urbanos que coinciden con nuevas tendencias demográficas y políticas; mientras que la constitución física y social de la urbe se transforma con las transiciones históricas de la letra a la imagen electrónica. Esta confrontación de los medios es un motor de la organización urbana real; y ya que los nuevos medios coinciden con la reorganización de los estratos del poder, la negociación y la hegemonía pasan por la interacción de los medios. Esto implica que si los medios de comunicación contribuyen a la situación actual de la urbe, a su extensión, fragmentación y heterogeneidad, también ofrecen, como toda técnica y lenguaje, nuevas posibilidades para el desarrollo de los «estilos» y sus intercambios. Ellos no son instrumentos neutros en relación con la información que transmiten, sino fuerzas que influyen de manera tajante en los ritmos, en los valores y en las formas que se confrontan en las ciudades. Las prácticas mediáticas, los estilos o ritmos que se pueden adoptar al tomar contacto con ellos, son un modo de influir en el sistema de signos que siempre ha constituido la dimensión imaginaria de la polis.

En las páginas que siguen, propongo una lectura teórica de los medios y la ciudad a partir de una cierta práctica cinematográfica que (re)surge en varios sitios de las Américas, y que nos permite pensar un diálogo subterráneo de resistencia a la cultura visual de la mundialización. *Suite Habana* ofrece un primer ejemplo de una estética que encontraremos también en *Medias mentiras* (1995), de Ximena Cuevas; *Rodrigo D. No Futuro* (1991), de Víctor Gaviria; y *Saudade do futuro* (2000), de Marie-Clémence Paes y Cesar Paes. Al enfocar los contactos entre los ritmos urbanos y el ritmo cinematográfico, esta aproximación busca contribuir a lo que Henri Lefebvre y Catherine Régulier denominan el «ritmoanálisis» de la ciudad, el estudio de cómo los cuerpos en contacto, con sus gestos y sus movimientos, crean espacios urbanos.

La urbe como sistema de signos

El ritmo de *Suite Habana* es irreducible al orden «sereno» de signos que parece señalar su propia «deficiencia auditiva» ante la música visual del ambiente urbano y sus referentes confusos. Sus imágenes componen una sinfonía visual que no se reduce a los «planos y ecuaciones» de la «ciudad letrada». Este concepto, desarrollado por Ángel Rama en su estudio de la urbe latinoamericana y sus mediaciones históricas, enfoca los lazos de la estructura física de la ciudad con el orden epistémico moderno que le subyace. Una referencia conocida dentro del campo de los estudios latinoamericanos, *La ciudad letrada* continúa ofreciendo, a pesar de los debates que ha provocado, una perspectiva productiva para los estudios de la dimensión mediática de la urbe.[3]

La ciudad letrada, figura de la modernidad, surge en el momento de la colonización y continúa, tras cambios y mutaciones, hasta el siglo xx. El concepto de Rama reúne múltiples niveles de significación en una matriz de elementos que interactúan. Una zona específica: el asiento real del poder; una institución: los letrados; un medio privilegiado: la escritura; y un «orden de los signos». Rama toma este último elemento epistemológico de las tesis que Michel Foucault elabora en *Les Mots et les choses*, y es una dimensión imprescindible para entender la relación entre el elemento institucional y el Estado moderno, punto de convergencia de la ciudad real y de la ciudad letrada. Para Rama, el orden moderno de signos que Foucault deslinda en la *Logique* de Port-Royal será un elemento operativo y fundador para América Latina. En este orden la palabra se separa de la cosa, se aparta del mundo

---

3. En el debate en torno a este texto de Rama, subrayamos las distintas perspectivas de historiadores que querrían un concepto más matizado que se aplique mejor a las sutiles diferencias entre épocas, de un lado, y de teóricos que exploran el diálogo del autor con las tesis de Foucault, haciendo hincapié en la dimensión epistemológica que define la modernidad de la ciudad letrada, de otro. Esta última posición es la que más nos interesa en las páginas que siguen; véase, por ejemplo, Juan Poblete.

y basa su valor significativo en la relación con otras palabras en el interior del saber; el sistema binario y autosuficiente hace posible un signo que se autonomiza de lo que representa. Cuando los filósofos de Port-Royal establecen una diferencia entre la «idea de la cosa» y la «idea del signo», notan la duplicidad de la segunda y, por ende, la posibilidad de un universo de signos permanente e inalterable: las cosas pueden desaparecer, pero los signos quedarán indemnes; una casa se puede quemar, pero sus planos persistirán. Este proceso también se invierte, ya no representando la cosa que ha existido, sino la cosa que podría existir, proyectando así el signo hacia el sueño de lo que podría ser y «abriendo el camino a esa futuridad que gobernaría a los tiempos modernos y alcanzaría una apoteosis casi delirante en la contemporaneidad» (Rama: 11). La autonomía relativa del sistema se dilata en un eje de *reversibilidad temporal* que preserva su pasado en un museo y proyecta su futuro con las utopías.

Como índice de la primera modernidad —y de lo que Walter Mignolo llama la colonialidad del poder—, la ciudad letrada impone sus signos a la ciudad real que trasciende. Para concretar el orden que impone desde arriba, la ciudad letrada tiene que ser mediatizada, primero por la escritura y las letras, claro, pero también a través de los otros medios sometidos a su hegemonía. Si el barroco usa la pintura y el teatro para combinar letras y emblemas, jeroglíficos y cifras en un sistema simbólico, este orden alcanza su cima en la urdimbre de signos, indicios, diagramas, logotipos e imágenes convencionales de las ciudades contemporáneas (Rama: 33-34). La adaptación de la ciudad letrada a nuevas circunstancias históricas deriva de su capacidad para integrar cualquier medio a su orden epistemológico, desde la oralidad, que se estabiliza al pasar por la escritura —con *Martín Fierro*, por ejemplo— hasta la fotografía y el cine, que se institucionalizan según normas establecidas con la pintura y la literatura. Todo medio puede ser puesto al servicio del Estado-nación. (Que Rama insista en que este orden existe hasta los ochentas[4] es coherente con la concepción de la modernidad que toma de Foucault, quien

---

4. Rama vuelve a menudo a la capacidad de la ciudad letrada para adaptarse a nuevas circunstancias históricas: «el orden de los signos imprimió su potencialidad sobre lo real, fijando marcas, si no perennes, al menos tan vigorosas como para que todavía hoy subsistan y las encontremos en nuestras ciudades; más raigalmente, en trance de ver agotado su mensaje, demostró asombrosa capacidad para rearticular uno nuevo, sin por eso abandonar su primacía jerárquica y aun se diría que robusteciéndola en otras circunstancias históricas» (Rama: 12).

declara, en *Les Mots et les choses*, que seguimos enredados en el orden de los signos del *episteme* clásico[5]).

Ahora bien, no es el medio en sí que actualiza este orden, si no su modo de uso: no todas las formas de escritura lo fortalecen, como no toda imagen moderna —fotográfica, fílmica, televisiva— lo subvierte. Si, según Carlos Alonso, Rama tiene dificultad en pensar cómo la escritura podría subvertir la ciudad letrada, al mismo tiempo indica el camino para explorar la cuestión en sus comentarios sobre Simón Rodríguez y Stephan Mallarmé, quien para Foucault tiene una semejante potencia transgresiva. La cultura oral, efímera y en constante mutación, y la figura del poeta, que oscila entre la ciudad letrada y la ciudad real, ofrecen otros puntos de resistencia al orden de los signos —la sonoridad rítmica en el pasaje de Lezama Lima nos presenta un ejemplo—. Frente al orden de los signos que se impone de manera transparente, permitiéndonos leer la sociedad al mirar el plano de la ciudad (Rama: 4), cierta *poiesis* indica la ambigüedad que se infiltra entre el sistema simbólico y el orden concreto de la ciudad habitada. El cine que nos interesa aquí apunta hacia la opacidad de la mediación entre lo actual y lo ideal, señalando con el dedo su propia actividad entre estas «dos redes» de significación. «Las ciudades despliegan suntuosamente un lenguaje mediante dos redes diferentes y superpuestas: la física, que el visitante común recorre hasta perderse en su multiplicidad y fragmentación, y la simbólica, que la ordena e interpreta» (Rama: 37). La ciudad es como «un discurso que articula plurales signos-bifrontes de acuerdo a leyes que evocan las gramaticales », y que actúa en dos campos distintos: «Mientras que la *ciudad letrada* actúa preferentemente en el campo de las significaciones y aun las autonomiza en un sistema, la *ciudad real* trabaja más cómodamente en el campo de los significantes y aun los segrega de los encadenamientos lógico-gramaticales» (Rama: 37). La hegemonía letrada consiste en reducir la distancia entre significaciones y significados para que la red simbólica se confunda con la real, haciendo que la ciudad vista desde arriba, con la mirada derivada del

---

5. Después de explicar la separación de las palabras y las cosas que define a la episteme clásica, Foucault añade: «This involved an immense reorganization of culture, a reorganization of which the Classical age was the first and perhaps the most important stage, since it was responsible for the new arrangement in which we are still caught» (Foucault: 43; véase también 58, 67).

imaginario cartográfico del Renacimiento, coincida de manera transparente con su orden social.

Medias mentiras, de Ximena Cuevas, presenta una imagen de esta relación y nos ayuda a pensarla, ofreciendo con el mismo gesto un ejemplo de su transgresión. Además de señalar las limitaciones del imaginario urbano dominante, este video lírico y experimental produce imágenes opacas que indican el papel del medio en la producción del sentido. La cinta empieza con la voz de una azafata que anuncia la llegada a México D.F., acompañada de planos del mundo, de México y, finalmente, de la ciudad. Luego le siguen imágenes de la ciudad vista desde arriba, de nubes y de las azoteas de las casas alrededor del aeropuerto. Un *collage* añade recortes de una nube negra y de un águila animada que vuela sobre el plano. Después del «aterrizaje», vemos la ciudad desde el mirador de la Torre Latinoamericana, a través de una reja sobre la cual un plano de la urbe, a escala menor que las anteriores, se pliega y se despliega, empujado por el viento, junto con otra serie de dibujos recortados: la misma Torre, el Palacio de Bellas Artes y otros íconos arquitectónicos, semáforos y señales de dirección y tráfico, la Virgen de Guadalupe, una policía que detiene a una mujer en traje típico, otra vez la nube negra. La reja es una red que, como el plano, divide la ciudad en cuadrantes geométricos, separándonos, como el orden de los signos e íconos que ponen orden, de la ciudad real. Después de una pausa, la cámara, ligeramente inclinada hacia abajo, avanza lentamente en dirección de la reja hasta que ésta se pierde —empieza a sonar una música popular en un piano y un corte nos lleva al interior de una iglesia y luego a la calle—. La secuencia, que comienza con el avión, la torre y sus planos, ha finalmente nos bajado a la ciudad real, donde la cámara sigue a la música, oscilando frente a las velas en la catedral, imitando la cadencia del piano, mientras muestra las caras de los creyentes, rezando y cruzándose. La cámara termina vacilando sin rumbo en la calle, sin enfocar un objeto en particular, siguiendo movimientos que se materializan brevemente antes de salir del encuadre —el filme toma la forma de la *bal(l)ade*, en el sentido de Gilles Deleuze (Deleuze, 1983: 286; 1985: 10).

Esta secuencia ilustra las dos «redes» de significación: primero, la reja geométrica y el plano, donde convergen las imágenes arquitectónicas y las señales de circulación; segundo, el ritmo de la cámara en el paisaje urbano. Ambas redes corresponden a movimientos de distinta naturaleza. La red de signos, íconos y símbolos dirige y ordena el movimiento urbano, controlando, como la policía que detiene a la campesina, los desplazamientos dentro del espacio cívico —este control impone un «ritmo» o métrica a la circulación urbana a partir y a través de los signos y sus significaciones—. En el segundo caso, no son los signos los que predeterminan el sentido del ritmo, sino el ritmo el que separa a los signos de sus «encadenamientos lógicos», dándoles un sentido que proviene del movimiento de la cámara en el momento de la mediación. Una diferencia semejante ha sido notada por Henri Meschonnic, quien en su *Critique du rythme* distingue entre la anterioridad de la «métrica» que organiza signos cuyos significados están predispuestos a llevarnos hacia un cierto sentido, y la anterioridad del ritmo que pasa por las mismas palabras cuyo sentido precede, participando en el plano discursivo que las subyace y les da sus condiciones de significación posible (99). Estos dos sentidos de la cadencia poética sugieren dos maneras de comprender el sistema de signos y dos epistemologías, una que deriva de una métrica de signos previamente disponibles y otra en la que el sentido emerge del ritmo que dispone de signos.

Esta distinción, tematizada en *Medias mentiras*, desestabiliza la fundación epistémica de la ciudad letrada. El ritmo, dice Meschonnic, es antigramatical y contra el orden (Meschonnic, 114); siempre actual, evita ser reducida a otra dimensión del signo. «Le rythme dans le sens, dans le sujet, et le sujet, le sens, dans le rythme font du rythme une configuration de l'énonciation autant que de l'énoncé. C'est pourquoi le rythme est le signifiant majeur. Il englobe, avec l'énoncé, l'infra-rationnel, l'infra-linguistique. *Le rythme n'est pas un signe*» (ibíd.: 72, énfasis del autor).[6]

El ritmo, como configuración de la enunciación, no solo indica una dimensión del discurso que escapa al orden de los signos, sino también un momento de mediación que el sujeto no logra instrumentalizar. Como parte constituyente del sentido de los signos, neutraliza la independencia de ese orden, su trascendencia, y la mirada desde arriba que coincide con la perspectiva de la subjetividad moderna. En el video de Cuevas el ritmo surge cuando la cámara avanza más allá de la reja/red, mostrando con sus vacilantes movimientos las ambigüedades de los sentidos y la multiplicidad de direcciones que podría tomar. El ritmo surge en las calles de más abajo,

---

6. Meschonnic distingue *signification* de *significance*, término que toma de Émile Benveniste para hacer hincapié en la dimensión no-instrumental del lenguaje. El ritmo es «le pouvoir de signifier sans signe» (Meschonnic: 93).

indicando las mediaciones potenciales que *subyacen* al orden de los signos. Rechazando tanto el orden de los signos como el modelo del cine dominante que esconde el proceso de la mediación tras una estética narrativa invisible y «perfecta», esta película adopta una práctica cinematográfica que nos hace ver el momento de su propio ocurrir.

Al apuntar a su propia mediación, *Medias mentiras* parece continuar la tradición del llamado Tercer Cine, que meditaba sobre las modalidades temporales de su producción y recepción. La concepción de *La hora de los hornos*, de Fernando Solanas y Octavio Getino, como una obra abierta, por ejemplo, se hace evidente en las interrupciones de la proyección para que los espectadores debatieran lo que acababan de ver, y en la búsqueda, por parte de sus realizadores, de un ritmo que divergiera de la métrica del cine comercial: «El modelo de la obra perfecta de arte, del filme redondo, articulado según la métrica impuesta por la cultura burguesa y sus teóricos y críticos, ha servido en los países dependientes para inhibir al cineasta» (Solanas y Getino: 49). Glauber Rocha también rechazaba el «metro impuesto», proponiendo no solo la creación de «un cine con nuevos tipos de trama, de interpretación, de ritmo y con otra poesía», sino también de una práctica que obligaría el público «a leer un nuevo tipo de cine: técnicamente imperfecto, dramáticamente disonante, poéticamente rebelde, [...] violento y triste» (Rocha: 161-162). Para él, la estética del hambre tenía que imponer «sus sonidos e imágenes», o sea, su materia mediática, como parte de su expresión política. Júlio Bressane lo explica de este modo: «*Terra em transe* pra mim é dos filmes que tem a tradição mais interessante do cinema brasileiro: tem o filme como protagonista» (Rocha: 174). También se podría decir, con Pier Paolo Pasolini, que el verdadero protagonista del «Cinema di poesia» que caracteriza a Rocha y a otros, es el estilo elaborado por una manipulación específica de la cámara, que el espectador debe «sentir» para poder leer el filme.

La especificidad de este estilo proviene tanto de la recepción como de la captación de imágenes, donde el cineasta, según Rocha, ha de empezar siempre desde cero y «aprender mientras se realiza» (Rocha: 162). Este enfoque en la dimensión «técnico-estilística» o «poética» conlleva una insistencia en un estilo que permite entrever tanto la enunciación, el *hic et nunc* de la mediación, como el enunciado. Esta búsqueda de un estilo apropiado a la realidad fílmica estructura la teoría del cine de Siegfried Kracauer, quien insiste en la dimensión indicativa propia de la tecnología que el cine hereda de la fotografía, más que en los contenidos icónicos o simbólicos de sus imágenes.[7] La especificidad deíctica de la tecnología fotográfica se define por la materialidad de su imagen, que retiene la impronta física del modelo que se extiende, con la luz, hasta tocar la emulsión de la placa. Este materialismo espacio-temporal es irreducible a la reversibilidad temporal del «orden de los signos» de la ciudad letrada. Aunque la fotografía pueda almacenar signos pasados como si fuera un museo, jamás podrá proyectar utopías futuras. Sus imágenes son inseparables del mundo que representan; primero, porque el modelo tiene que haber existido, y segundo, porque sus lazos deícticos con *esa* cosa existente, con el *hic et nunc* cuyas trazas físicas crean la foto, imposibilitan toda transcendencia dialéctica. Kracauer usa esta calidad tecno-deíctica para distinguir entre una estética fílmica que la esconde, denominada el cine teatral, y otra que la usa como un elemento estructurante que muestra el «flujo de la vida». Al segundo también lo llama «el cine de la calle», tomando así la figura del fluir urbano para su definición de la especificidad del medio.

Solo una determinada práctica cinematográfica desafía el orden de los signos de la ciudad letrada. Rechaza al cine dominante, donde el privilegio narrativo y genérico cierra perfectamente la forma, y trata de elaborar una estética del ritmo que nos hace «sentir la cámara», el momento de mediación, y el presente enunciativo. El ritmo fílmico discurre en el presente para poner en jaque a la perennidad del sistema de signos, a esa futuridad que gobernara los tiempos modernos. Emergiendo con fuerza en el momento en que el Estado-nación, última encarnación de la ciudad letrada, se retira del campo cultural, el ritmo problematiza la proyección hacia el futuro y las promesas de orden y progreso. Nos muestra el fin de la promesa de la modernidad. Con el fin del futuro —de un sentido específico del futuro: moderno, progresista—, un presente heterogéneo viene a acoger la variedad de ritmos urbanos que surgen, espontáneamente visibles, en las calles.

Ritmos sin futuro

En dos filmes recientes el ritmo llena el vacío que deja la ausencia del futuro. Me refiero a *Rodrigo D. No futuro*, de Víctor Gaviria, y a *Saudade*

---

7. Usando las categorías de Peirce con fines heurísticos, Miriam Bratu Hansen discute la dimensión deíctica (u ontológica) en la introducción a *Theory of Film*, de Siegfried Kracauer. (Cf. Kracauer, 1997: XXXVI; nota 2).

do futuro, de Marie-Clémence Paes y Cesar Paes. El primero toma su título de *Umberto D* (1952), de Vittoria de Sica, película clásica del neorrealismo italiano y que cuenta la historia de un anciano que intenta sobrevivir con una pensión estatal que va disminuyendo con la inflación, y de una canción punk de los Sex Pistols, *God Save the Queen*, cuyo tema es el detritus social que está emergiendo junto con la economía postindustrial. Esta doble referencia a ciudadanos marginalizados es la tela de fondo para contar las historias de un grupo de jóvenes que viven en los barrios altos de Medellín, sin perspectivas de trabajo, sobreviviendo gracias al robo o a la venta de drogas, perseguidos por la policía y por escuadrones de la muerte y considerados como «desechables» por la sociedad. Suben al cerro para escapar y bajan a la ciudad para trabajar, cruzándola en busca de los elementos necesarios para subsistir, haciéndose visibles a través de su música agresiva o perdiéndose en la urdimbre urbana.

Como el punk inglés que surge en los años setenta, la música en *Rodrigo D.* es el ritmo urbano de una subcultura que expresa una conciencia de la marginalización violenta en una sociedad que ya no les ofrece un futuro. La letra de las canciones que escuchamos evidencia esta enajenación: «¿Quién quiere vivir en esta puta sociedad?»; «¿Cómo me calmo yo? / Todo rechazo. / Ya no consigo más satisfacción. / Ya ni con drogas, ni con alcohol...»; «Policía hijo de puta / Policía hijo de puta / Como los políticos / y los narcotraficantes»; «Dinero / Problema / Dinero / Sistema». Gaviria, que añade el subtítulo a sugerencia de uno de los actores, lo explica así: «*No futuro* es una máxima del punk en todo el mundo. Indica la amenaza de la guerra nuclear, pero sobre todo el abandono que en la sociedad postindustrial se tiene para todo aquello que no sea la imagen de un producto consumible, devorable» (Jáuregui y Suárez: 387).[8] El refrán emerge cuando el proyecto modernizador del Estado retrocede ante el auge del neoliberalismo y de la cultura del consumo global: «El tiempo se ha detenido en un presente comestible, en la inminencia del consumo [...]. El pasado y el futuro están abolidos» (ídem). El estilo del punk, su agresividad hiperbólica, reafirma la visibilidad del marginalizado en el deseo de salir a luz y de participar en otro futuro, por incierto que sea (Cf. Hebdige): «we're the flowers / in your dustbin [...] we're the future / you're the future», canta Johnny Rotten. Frente a la vigilancia de la policía,

---

8. Véase este artículo para una discusión de las convergencias y divergencias entre Gaviria y el Tercer Cine.

por un lado, y a las imágenes comestibles, por el otro, los punks inventan un ritmo que permite otra forma de visibilidad.

El punk toca la película en cada una de sus dimensiones: en el contenido, en las actitudes y en los gestos y maneras de hablar de los protagonistas (actores no-profesionales, como en la tradición neorrealista, de los cuales cuatro morirán antes de que se termine la producción); en la escasez del relato, en la repetición de lo cotidiano y los tiempos muertos, en la irrupción repentina de la violencia; en la forma, en la cámara que rebota y tambalea, en el montaje resaltado, elíptico, sin continuación fluida, en el encuadre y los ángulos de la cámara. El espectador «siente» la cámara. Ritmo urbano, al decir de Chambers, el punk puntúa las escenas de travesía por la ciudad, enfatizando sus lazos con la violencia de la división socio-espacial de la urbe. Un ejemplo: en un montaje paralelo que dura siete minutos, dos adolescentes bajan del cerro y entran en un barrio acomodado, donde roban un coche a mano armada, mientras en la villa varios conjuntos de punk tocan en una azotea desde la que se pueden ver los rascacielos en el centro. La azotea y su lejano panorama de la ciudad son el contrapunto visual de la travesía urbana, y la música punk, tanto «a *live*» (en directo) como en «*off*», provee la continuidad rítmica del montaje paralelo, contagiando las imágenes del centro con su sacudida marginal. Cuando vemos el centro a través del parabrisas del auto robado, cristal-pantalla que mediatiza la urbe, una serie de *jump-cuts* la hace brincar a la cadencia del punk, procedimiento que se repite cuando Rodrigo atraviesa la ciudad a pie.

Si el neorrealismo de Gaviria continúa algunas prácticas fílmicas del Tercer Cine, su divergencia con éste son evidentes en la ausencia del discurso izquierdista de liberación (Jáuregui y Suárez: 372) y en la ausencia del Estado como última instancia de todo proyecto político. Pone en evidencia el anacronismo del esfuerzo por recuperar la cultura nacional popular frente al neocolonialismo cultural. Los jóvenes no son simples consumidores pasivos de la industria cultural global; y el punk no es la medida de su alienación de la cultura nacional, sino de su marginalización frente a una sociedad en la que el Estado en retroceso ya no ejerce hegemonía sobre el campo cultural. El paradigma nacional-popular no se puede aplicar a este diálogo con el punk, cuyo *ethos* anticonsumista, citado por el cineasta, muestra en un solo gesto el vaciamiento del discurso estatal y el nuevo enemigo. Esto explica la última imagen de la ciudad, que vemos desde arriba, por encima del hombro de Rodrigo, quien se prepara a saltar de un rascacielos al centro de la urbe.

La vista dominante de la ciudad viene de este edificio administrativo que ahora está *vacío* y sin los servicios sociales que ofrecía en el pasado. Esta mirada reproduce la perspectiva trascendental del orden estatal, salvo que ahora este orden ha sido vaciado de los signos que antes imponía a la ciudad abajo —de su orden geométrico queda solamente la sombra proyectada en el piso de cemento de la oficina abandonada.

Saudade do futuro es un documental acerca de la comunidad de emigrantes nordestinos en São Paulo y de la música que usan para confrontar y adaptarse a una ciudad cuya modernidad, privilegio de un grupo cada vez más reducido, no les es accesible. A pesar de las obvias diferencias estéticas y genéricas entre el filme de Gaviria y el de los Paes, ambos coinciden en la conciencia que tienen de las limitaciones del Estado en el campo cultural y de la pérdida de un cierto futuro. Mientras *Rodrigo D.* muestra cómo la música punk importada, al igual que la música *funk* norteamericana, que surge en las favelas brasileras (ver Yúdice), y ofrece una referencia excéntrica a una juventud que se está desconectando de una cultura centralizadora, la música nordestina traspuesta a la capital paulista muestra un proceso de desconexión («*delinking*»; ver Mignolo: 138) desde «el interior» del imaginario nacional. Documenta la vida de trovadores del *sertão*, que se ganan la vida cantando en las calles de la gran urbe, algunos optando por la economía informal después de haber trabajado en la construcción de rascacielos. Dado el lugar privilegiado del *sertão* en el imaginario nacional de un Brasil que se quiere moderno —desde Euclides da Cunha hasta Glauber Rocha y Walter Salles—, el traslado a la ciudad y la subsiguiente desconexión desactivan, mediante un cortocircuito, la relación binaria entre la *ciuis* y sus afueras.

La primera canción del filme explica su título: «São Paulo es la fuente central del progreso, y de Brasil el destino / el Eldorado de los sueños del pueblo nordestino; [...] llegué para trabajar pero aún no tengo condiciones para volver». El objeto de la *saudade*, nostalgia o añoranza, deseo de ver la tierra de origen o a alguien que se ha ido, es tanto el *sertão* como el progreso que les hubiera dado ciertas condiciones de vida. El lamento de esta pérdida del futuro canta la capital a otro ritmo, dando otro sentido a las imágenes de sus calles pobladas y sus rascacielos, de su metro moderno y sus tecnologías, de sus luces y mercancías, con cada género nordestino que se escucha: *embolada, repente, forró, xote, baião*. Domina la *embolada*, canto acompañado de *pandeiro* (tamborín), a menudo a modo de desafío entre dos trovadores que improvisan sus versos en referencia al contexto actual del encuentro.

Mediante la improvisación, cantan su llegada a la capital, sus dificultades para encontrar trabajo, su analfabetismo y su orgullo de ser cantante: «Yo me gano la vida haciendo improvisaciones [*fazendo improviso*], ¿cree usted que voy a perder el tiempo escribiendo versos?». Excluidos de la cultura letrada, los poetas improvisan su supervivencia, haciendo *improviso*, cantando odas a lo imprevisible, a ciegas, al futuro que ya no se ve.

Pero los ritmos de *Saudade do futuro* también son visuales. El sentimiento de desarraigo y de desorientación de un poeta nordestino en las calles de São Paulo pasa por su canto, pero también por su postura y sus gestos, por la mano que pierde definición debido a la rapidez con la que toca la guitarra o el *pandeiro*. La mano, también, en la pala, en las herramientas de trabajo que agarran una buena parte de los emigrantes, las manos y los gestos repetitivos cuya cadencia también toca la vida cotidiana; el ritmo del trabajo que también estructura *Suite Habana*. Alternando entre estos gestos, entrevistas con algunos nordestinos y tomas de la ciudad inmensa y anónima, los cineastas resaltan la dificultad de los sertanejos para integrarse a la ciudad. «O senhor dotor escreveu numa folha de jornal / que nordestino em São Paulo está fazendo mal / mas me diga quem construiu esta bela capital?», canta uno de los personajes, subrayando cómo la letra lo excluye de la ciudad a pesar de la parte que juega en su modernización. Como explica otro inmigrante, una diputada blanca, «las personas te rechazan por eso, por tu modo de hablar, arrastrado y un poco cantado», añadiendo que el prejuicio contra el nordestino es de tipo racial: «El nordestino es visto como una raza menor, una raza inferior». Puesto que la diputada blanca no puede «ser vista» como una raza menor antes de que hable o gesticule, es entonces el ritmo —el hablar, la música, los gestos— lo que deviene una marca de alteridad visible.[9]

Oscilando entre lo visible y lo invisible, el punk y el poeta se mueven al compás de una ciudad perdida para el «futuro». La frase de Walter Benjamin que los Páes usan como epígrafe esclarece esta dimensión en los dos filmes: «No saber orientarse en una ciudad no significa mucho, pero perderse en una ciudad como perderse en un bosque pide todo un aprendizaje».[10] En *Rodrigo D.*, el umbral de lo visible se manifiesta con la violencia, primero cuando dos chicos se pierden con el auto robado, escena editada a ritmo

---

9. Las palabras de la diputada confirman la tesis de Étienne Balibar sobre un nuevo tipo de «racismo» que sustituye el concepto biológico de raza por un concepto cultural.

10. Toman esta cita de la primera línea de *Infancia en Berlín hacia 1900*.

punk, y después cuando se esconden de la policía. Los trovadores de *Saudade do futuro* también se pierden, dejando atrás la violencia de una ciudad que los nombra («todos los nordestinos son *baianos* o *paraíba* o *cabeça chata*», dice el responsable de una emisión de radio) para rechazarlos, e integrando su ritmo al rumor urbano. Si en ambos casos el ritmo resulta una figura de visibilidad para los sujetos, la frase de Benjamin se aplica también a los cineastas que han encontrado a los punks y poetas en los márgenes e intersticios de la ciudad, donde han desarrollado un ritmo visual junto con ellos. Con una sensibilidad afinada en reacción a lo que Gaviria llama la «pornomiseria», los cineastas presentan diálogos ejemplares con el Otro, perdiéndose en su ritmo. Como explica Gaviria, hablando de la necesidad y de las dificultades de «sacar el texto» de su filme con actores naturales: «La única alternativa es la negociación, el diálogo, el reconocimiento del poder del *Otro*» (Jáuregui: 226). Es este diálogo improvisado que confronta el espectador, una «enunciación colectiva» que se dirige al «ciudadano escondido en su subjetividad» para sacarlo de su indiferencia. Tal como lo han hecho el cineasta y los protagonistas, estas imágenes invitan a los espectadores a perderse en el ritmo de la ciudad.

Recepción e interculturalidad

Henri Lefebvre y Catherine Régulier parecen invitarnos a hacer algo parecido, a entrar en un cierto ritmo y a salir de nuestros escondites subjetivos para conocer el ritmo de la ciudad: «Pour saisir un rythme, il faut être saisi par lui, il faut se laisser aller, se donner, s'abandonner à sa durée. Comme dans la musique, dans l'apprentissage d'une langue» (Lefebvre y Régulier: 41). El ritmo de cada una de las películas que hemos estudiado podría definirse como una invitación al diálogo, presentando un encadenamiento de imágenes que exige una mirada que pierde de vista la «métrica» del cine narrativo dominante, de consumo. En sus modalidades de recepción, las películas continúan una tendencia del Tercer Cine que buscaba un nuevo ritmo alineado a una toma de posición política. En los filmes de Pérez, Cuevas, Gaviria y los Paes, la preocupación por la ciudad pasa a través de la dimensión imaginaria que la constituye. Los cineastas coinciden en que priorizan los ritmos urbanos al margen de la modernidad, ritmos que marcan una historicidad determinada no solo por circunstancias concretas, sino también por la decadencia del sistema de signos. El diálogo mudo que pasa por esta práctica nace de una historia urbana latinoamericana que, según

Romero y Rama, se manifiesta en las ideas y en la organización física, y de una realidad urbana contemporánea, definida en parte por el retroceso del Estado, la sobrepoblación, la nueva heterogeneidad cultural y los medios. El énfasis que dan al ritmo implica ciertas modalidades de recepción, de «abandono» de la duración del movimiento, de una salida del escondite subjetivo. Implica una receptividad que trata de recuperar una definición de la ciudad como lugar de encuentro. Es una acogida, una hospitalidad auditiva y visual. Entendido de esta manera, el ritmo es una interpelación estética que nos sensibiliza hasta los límites de la (in)visibilidad, mostrando las mediaciones en las que emerge, aunque de manera efímera, una experiencia de alteridad. La acepción que tomamos de Meschonnic —el ritmo que antecede a los signos—, es también una abertura epistemológica. «Le rythme installe une réceptivité, un mode de prendre qui s'insère au défaut de la compréhension courante, celle du signe, — la rationalité de l'identique identifiée à la raison. Il impose la multiplicité des logiques» (Meschonnic: 83). Para el sujeto moderno identificado con la razón, significa un proceso de des-identificación que indica el horizonte de la alteridad. Tan incomprensible como «la dimensión de la vida» en «los que hablan»,[11] el ritmo impone una multiplicidad de lógicas que proviene de los otros y, si seguimos a Leroi-Gourhan, como hace el mismo Meschonnic (Meschonnic: 100), de cómo cada colectividad marca las formas. El ritmo posibilita así el diálogo entre lógicas distintas, mediando los encuentros en la ciudad a través de cierto cine contemporáneo. No por casualidad este cine emerge cuando la presencia del Estado en la sociedad civil disminuye, y cuando éste se retira del texto social que provee el terreno de las interacciones entre colectividades distintas.

En términos de Walter Mignolo, este cine manifiesta la transición de un campo cultural dominado por el Estado a un campo cultural que facilita el diálogo, el encuentro de lógicas múltiples. Mignolo distingue entre la «multiculturalidad», en la que el Estado controla los principios hegemónicos del

---

11. Otro pasaje confirma que esta recepción alude a una dimensión social. «Mais le rythme, qu'on ne lit pas, mais qui s'entend dans ce qu'on lit et qu'on ne peut pas lire sans lui, est aussi évident et incompréhensible, que la «dimension de la vie» dans «ceux qui parlent»» (Meschonnic: 102). Aquí Meschonnic sigue la argumentación de Jacques Lacan. Cita el conocido fragmento en que Lacan afirma: «Le sujet, ce n'est rien d'autre —qu'il ait ou non conscience de quel signifiant il est l'effet— que ce qui glisse dans une chaîne de signifiants»; y añade: «Passage du sujet dans la signifiance». Para Meschonnic, la subjetividad es siempre una inter- o transubjetividad.

saber, la educación y la moralidad, y la «interculturalidad» que respeta los «derechos epistémicos» de los que son excluidos de la razón del Estado moderno. «"Interculturalidad" doesn't mean speaking the same logic in two different languages, but putting into collaborative conversation two different logics for the good of all. For the state "interculturalidad" thus understood is not convenient» (Mignolo: 118). El aprendizaje de otras lógicas, de las lógicas de otras lenguas, de otras lenguas, requiere lo que Meschonnic o Lefebvre y Régulier llamarían una receptividad rítmica. También requiere, según Mignolo, el abandono del paradigma de la novedad (*newness*) que privilegia las nociones de origen y progreso –o de museo y utopía, como hemos visto con Rama– instauradas por el Estado moderno, y la adopción del paradigma de la coexistencia propia de la interculturalidad. Aunque la referencia principal de Mignolo sean los indígenas de lo que hoy se llama la América Latina, esta alteridad también se aplica a los otros excluidos. En los términos de los filmes que he analizado, el rechazo del futuro, de cierto futuro exclusivo, por parte de los punks «desechables» o de los poetas «de raza inferior», pasa por el ritmo. Y la receptividad del ritmo pasa en el presente, por el momento deíctico de enunciación que abre el sujeto a otras lógicas cuyos sentidos coexisten. El sujeto y el sentido están en el ritmo; y el ritmo, en ellos.

El ritmo urbano en el cual «todos participamos», como dice la voz de la radio en *Suite Habana*, es una figura de esta coexistencia intercultural. Por lo tanto, la llegada apenas parcial y difícil de esta interculturalidad parece más bien indicar que la violencia de la indiferencia continuará desfigurando la ciudad y sus imaginarios.

Bibliografía

ALONSO, CARLOS. «Rama y sus retoños: Figuring the Nineteenth Century in Spanish America», *Revista de Estudios Hispánicos* 28 (1994.

BALIBAR, ÉTIENNE. «Is There a "Neo-Racism"?». ÉTIENNE BALIBAR e IMMANUEL WALLERSTEIN: *Race, Nation, Class*. Londres: Verso, 1991.

BENJAMIN, WALTER: *Infancia en Berlín hacia 1900*. Madrid: Ediciones Alfaguara, 1990.

BRESSANE, JÚLIO y otros: «Os anos 70». *Hojas de cine. Vol. 1*. México: Fundación Mexicana de Cineastas, 1988.

CARMONA BÁEZ, ANTONIO: *State Resistance to Globalization in Cuba*. Londres: Pluto Press, 2004.

CARPENTIER, ALEJO. *La ciudad de las columnas*. Barcelona: Bruguera, 1982.

CHAMBERS, IAIN. *Urban Rythms. Pop Music and Popular Culture*. NuevaYork: St. Martin's Press, 1985.

DAMISCH, HUBERT. *Skyline. La ville nacisse*. París: Éditions du Seuil, 1996.
DAVIS, MIKE. *Planet of Slums*. Londres-Nueva York: Verso, 2006.
DELEUZE, GILLES. *Cinéma 1. L'image-mouvement*. París: Éditions de Minuit, 1983.
____. *Cinéma 2. L'image-temps*. París: Éditions de Minuit, 1985.
FERNÁNDEZ, RAÚL. «Cuba in the Age of Neoliberalism». *A Contracorriente* 3.1 (2005).
FOUCAULT, MICHEL. *The Order of Things*. Nueva York: Verso, 1994.
GARCÍA-CANCLINI, NÉSTOR. *Imaginarios urbanos*. Buenos Aires: Eudeba, 1997.
HEBDIGE, DICK. *Subculture. The Meaning of Style*. Londres-Nueva York: Methuen, 1979.
____. *Hiding in the Light*. Londres-Nueva York: Routledge, 1988.
JAMESON, FREDRIC. *Postmodernism, or, the Cultural Condition of Late Capitalism*. Durham: Duke University Press, 1991.
JÁUREGUI, CARLOS. «Violencia, representación y voluntad realista. Entrevista con Víctor Gaviria». *Espacio urbano, comunicación y violencia en América Latina*. Ed. MABEL MORAÑA. Pittsburgh: Instituto Internacional de Literatura Iberoamericana, 2002.
____ y JUANA SUÁREZ. «Profilaxis, traducción y ética: La humanidad "desechable" en *Rodrigo D. No futuro, La vendedora de rosas* y *La virgen de los sicarios*». *Revista Iberoamericana* 68.199 (2002).
KRACAUER, SIEGFRIED. *Theory of Film. The Redemption of Physical Reality*. Introducción de Mirian Bratu Hansen. Princeton: Princeton University Press, 1997.
LEFEBVRE, HENRI y CATHERINE RÉGULIER. «Le projet rythmanalytique». *Communications* 41 (1985).
LEROI-GOURHAN, ANDRÉ. *Le Geste et la parole. La mémoire et les rythmes*. París: Éditions Albin Michel, 1965.
LEZAMA LIMA, JOSÉ. *La Habana*. Presentación de Gastón Barquero. Madrid: Editorial Verbum, 1991.
MARTÍN-BARBERO, JESÚS. *De los medios a las mediaciones. Comunicación, cultura y hegemonía*. Barcelona: Gustavo Gili, 1991.
MESCHONNIC, HENRI. *Critique du rythme. Anthropologie historique du langage*. París: Éditions Verdier, 1982.
MIGNOLO, WALTER. *The Idea of Latin America*. Oxford: Blackwell Publishing, 2005.
PASOLINI, PIER PAOLO. *Heretical Empiricism*. Bloomington: Indiana University Press, 1988.
POBLETE, JUAN. «Rama/Foucault/González Echevarría: el problema de la construcción del espacio discursivo del siglo diecinueve latinoamericano». *Ángel Rama y los estudios latinoamericanos*. Ed. MABEL MORAÑA. Pittsburgh: Instituto Internacional de Literatura Iberoamericana, 1997.
RAMA, ÁNGEL. *La ciudad letrada*. Hanover, NH: Ediciones del Norte, 1984.
ROMERO, JOSÉ LUIS. *Latinoamérica. Las ciudades y las ideas*. México D.F.: Siglo XXI, 2001.
ROCHA, GLAUBER. «No al populismo». *Hojas de cine. Vol. 1*. México: Fundación Mexicana de Cineastas, 1988.
SASSEN, SASKIA. *The Global City. New York, London, Tokyo*. Princeton: Princeton University Press, 2001.
SOLANAS, FERNANDO y OCTAVIO GETINO. «Hacia un tercer cine». *Hojas de cine. Vol. 1*. Méxi-

co: Fundación Mexicana de Cineastas, 1988.

Yúdice, George. *The Expediency of Culture. Uses of Culture in the Global Era.* Durham, NC: Duke University Press. 2003.

Practicar espacios. Estrategias de localización e identificación en Todo Caliban, El Portero y How the Garcia Girls Lost their Accents

Adriana López Labourdette

> Pratiquer l'espace c'est [...], dans le lieu, être autre et passer à l'autre.
> Michel de Certeau

En su ensayo «Cultural Identity and Diaspora», Stuart Hall propone dos nociones de identidad cultural. La primera basada en la idea de una identidad única, compartida por individuos diferentes. «Within the terms of this definition, our cultural identities reflect the common historical experiences and shared cultural codes which provide us, as "one people", with stable, unchanging and continuous frames of reference and meaning, beneath the shifting divisions and vicissitudes of our actual history» (393).

La segunda variante, en estrecha relación con la primera, supone un reconocimiento del proceso de formulación y reformulación de la propia historia, asumiéndola ya no como estado, sino como devenir inconcluso, en constante reconstrucción: «Far from being grounded in mere "recovery" of the past, which is waiting to be found, and which when found, will secure our sense of ourselves into eternity, identities are the names we give to the different ways we are positioned by, and position ourselves within, the narrative of the past» (394).

Estas dos formas de identidad difieren no solo en la relación con el pasado y su dramatización o escritura a través de la palabra y la rememoración. En ellas también aparecen dos formas diferentes de construir el espacio de lo propio. La primera, mediante estrategias de emplazamiento o localización; la última, sobre el desplazamiento. Mientras la variante estática tiende a crear la ilusión de un estado y subrayar la separación con respecto a un afuera, la variante nómada se entiende y se construye a sí misma como acto plural y continuo de procesos de territorialización, desterritorialización y reterritorialización.

Ambas estrategias de construcción identitarias ponen su acento en el aspecto espacial, o sea, en las relaciones de vecindad y en las estrategias de circulación o parada, de construcción o desplazamiento. El vínculo resultante de las prácticas del espacio aparece como elemento constitutivo, restándole importancia a la composición misma de la identidad y dejando abierta la posibilidad de entender la identidad en sus variantes isológicas y nómadas, sinalógicas y estáticas u otras combinaciones posibles.[1] Al definirse sobre el estatismo, la construcción ontológica de la identidad tiende a la unificación interna y a la escisión con el exterior. De modo que «emplazar» significaría, en última instancia, enunciar un *telos* que polariza lo propio y lo ajeno, lo interior y lo exterior, lo natural y lo impuesto. Nada hay de asombroso en el hecho de que, en América Latina, esta forma de localización cobrara fuerza precisamente en el paso del orden colonial a los nuevos Estados independientes. La redefinición identitaria que sucede a las guerras de independencia trae consigo la fundación de un *telos* a partir, precisamente, de la ruptura frente a la metrópoli. No es sorprendente tampoco el hecho de que esta misma construcción siga vigente en posteriores proyectos identitarios. Piénsese, por ejemplo, en aquellos cuya meta era el desplazamiento del territorio rural de la barbarie al de la civilización urbana, como es el caso de la tesis de Domingo F. Sarmiento. Lo mismo ocurre con otros, de signo contrario, para los cuales la identidad deseada se alcanzaría a través de la reapropiación del espacio agrario abandonado tras la concentración económica y cultural en las zonas urbanas (Andrés Bello).

Por otra parte, habría que tomar en cuenta que la reconstitución de las demarcaciones identitarias es un proceso complejo y no reducible a un único proyecto. Además, su desarrollo se dirige hacia varias direcciones y superpone prácticas y rearticulaciones del espacio en apariencia contrarias. Primeramente, como unificación hacia el interior de las nuevas naciones, en la que la nueva constitución de las Repúblicas emergentes deberá sustituir la antigua configuración espacial colonial según la cual el territorio nacional quedaba anexado a la metrópoli y sumergido en una jerarquía que situaba a Madrid a la cabeza y los pueblos o villorios del Nuevo Mundo en el último de los eslabones. Por otra parte, dicha reterritorialización llegó a extenderse más allá, retomando los signos del proyecto de unificación, pero esta vez dirigido a una configuración supranacional, cuyas fronteras dependen del modelo asumido (Panamérica, Hispanoamérica, Latinoamérica, Sudamérica, etc.). En ambas direcciones prima la acepción «esencial» de la identidad

---

1. En «España y América», un estudio sobre los discursos de la identidad dentro de la ensayística latinoamericana, Gustavo Bueno insiste en la diferencia entre la noción «isológica» de la identidad, basada en la idea de lo análogo o semejante, y la noción «sinalógica» establecida sobre la unión de múltiples elementos dispares (Bueno, 2001).

(origen, lengua, naturaleza comunes) acompañada de rasgos «estructura-
les» (historia, futuro, modelos, enemigos comunes).[2] Es precisamente en la
irresuelta convivencia de diversos proyectos de origen y localización donde
encontramos uno de los puntos más problemáticos de los procesos de formación y definición identitarias americanas. Si por un lado, se trata de demarcaciones basadas en la exclusión y la escisión, entendidas como espacio
de sí-mismo en contraposición con el Otro, sea éste un país vecino o España,
por otro, este lenguaje del límite y de la oposición viene acompañado de una
relación con otros espacios exteriores y en apariencia «periféricos»: Francia,
Inglaterra, Estados Unidos, China, etcétera.

Dentro de la cuestión identitaria, esa constante en el pensamiento latinoamericano y latinoamericanista, la tríada Caliban-Ariel-Próspero puede
ser calificada como una de las más persistentes y prolíficas. La traslación
de estas tres figuras provenientes del drama shakespereano *La tempestad*
tiene sus primeros pasos en el pensamiento latinoamericano a finales del
siglo XIX. En el discurso finisecular de 1898, en estrecha relación con la intervención de Estados Unidos en el final de la guerra de independencia de
Cuba, encontramos el término «calibanesco» como calificativo de la potencia
del Norte y su modo «monstruoso» de acercarse a la modernidad.[3] Caliban,
entonces paradigma de lo salvaje, desnudo de delicadeza y cultura, reaparecerá años más tarde de manos de José Enrique Rodó en *Ariel* (1900),
acompañado ahora de Próspero, que hace las veces de mentor de la juventud latinoamericana, para la que Ariel, genio del aire, será el modelo a

---

2.   Gustavo Bueno, en el volumen ya citado, desarrolla una tipología de los discursos de la
     identidad latinoamericana compuesta por: 1) modelos nacionalistas de identidad; 2) mo-
     delo internacionalista; 3) alternativa sud-americanista; 4) alternativa panamericanista; 5)
     alternativa occidentalista y 6) la alternativa hispanista.

3.   Tanto Paul Groussac en su discurso de 1898 en Buenos Aires como Rubén Darío en «El tri-
     unfo de Calibán», también de 1898, critican duramente la política intervencionista de Esta-
     dos Unidos, calificándola de caníbal-calibanesca. Para Darío, además, la caracterización
     de los «bárbaros» del norte viene acompañada de un rechazo rotundo a las ciudades «de
     hierro y piedra», a las multitudes que la pueblan y al devorador proceso de modernización
     que ya para aquella época había cambiado definitivamente el rostro de la sociedad urbana
     norteamericana. En su defensa de la herencia española, la identificación se da, en Darío,
     con Miranda: «Miranda preferirá siempre a Ariel; Miranda es la gracia del gran espíritu; y
     todas las montañas de piedra, de hierros, de oros y de tocinos, no bastarán para que mi
     alma se prostituya a Caliban».

seguir en un proyecto de civilización y refinamiento o, lo que es lo mismo, de domesticación de Caliban. No será hasta 1938 que, por obra de Aníbal Ponce en *De Erasmo a Romain Rolland. Humanismo burgués y humanismo proletario*, el personaje de Caliban será rehabilitado en nombre de la injusticia perpetrada por Próspero y transformado en figura de representación de las «masas sufridas».[4] Tras dicha refundación, por la que Caliban comenzará sus primeros pasos hacia ese nativo políticamente correcto que, en los años noventa, pululará por congresos y publicaciones enfrascadas en caracterizar los rasgos de la otredad, lo volveremos a encontrar años más tarde como paradigma de la identidad tanto afrocaribeña como latinoamericana. Esta reubicación no afecta únicamente a las características del personaje, sino también a aquella figura a la que ahora se le asocia: el subalterno. En el marco del Caribe y su particular constelación geográfica y cultural, Caliban se convierte en un eje alrededor del cual se desarrolla la reflexión en torno a la herencia del colonialismo, la trata y las plantaciones. Tras los aportes de Frantz Fanon (*Peau noire, masques blancs*, 1952), George Lamming (*The Pleasures of Exile*, 1960) y Aimé Césaire (*Une tempête*, 1969), el ensayo «Caliban. Apuntes sobre la cultura en Nuestra América»[5] (1971) será el que sistematice y organice, en una genealogía de lo americano, la historia de Caliban como Historia de Latinoamérica. Repensados en el contexto de una identidad continental, el Caliban de Fernández Retamar no solo dialoga con sus Shakespeare, Montaigne o Renan, sino también con Bolívar, Martí, Rodó, Groussac y Vasconcelos, hasta llegar a los caribeños Fanon, o Aimé Césaire, sin dejar de lado a sus detractores (Rodríguez Monegal, Carlos Fuentes o Jorge Luis Borges).

A la pregunta ¿existe una identidad latinoamericana?, el ensayista cubano no solo responde afirmativamente, sino que hábilmente ofrece y localiza la figura que servirá de demostración de su respuesta. El caníbal-Caliban

---

4. Habría que señalar aquí la lectura de Shakespeare hecha por Sir Sidney Lee («Caliban's Visits to England, 1913), uno de los primeros en insistir en la relación entre el personaje de Caliban y el habitante del Nuevo Mundo, víctima desposeída, nativo noble cuya amabilidad inicial frente al invasor de su isla se convertirá en medio para la traición y la esclavización de manos de Próspero.

5. Si bien suele aludirse al texto de 1971 en tanto volumen independiente, no ha de olvidarse el hecho de que dicho texto apareció por primera vez en forma de ensayo en la revista *Casa de las Américas* (No. 68, septiembre-octubre de 1971) y que solo con el paso del tiempo y la ampliación paulatina por parte del autor se convirtió en *Todo Caliban*.

de *La tempestad* se convierte así no solo en paradigma unificador, sino —y yo diría que sobre todo— en arma para contrarrestar las crecientes dudas frente a una noción de identidad basada en la unidad. El personaje de Caliban pertenece a una serie de «figuras inaugurales» que conforman la base del imaginario de representaciones de la otredad generado a partir de la conquista del Nuevo Mundo. Su sintaxis parte de un sistema de oposiciones y exclusiones. En términos espaciales dicha construcción de un origen supuso, primero, una estrategia de posicionamiento y, luego, la elección y fijación de una serie de lugares simbólicamente cargados y, en no pocas ocasiones, sacralizados por el acto mismo del «emplazamiento» del *telos*. A éste le corresponde aquella ilusión de unidad o mismicidad que, traducida a la Historia, deberá garantizar la continuidad de los relatos identitarios, asegurando, además, la identificación con las figuras centrales de dicho relato. Probablemente, la preponderancia y continuidad de esta concepción del origen dentro de los discursos identitarios latinoamericanos sea una de las razones por la que la recepción de la tríada shakespeareana ha dejado de lado su conflictiva localización y su contradictoria relación con el poder y, en última instancia, con la idea misma de diferencia y de identificación. Tales simplificaciones están, en última instancia, estrechamente vinculadas a la naturaleza misma de toda «figura inaugural», pues su efectividad depende de la atenuación de aquellos rasgos conflictivos y subversivos para la noción esencialista de la identidad a la que se dirige toda figura inaugural.

En las representaciones poscoloniales del personaje de Caliban como víctima y sobreviviente del proceso de colonización, éste suele construirse sobre dos atributos principales, de los cuales se derivan otros: la imposición de un lenguaje y la usurpación de su territorio.[6] Caliban representa al salvaje caníbal que insulta a Próspero con las mismas palabras que ha heredado de éste, pero es también la figura del desplazado a quien se le ha usurpado su espacio natural. Es ese «ser sin lugar» a quien «Prospero robara su isla» (Fernández Retamar, 2000: 9), y que la ficción y la realidad han desterritorializado dramáticamente (3). Visto desde esta perspectiva, la propuesta identitaria del ensayista cubano se constituye sobre una voluntad de reconstruir lo perdido —un lenguaje y un territorio—, que promueva, a su vez, la «correc-

---

6.   Valga anotar aquí que el propio Roberto Fernández Retamar, en su segunda edición, extenderá el territorio de Caliban a todos los países subdesarrollados o «en vías de desarrollo».

ción» de una continuidad malograda o quebrada. Este espacio reconstruido de lo propio deberá fungir como territorio trascendente y resistente a los avatares del tiempo y de la memoria.

El *Todo Caliban* de Fernández Retamar puede ser leído como doble emplazamiento: primero, en el Caribe y, luego, en América Latina.[7] La primera localización responde a su análisis de la denominación *Caliban* como anagrama de caníbal, denominación de los habitantes del Caribe y sus usos por parte de Shakespeare, Montaigne y Renan. Por otra parte, la relación con Colón y sus diarios, así como con la creación del imaginario del Nuevo Mundo a través de estas primeras crónicas de viaje, sitúan claramente su relato de la identidad en un espacio más amplio. A partir de la primera localización el autor crea un lazo con José Martí, Simón Bolívar y José Vasconcelos, cuyo resultado será el espacio ampliado —limitado pero también unificado— de «nuestra América». De este modo, el acto de enunciación de la identidad caribeña/latinoamericana se iguala a un acto de reterritorialización que conduce de la pérdida del emplazamiento original a su reconstitución. El nuevo espacio aparecerá bajo el signo trágico y violento de la pérdida o «espacio de la maldición», según la terminología de Juan Carlos Quintero Herencia (2000: 54-87), pero también como espacio de la resistencia. Si bien el posesivo de «nuestra América» hace pensar en una identidad construida como homogeneización, así mismo están presentes ciertas marcas de un desplazamiento. La polisémica coexistencia de, por un lado, el desarraigo (entendido como movimiento) y, por el otro, la (re)localización del desplazado (entendida como domiciliación) propone una estrategia de identificación que más que hablar de estatismo sugiere la identidad de una figura, si se quiere subalterna, en constante movimiento.

En el capítulo primero («Una pregunta»), por ejemplo, el autor abre con la cuestión de la identidad y su localización, enlazando la creación de un nosotros con una separación del espacio del otro.

---

7. En opinión de Juan Carlos Quintero Herencia, la estrategia de territorialización latente en todo el ensayo «Caliban» corresponde al espíritu general de la época y, sobre todo, a una de las estrategias de su autor, por aquel entonces, y aún hoy, director de la revista *Casa de las Américas*, para legitimar su propio discurso: «En ciertos modos, de la discusión de las llamadas izquierdas, sobre todo las que vivieron su protagonismo histórico durante la década de los sesenta, el acto de posicionarse fue entendido como una gestualidad declarativa, muchas veces confesional que precedía o, peor aún, condicionaba la «veracidad» de la labor del intelectual que usaba la voz» (Quintero, 2000: 56).

Un periodista europeo, de izquierda por más señas, me ha preguntado hace unos días: «¿Existe una cultura latinoamericana?» Conversábamos, como es natural, sobre la reciente polémica en torno a Cuba, que acabó por enfrentar, por una parte, a algunos intelectuales burgueses europeos (o aspirantes a serlo), con visible nostalgia colonialista; y por otra, a la plana mayor de los escritores y artistas latinoamericanos que rechazan las formas abiertas o veladas de coloniaje cultural y político. La pregunta me pareció revelar una de las raíces de la polémica, y podría enunciarse también de esta otra manera: «¿Existen ustedes?» Pues poner en duda nuestra cultura es poner en duda nuestra propia existencia, nuestra realidad humana misma, y por tanto estar dispuestos a tomar partido en favor de nuestra irremediable condición colonial, ya que se sospecha que no seríamos sino eco desfigurado de lo que sucede *en otra parte*. Esa otra parte son, por supuesto, las metrópolis, los centros colonizadores, cuyas «derechas» nos esquilmaron, y cuyas supuestas «izquierdas» han pretendido y pretenden orientarnos con piadosa solicitud. [Subrayado mío]

El «aquí» de este fragmento sigue el discurso anticolonialista de la identidad por negación, generado a partir de la delimitación frente a un afuera. *No es «otra parte», no* equivale a «las metrópolis, los centros colonizadores». Negación y exclusión de lo ajeno que conduce a la interrogante de si dicha voluntad de separación desde la reconstrucción de un origen (aquí, por negación) constituye una de las estrategias de autoidentificación de la figura subalterna. Primero que todo habría que insistir en el hecho de que la dualidad desarraigo/localización no equivale a una dicotomía y mucho menos a una contradicción, sino que corresponde a dos momentos diferentes de una misma cuestión: la identificación y la enunciación de la identidad. Además, la negación y exclusión de una «otra parte» conforman estrategias esenciales a toda identificación, no solo relativas al subalterno. Toda voluntad de diferencia comienza, aún más en un sistema de jerarquizaciones, por la delimitación y diferenciación frente a los espacios de poder. Evidentemente, esta oposición no tiene por qué encaminarse automáticamente hacia una identidad estática. Suele ocurrir, sin embargo, que la misma necesidad de separarse del otro tiende a inmovilizarlo en un punto o estado determinado y a proyectar, por analogía, esa fijación sobre la propia identidad. Pero incluso cuando esto ocurre, la relación con el otro, si bien conflictiva y por ello poco deseada, no desaparece del todo y su presencia está asegurada en cada espacio de representación.[8]

En el ensayo de Fernández Retamar la afirmación del propio lugar como oposición al lugar del otro va dando lugar a una conciencia de los constantes desplazamientos de la memoria, los rituales, los lenguajes. De modo que, al cerrar el capítulo, la violencia de la demarcación espacial primera ha dado paso a una reflexión en torno a la imposibilidad de impermeabilizar las fronteras culturales. Solo a partir de esta premisa llegamos a uno de los dilemas fundamentales de la condición poscolonial: hablar el lenguaje del poder para oponerse a él. La propia identidad, incluso desde un discurso de la resistencia como lo es el de Fernández Retamar, se enuncia desde y sobre la herencia de una cultura hegemónica.

Ahora mismo, que estoy discutiendo con estos colonizadores, ¿de qué otra manera puedo hacerlo, sino en una de sus lenguas, que es ya también nuestra lengua, y con tantos de sus instrumentos conceptuales, que también son ya nuestros instrumentos conceptuales? No es otro el grito extraordinario que leímos en una obra del que acaso sea el más extraordinario escritor de ficción que haya existido. En *La tempestad*, la obra última (en su integridad) de William Shakespeare, el deforme Caliban, a quien Próspero robara su isla, esclavizara y enseñara el lenguaje, lo increpa: «Me enseñaron su lengua, y de ello obtuve / El saber maldecir. ¡La roja plaga / Caiga en ustedes, por esa enseñanza!» («You tought me language, and my profit on't / Is, I know to curse. The red plague rid you / For learning me your language!») (*La tempestad*, acto I, escena 2).

Al final de este capítulo el territorio de lo propio —que después será identificado con Caliban—, diferenciado y separado de otro ajeno —que corresponderá a Próspero—, es el resultado tanto de una demarcación frente a lo

---

8. En «Dessein de la ouvrage», Henri Lefebvre propone tres conceptos relacionados con el espacio: prácticas del espacio, representaciones del espacio y lugares de representación. Este último alude a complejos e indescifrables procesos de simbolización que serán transmitidos a través de imágenes y símbolos, correspondiendo con el espacio de sus usuarios y de aquellos artistas que lo describen. Estas construcciones están arraigadas en la experiencia y constituyen un repertorio de articulaciones caracterizadas por su flexibilidad y su capacidad de adaptación sin llegar nunca a ser arbitrarias. Su construcción parte de elementos imaginarios y simbólicos, que tienen su origen en la historia de una comunidad y en la de cada uno de los individuos que la conforman.

ajeno, como de una traslación. Hemos pasado así de una localización por oposición a la noción de identidad a partir de la conectividad y traducción.

Aún más, en su diálogo con Shakespeare, Césaire, Martí, Renan, Darío o Rodó, el ensayo de Fernández Retamar se acerca a las variantes de representación de la figura de Caliban apuntando a la movilidad y variabilidad de los atributos, rostros y espacios que le han sido asignados. Esa noción de identidad basada en el emplazamiento —y por ello tan identificable como controlable— y sobre la que el propio autor parece querer edificar todo su ensayo, aparece una y otra vez permeado por esa otra forma que es desplazamiento, viaje, producción infinita. Con ello, insisto, no queda anulado el hecho de que su propuesta identitaria privilegie la primera de las dos variantes identitarias de Hall citadas al principio. Toda ella está sustentada en el rescate de la lengua y el territorio perdidos, o sea, en un discurso arqueológico de lo propio. No debe pasarse por alto, sin embargo, que la figura misma de Caliban lleva consigo un *performace translocal*, en diálogo constante con sus propias estrategias de representación y de des-plazamientos. Los viajes de Caliban —del siglo XVII al siglo XX, del drama al ensayo, de Inglaterra a América Latina, del colonizador al subalterno— corresponden a un tipo de narrativa que aún sin reconocerlo explícitamente, se ve obligado a asumir tanto la inestabilidad de su propia configuración como aquello que de asentamiento tiene todo viaje.

Mucho se ha comentado y criticado el texto de Fernández Retamar: reconocido como discurso pos-occidental (Mignolo, 1998) o discurso de la condición posmoderna latinoamericana (Ruffinelli, 1992); leído como paradigma del «balbuceo teórico» latinoamericano (Achugar, 2000) o entrecruzamiento marxista-postestructuralista dentro del ensayo americano (Kaliman, 2000); criticado por ignorar a Oswald de Andrade y su Manifiesto Antropófago (Rodríguez Monegal, 1975) o por permanecer dentro de un pensamiento logocéntrico y patriarcal (Spivak, 1998). Por de pronto, valga observar que a pesar de las crecientes dificultades a la hora de identificar no ya una nación, sino todo un continente, con un paradigma literario, estas propuestas identitarias han sido esenciales en la lucha de diferentes grupos de afirmación por el reconocimiento de una voz y un lugar propios. Desde el feminismo hasta el poscolonialismo, dicha lucha parte precisamente de la demarcación de un territorio tanto de afirmación como de resistencia. La búsqueda de la identidad basada en el emplazamiento, tal y como analiza Edward Said en «Resistance and Opposition», es la base de ciertas formas de resistencia «se-

cundaria», si entendemos bajo este término el intento de reinstaurar un territorio simbólico tras la reconquista de un territorio geográfico.[9] Su relevancia
en muchos de los necesarios procesos de reconocimiento y valoración de la
diferencia, le acredita hoy su fuerza y le asegura para el futuro una vida más
que fructífera. Y en ellas, incluso en las formas más radicales de localización
de la identidad, el viaje nunca desaparece del todo. Posiblemente, una de
las razones de su continuidad radica en la aporía intrínseca al concepto
mismo de identidad: en su voluntad de alzarse como mismicidad a través
de sus estrategias de homogeneización y emplazamiento dirigiendo, a su
vez, la mirada hacia sus propias grietas, hacia sus propias discontinuidades
y movimientos.

Localizaciones narrativas del yo

La construcción espacializante de la identidad tiene en la literatura una
de sus más eficaces plataformas. En su base se encuentra el carácter dis-
tributivo y, ante todo, performativo de todo discurso, que al enunciar un
espacio lo funda, organizando y jerarquizando sobre él los elementos que lo
conforman. Dicho principio de organización y jerarquización se da no solo
dentro del texto mismo, sino también hacia el exterior, hacia la totalidad
del sistema literario, provocando que ciertas obras y ciertas poéticas se
establezcan con más fuerzas que otras como estrategias de identificación.
¿Quién duda hoy que *Cien años de soledad* tuvo y ha tenido mayor influjo
en la formación de una identidad latinoamericana que *Rayuela*? Escojo estos
dos textos no solo porque sus momentos de producción y recepción están
muy cerca uno del otro, sino también porque en ellos se inscriben las dos
formas de localización que proponía Hall. Además, ambas novelas aparecen
generalmente incluidas dentro del corpus del *boom*, movimiento literario que
fue para muchos el punto de partida de un reconocimiento unificado y unificador de la identidad latinoamericana. Será innegable, sin embargo, que el
alcance de dichas obras va mucho más allá del momento de su producción

---

9. Al respecto Edward Said señala: «After the period of "primary resistance", literally fighting
    against outside intrusion, there come the period of secondary, that is ideological resis-
    tance, when efforts are made to reconstitute a "shattered" community, to save or restore
    the sense and fact of community against all the pressures of the colonial system» (Said,
    1993: 252).

y de su recepción como parte del *boom* latinoamericano[10] y qué su relación con la problemática de la identidad no compete directamente a sus textos. No pretendo dilucidar aquí el proceso de constitución de ese imaginario colectivo que ha conformado la base de la identidad —en el caso de América Latina, bajo la égida del realismo mágico— de una comunidad, tanto frente a sí misma como frente a los otros. Tampoco me adentraré en las diferentes fuerzas internas y externas al sujeto de la identidad y al sistema literario, que accionan en esta composición. Solo me gustaría señalar que la mirada macondista creó un espacio de representación distinto y distante, cuyos símbolos e imágenes ofrecen —aún hoy— un referente claro, exclusivo y localizable para muchos. Que su continua reproducción y epigonización hayan sido tan valoradas, se debe en parte a un tipo de recepción que lo entiende como resistencia ante el proceso de globalización y ante su ímpetu demoledor de diferencias. Por otra parte, su expresa «voluntad de otredad» conecta perfectamente con el discurso afirmativo y diferenciador de la periferia con respecto al centro, y con esa necesidad del centro de regenerarse a través de la fijación «adecuada» de sus otros. En esta línea, tanto Caliban como Macondo han sido enlazados en un discurso multiculturalista y alternativo, que parece reinar en los círculos universitarios europeos y estadounidenses[11] y que ha dado lugar a una larga polémica acerca de las diferencias entre el sujeto de la identidad y el lugar de su enunciación.[12] Lo que para Caliban es la fuerza

10. La relación entre macondismo e identidad en el marco de la crítica poscolonialista es el centro de la reflexión de Erna von der Walde en «Realismo mágico y poscolonialismo: construcciones del otro desde la otredad». En su opinión: «Más allá del lugar de prestigio que ha adquirido lo marginal, minoritario y excéntrico en el primer mundo, cabe preguntarse si el realismo mágico, como quiera que se entienda, no se presta para construcciones de la otredad que son parte de ese mismo proyecto que sostiene la lógica del capitalismo en cualquiera de sus fases; construcciones de la otredad que sean incorporables sin mayores conflictos» (1998: 156).

11. En su ataque contra la «escuela del resentimiento», el polémico Harold Bloom señala la presencia de Caliban, no como personaje del drama shakespereano, sino convertido en paradigma del sujeto subalterno, víctima de la ocupación foránea que, usando la palabra del poder, se rebela contra la tiranía de Próspero y construye su propio espacio.

12. Para la problemática acerca de la identidad y su lugar de conceptualización, remito a los exelentes ensayos «El Boom del subalterno», de Mabel Moraña, y «Leones, cazadores e historiadores. A propósito de las políticas de la memoria y el conocimiento», de Hugo Achúgar, aparecidos ambos en el volumen *Teorías sin disciplina* (Castro-Gómez y Mendieta,

de lo indomable, para Macondo es la fuerza de lo místico. Ambos están anclados en lo natural (tradicionalmente opuesto a lo técnico y a lo racional), en un espacio de resistencia a los excesos de la modernidad y la civilización. De modo que en ellos, el territorio exclusivo del yo viene a ser creado a partir de una ruptura o contraposición con el otro y con el lugar «más allá».

Siguiendo esta lógica de superposición o constraposición de los espacios del sujeto y sus otros, del aquí y del allá, de lo propio y de lo ajeno, podríamos preguntarnos de qué manera se localiza simbólicamente la identidad del latinoamericano cuando «su» territorio real oscila entre un aquí y un allá, superando los límites geográficos del continente. Interrogante que, llevada a las crecientes corrientes migratorias desde y hacia Latinoamérica, equivaldría a preguntarse cómo construye el ser doblemente desplazado (en su condición de subalterno y de emigrante) su propia identidad en términos de localización.

Evidentemente, cada variante migratoria genera sus propios discursos de localización e identificación. En todas ellas el desplazamiento —forzado o voluntario— constituye, junto a la lengua, uno de los pilares de la formación identitaria. Dicha primacía resulta quizá más evidente en aquellas construcciones identitarias que responden a la separación del origen con estrategias de localización basadas en la alternancia entre un territorio, pasado e inaccesible, y otro, presente e ineludible. No debe pasarse por alto, sin embargo, la existencia de otro tipo de construcción en la que el proceso de identificación se encuentra transido por la dinámica de intercambio e imbricación al interior del nuevo espacio. Valga aclarar que tales movimientos interiores no se producen exclusivamente desde el tan citado sentimiento de nostalgia, pues parten de una ruptura con el antiguo territorio y una voluntad de asimilación al nuevo. A pesar de estas diferencias notables, en ambas construcciones se da una relación, conflictiva e irresuelta, entre espacios de acceso y de clausura, entre espacios de reconocimiento y de invisibilidad, de comunicación y de incomunicación. La identidad se convierte entonces en la enunciación de un lugar imposible —¿heterotópico?—, más allá de la visión totalizante y plena de una clara localización. Esta imposibilidad de asentamiento genera, a

---

1998). Para estos autores, la teoría de la poscolonialidad, y su insistencia en el personaje de Caliban, corresponde a una nueva variante de la hegemonía representacional y a su larga tradición de conceptualizar al «otro», al periférico, desde los centros de poder.

su vez, una continua transición entre zonas profanas y zonas sagradas, entre zonas de separación pero también zonas de contacto.

Un rápido repaso a las narrativizaciones de la identidad y sus despla-zamientos en el cine, las artes plásticas, la música popular o la literatura, evidencia el mantenido interés por este tema. Baste citar, para el caso de la literatura, los numerosos relatos surgidos desde las comunidades latinas dentro de Estados Unidos, cuyo eje narrativo principal se centra en la (re) construcción de un yo trashumante y confuso, inmerso en el mesiánico *mel-ting pot* estadounidense. Me refiero, por ejemplo, a *Hunger of Memory. The Education of Richard Rodríguez*, de Richard Rodríguez; *Cuando era puerto-riqueña*, de Esmeralda Santiago; *La casa de mango street*, de Sandra Cisne-ros o el reciente *La breve y maravillosa vida de Oscar Wao*, de Junot Díaz. Quisiera detenerme en dos textos —*El portero* (1989), de Reinaldo Arenas, y *How the García Girls Lost Their Accents* (1991), de Julia Álvarez— como ejemplos de dos variantes de localización del yo: la primera opera dentro del nuevo territorio, mientras la segunda lo hace a través de la alternancia entre el lugar de acogida y el de origen. En ambos textos, la sucesión de espacios y facetas de la identificación va a convertirse en la crónica de los diversos desplazamientos y re-emplazamientos dentro de un contexto extraterritorial e intercultural. La búsqueda de las particularidades del yo se basa, entonces, en una coincidencia espacial que deviene conciencia del espacio practicado. Practicar espacios es, siguiendo la propuesta de Michel de Certeau que en-cabeza este ensayo, ser uno y ser otro, y ese otro es, en ambas novelas, no solo el discurso rector, sino también otros discursos menores y periféricos. Desde propuestas poéticas y construcciones narrativas diferentes, cada una de estas novelas re-crea ese espacio en el que Caliban escenificaba su yo singular e irresuelto como intersticio entre el universo (distante) de su propia subjetividad y el espacio real, de acogida y de extrañeza.

Por otra parte, ambos relatos se sitúan en un contexto político que es a la vez encuentro y desencuentro en un nuevo territorio: el simultáneo éxodo a Estados Unidos desde la República Dominicana y desde Cuba. Si entre 1940 y 1950 los inmigrantes puertorriqueños constituían la mayor comuni-dad caribeña en Estados Unidos, dicha configuración cambió radicalmente con la llegada de las primeras olas de inmigración dominicana y cubana. Ante el contexto global de la Guerra Fría, alrededor del cual los modos de asimilación de ambas comunidades serán articulados y manipulados bajo un signo claramente político, la narración de la colectividad da paso al relato individual y personal de cada uno de sus individuos. Es quizá ésta una de las diferencias radicales frente a la saga calibanesca. No estamos aquí ante la construcción simbólica de un nosotros, ante la representación generalizada de un yo incluido y ciertamente borroso bajo los rasgos de una colectividad, sino ante una voz íntima que busca en sus experiencias afectivas los rasgos que lo localizan y, a través de esa localización, le ofrecen la sensación y el reconocimiento de pertenencia deseados. Atrás queda esa conciencia histórica que constituía para María Zambrano (2004) la condición primera del exiliado. Estos textos del exilio se hacen eco de un desplazamiento de lo colectivo a lo privado, en el que espacio y tiempo quedan conectados con las experiencias afectivas de cada individuo.

El umbral y la puerta

En *El portero* una voz plural (el exilio cubano) se plantea la reconstrucción de la «incomprensible» historia de Juan, un cubano exiliado en Estados Unidos a principios de los años ochenta y álter ego del propio autor. Desde las primeras líneas, el narrador declara contundentemente la imposibilidad de organizar la historia por medio de una estructura causal e invita al lector a abandonar este terreno armónico y su rol hasta cierto punto pasivo, para emprender la búsqueda de un principio que organice y explique —aunque solo sea parcialmente— la historia. Espacio y tiempo aparecen entonces como potenciales construcciones: un allá y un acá, equivalentes a un antes y un después y como lazo tenaz, la angustia de un hombre detenido en el umbral.

De las dos partes que constituyen la novela, la primera relata los repetidos fracasos de Juan en su deseo de localización y reconocimiento dentro de su nuevo territorio geográfico pero también social. Una comunidad, para más detalles, plural y heterogénea, constituida por numerosas «diversidades» reunidas en la sociedad norteamericana.[13] El espacio común, apenas perceptible en los momentos de encuentros, está marcado siempre por el monólogo «del otro» —egocéntrico y tiránico— que anula definitivamente la posibilidad del diálogo y, también, el ansiado reconocimiento del yo desplazado (Juan). De modo que el lugar del otro se clausura y el «yo» permanece en la sombra,

---

13. La composición de este microcosmos es en todo sentido heterogénea. En ella se encuentran científicos, artistas, millonarios, inmigrantes integrados o enmascarados, académicos, catequistas, misántropos, alcohólicos, impotentes, obsesos, hedonistas y suicidas.

localizado nuevamente entre el lugar en el que está y otro lugar, situado más allá de la puerta, al que ha sido reenviado. Dicho «más allá», trágico en las escenas del primer capítulo, reaparecerá bajo un signo en apariencias diferente en la segunda parte, cuando los animales domésticos del edificio invitan a Juan a dialogar en el sótano del inmueble. La reterritorialización del yo desata una nueva búsqueda localizada en un territorio doblemente periférico y menor, en el que Juan —el otro de los inquilinos y ahora el otro de sus mascotas— se convierte, en una especie de proliferación, en el «otro» del otro para el que la identidad y el reconocimiento se hacen aún más arduos. El desplazamiento hacia un lugar intermedio entre la comunidad humana y el reino animal nos remiten directamente a la tradición de la fábula, y más específicamente al *Coloquio de los perros* o la *Rebelión en la granja*. En este caso, más que proponer un camino hacia la semilla, hacia los fundamentos, la relocalización en el sótano produce una incertidumbre. El espacio intersticial, tanto frente a los humanos como frente a los otros animales, generará finalmente nuevos conflictos de comunicación, creando, también aquí, una localización transida por jerarquías y diferencias.[14]

Según el informe objetivo y a la vez transmutado de la voz del exilio,[15] Juan busca integrarse al orden social de la ciudad de Nueva York a través de un espacio doble. El primero, público y remunerado, es la entrada de un edificio en la que Juan ceremoniosamente abre la puerta y saluda a la variopinta

---

14. Para un análisis detallado de la estructuración de las diferentes colectividades presentes en esta novela, remito al estudio de Lourdes Cabrera Ruiz (2005).

15. Según el narrador: «[...] aquí consignamos las cosas tal como sucedieron y no como nosotros hubiésemos querido que hubiesen sucedido. Por otra parte, y esto es de suma importancia que el lector lo comprenda desde el principio, el hecho de que seamos un millón de personas las que firmemos este documento nos obliga a llevar nuestros razonamientos hacia una especie de término medio o, para emplear una expresión tan cada a esta tierra, «balancear» razonablemente los hechos [...] el consenso general de nuestros firmantes prefirió no dañar la objetividad de este testimonio» (27). Por otra parte, esa misma voz reconoce la condición ficcional del texto y las dificultades que ello supone: «Realmente, no sabemos a ciencia cierta qué estilo emplear para hacer esta historia más verosímil sin por ello afectar la parte en apariencia fantástica que la misma conlleva. Desde luego al ser planteadas estas dificultades referentes a la composición literaria, propias de una comunidad cuya labor no es precisamente la literatura, algunos os ha reprochado (hasta por escrito) el haber tomado nosotros, un equipo anónimo de personas no especializadas en esta materia pero nombrado por la mayoría, las riendas de este recuento» (151).

colección de inquilinos. El otro, íntimo y sublime, es el espacio de superación de lo cotidiano, es el lugar de la trascendencia.

De ningún modo podía concebir que la existencia de toda aquella gente, y por extensión la de todo el mundo, fuese solo un ir y venir de un cubículo a otro, de espacios reducidos a espacios aún más reducidos, de oficinas a dormitorios, de trenes a cafeterías, de subterráneos a ómnibus, y así incesantemente... Él les mostraría «otros sitios», pues él no solo les abriría la puerta del edificio, sino que, seguimos citándolo, «los conduciría hacia dimensiones nunca antes sospechadas, hacia regiones sin tiempo ni límites materiales». [18]

El espacio de Juan, ese que deberá propiciar el reconocimiento frente a sí mismo y frente al otro, vendrá a producirse en el momento en que el gesto de abrir una puerta —la del edificio— se traduzca en acceso a otro espacio, el de la salvación. El saberse «el señalado, el elegido, el indicado» para mostrar el camino hacia otra dimensión de la existencia, le da a su figura un matiz mesiánico, y lo desplaza de la invisibilidad —supuestamente, condición perenne del subalterno— a la visibilidad de un pretendido poder, el paso a otra parte. Juan, Janos moderno, transforma así, al menos desde su propia imaginación, la dificultad de su liminaridad en la fuerza del control del acceso a un espacio cualitativamente superior. Un aspecto, sin embargo, hace estremecerse este poder: dentro de la estructura narrativa del texto, la puerta, repetida dos veces como título, es el punto de partida para un relato —otro espacio— que, por su final abierto, permanecerá oscuro para el lector. En el primero, después de un recuento optimista de todas las posibles puertas, diseñadas de manera tal que cada habitante del edificio pase con placer a través de ella, aparece la pregunta crucial: «Pero, una vez transpuesta, ¿qué?» (148). Por su parte, el segundo capítulo, «La puerta», termina con un anuncio que declara la desaparición de Cleopatra, la perra egipcia convertida en líder de la horda de animales, y la nota del portero: «yo desde fuera los veré alejarse definitivamente» (248), sin que se aclaren los significados de ese «fuera» y de ese «alejarse».

La obsesión por la (re)localización, motor del relato, nos indica una preponderancia del espacio sobre el tiempo. Si, por un lado, el eje narrativo fundamental se dirige hacia la búsqueda de la identidad, por otra parte, éste será construido como búsqueda de un «lugar de representación». En este sentido, *El portero* puede ser considerado como texto de carácter topológico, o sea, marcado por la enunciación, búsqueda y reconstitución de configuraciones espaciales, en este caso estrechamente vinculadas con la cuestión de la identidad. Valga apuntar que los espacios de representación que aquí aparecen no son ni homogéneos ni coherentes. Son el producto de una construcción simbólica que tiene su origen y coherencia dentro de la dinámica del relato, pero también en relación conflictiva con las representaciones dominantes —centro *versus* periferia, interior *versus* exterior, público *versus* privado—. No solo resalta aquí el acento puesto en lo visual, sino también la continua producción y enunciación de espacios interiores y exteriores que van desde la entrada, el sótano, cada apartamento de los inquilinos hasta el «afuera» final. Igualmente, el texto se hace eco de la dualidad de todo espacio narrativo, constituido como construcción sígnica pero también como espacialización del relato. La novela está estructurada en dos partes, tituladas «Primera parte» y «Segunda parte». La cronología y unidireccionalidad sugerida por la construcción ordenada y simétrica de un «primer» y «segundo» apartado es dinamitada con la repetición de la coda a cada una de ellas, denominada «La puerta». Lugar del portero pero también lugar del umbral y del intercambio entre un exterior —apenas presente en el texto— y un interior, contrario a lo que de embrionario y protector tiene todo interior, hostil al protagonista. Por otra parte, la puerta puede ser considerada como no-lugar, que al propiciar la circulación obstaculiza el proceso de identificación y fomenta un ciclo interminable y, por qué no, trágico. Además, como en el caso del personaje mitológico, la doble faz de Juan mezcla rasgos de sumisión y vanidad, de osadía y timidez, de altruismo y misantropía, y vuelve a constituirse como espacio intersticial entre paradigmas universales diversos. La pluralidad irresuelta de espacios identitarios, la localización en el umbral, así como la condición jánica y a la vez problemática de Juan, nos permite considerar este texto como parte de la «narrativa de las escisiones dramáticas» que, según García Canclini, configuran la base del imaginario de la globalización y sus desplazamientos (1995: 65). Habría que agregar, quizá, que dicho drama parte precisamente de la imposibilidad de resolver la cuestión de la localización del yo y de su reconocimiento.

La isla y Nueva York, la casa y la calle

Como en el caso de *El portero*, la novela de Julia Álvárez se enfrenta a la temática de la migración y sus vínculos con la producción y transformación de figuras de la diferencia y la identidad. Quizá de un modo menos explícito que en la novela de Arenas, se da aquí esa imbricación con la autobiografía[16] que invita a la lectura doble de los de las escrituras del yo como espacios de verdad y de ficción. A través de estos continuos desplazamientos entre géneros literarios, *How the García...* fuerza al lector a abandonar la lógica binaria de un interior *versus* un exterior, mediante la cual suelen construirse las identidades de la diferencia. Ya el propio título —con la multiplicidad de lecturas que propone el vocablo «acento»— remite directamente a esta «confusión» de espacios narrativos: el apellido de la autora ha perdido «su» acento, pasando de Álvarez a Alvarez. Con ello, la imposibilidad de una asimilación total y la falacia de crear un territorio puro, escindido limpiamente del anterior, parecen «acentuados» con el propio título.

La preponderancia de la cuestión del acento como solución de la escisión producida por el exilio de los García nos remite además a la vinculación entre identidad y lenguaje. La patria es el lenguaje, sí, pero en esa misma aseveración, alrededor de la cual se construye el texto, subyace la problemática de la localización. El acento es la huella de un origen, es la remisión a otro territorio que a pesar de su distancia aún se hace sentir, como un miembro fantasma. La presencia de un allá se convierte en tormento, como en la escena en que la niña Yolanda sufre la duplicidad de sus territorios de representación a través de las burlas y ofensas de sus compañeros de escuela («Go back to where you come from, you dirty spic»). La experiencia trágica de la duplicidad espacial, como en el pasaje antes citado, tiene dentro de la historia su correlato de placer. Este es el caso del viaje del primer capítulo, en el que la misma figura recorre el campo dominicano para ir descubriendo y describiendo, desde el asombro de quien llega por primera vez, la luz, la sensualidad de las frutas y los cuerpos tropicales. Solo a partir de una mirada estrábica, dirigida simultaneamente hacia dos direcciones, es posible esa contemplación del deleite anclada a la vez en lo familiar y lo exótico.

---

16. Una lectura de *Something to Declare* (1999), serie de textos autobiográficos, en la que Álvarez reflexiona acerca de las implicaciones —afectivas, sociales, culturales, lingüísticas, etc.— de su propia inmigración, pone en evidencia la repetición de motivos y reflexiones extraídos de su propia experiencia y narrativizados en sus novelas. Éste es el caso de la problemática de armonizar la percepción del cuerpo de la latina con los cánones de belleza norteamericanos: «Although we wanted to look like we belonged here [the United States], the four sisters, our looks didn't seem to fit in. We complained about how short we were, about how our hair frizzed, how our figures didn't curve like those of the bathing beauties we'd seen on TV» (39).

Sin lugar a dudas, la búsqueda de un espacio propio responde, en el caso de cada una de las cuatro hermanas García, a una necesidad de localización de un ser que se siente marginado. Marginado por su doble localización periférica: de inmigrante y de sujeto femenino. El proceso de localización *tiene lugar* en medio de una serie de tensiones de corte lingüístico, de género, de clase social, de raza, de rituales y de roles. Y es precisamente el sostenido contrapunteo entre lo tradicional y lo liberal, entre un espacio del origen (la casa, el español, el padre, la República Dominicana) y el espacio de llegada (la calle, el inglés, las hermanas, Estados Unidos) la principal fuente rítmica de la novela.

La pérdida del acento y la posesión de una dentadura perfecta parecen afirmar el proyecto paterno de una cómoda traslación de un lugar a otro. Sin embargo, poco a poco se van manifestando las incertidumbres de las cuatro hermanas y su situación conflictiva e irresuelta entre las dos culturas. Cada una de ellas aparece escindida por la ruptura con la tradición del origen y lanzada a la pérdida de orientación característica de los espacios intersticiales:[17] Carla, divorciada y casada con un psiquiatra; Sandra, internada en un hospital psiquiátrico y sumida en una ambivalente relación con el lenguaje y el lugar; Sofía, embarazada de un alemán que conoció en un viaje a Colombia y hundida aún en las tensiones morales entre su territorio de libertad y aquel que corresponde, en el orden paterno, al control y la emocionalidad; por último, Yolanda, la figura crucial que abre y cierra el relato, oscila entre variantes onomásticas evocadoras de perfiles diversos dentro de una identidad fragmentada. También aquí reaparecen las constantes de lenguaje y espacio: Yolanda es Yo (primera persona del singular), pero es también Yoyo (juguete que gira de un lado a otro para terminar, cuando la energía decaiga, en cualquier lugar). Lo que en el personaje de Yolanda se hace evidente por los nombres, se cumple por igual para las cuatro hermanas: cada una de ellas caracterizada a través de las figuras de entremedio en las esfe-

---

17. Para Homi Bhabha, la articulación social de la diferencia trae consigo una pérdida de orientación frente a la tradición: «Al reescenificar el pasado introduce en la invención de la tradición otras temporalidades culturales inconmesurables. Este proceso enajena cualquier acceso inmediato a una identidad originaria o una "tradición" recibida. Los compromisos fronterizos de la diferencia cultural pueden ser tanto consensuales como conflictuales; pueden confundir nuestra definiciones de la tradición y la modernidad, realinear los límites habituales entre lo privado y lo público, lo alto y lo bajo, y desafiar las expectativas normativas de desarrollo y progreso» (Bhabha, 1994: 19).

ras de la profesión, la sexualidad, la relación con el cuerpo, con el lenguaje o con la propia emotividad. Todas ellas generan pero también deconstruyen la dicotomía entre el lugar do origen, la República Dominicana, y Estados Unidos, lugar de acogida. Cada espacio está contaminado por la presencia del otro, por el deseo −práctica potenciadora del espacio− de un más allá. Si bien los espacios contrastados de lo privado *versus* lo público, de lo accesible *versus* lo prohibido, de lo lejano *versus* lo cercano, de lo inteligible *versus* lo sensible, parecen producir una dicotomía de espacios geográfica, lingüística y políticamente diferenciables, entre los que se producirá el viaje, lo cierto es que dicho binarismo se deconstruye continuamente. De modo que al tiempo que se crea en el lector la expectativa de una construcción estática de la identidad, dicha identidad no hará más que frustrarse continuamente a través de las «perspectivas esquemáticas»[18] que, a medida que avanza la lectura, van produciendo espacios múltiples y desplazamientos multidireccionales. Primero que todo, a través de la fragmentación del relato en su alternancia de voces narradoras.[19] Luego, a través de una estructura narrativa, como *flash back* o trayectoria en la dirección contraria a la historia. En este sentido, los paralelismos con el «Viaje a la semilla», de Alejo Carpentier, señalados por William Luis (2000), son, si bien evidentes, también desorientadores, pues la naturaleza unidireccional y la cronológica del retorno al origen, elemento estructurador del relato de Carpentier, se constituyen, en realidad, como regreso a una cuna imprecisa:

> «¡Llegamos!» my father said a little sadly.
> «We're here!» I echoed my father in English. Despite my dark hair and coloring, despite the fact that I came from generations of Dominicans, I joined the American in clapping. All my childhood I had dressed like an American, eaten American foods, and befriended American children. I had gone to an American school and

---

18. Siguiendo la propuesta de Wolfgang Iser, el término «perspectivas esquemáticas» denota las sucesivas apelaciones de un texto a su lector implícito, a través de las cuales se irá produciendo, paulatinamente, la concretización literaria en la mente de cada lector. Siguiendo esta propuesta, proveniente de la teoría de la recepción, una narración vuelve una y otra vez sobre las espectativas creadas tanto para reafirmarlas como para refutarlas y sustituirlas por nuevas espectativas. Cf. Iser, 1968.

19. William Luis ve en dicha pluralidad de voces narradoras la representación de un yo escindido y la imposibilidad de reunificarlos nuevamente en una identidad basada en la mismicidad. Cf. Luis, 2000.

spent most of the day speaking and reading English. At night, my prayers were full of blonde hair and blue ayes and snow and just such a plane ride as this one. All my childhood I had longed for this moment of arrival. And her I was, an American girl, coming home at last. [85]

¿Cómo precisar «una semilla» para un individuo escindido ya en su propio origen? ¿Cómo resolver la paradoja de un origen que, en su hibridez, traiciona ya la idea de unicidad? La novela de Álvarez no propone salidas a este dilema, sino que rompe con la construcción temporal y espacial del origen como armonía, dejando irresuelta tanto la búsqueda como la localización.

De esta forma, la mirada sobre las estrategias de construcción y representación de la identidad generan una conciencia de pluralidad que se proyecta como cuestionamiento y autoreflexión sobre las prácticas del espacio y el proceso de identificación, tanto en el territorio de origen como en el de llegada.[20] Así, regresar al origen, tanto al comienzo del relato como al comienzo de la historia, se convierte en el acceso a otro espacio heterogéneo. La secuencia que abre el relato cuenta el regreso de Yolanda al «hogar», celebrado con un «Bienvenida a ti» con música de «Happy Birthday» y un pastel que representa la Isla pero que porta, a su vez, cinco velas —¿del deseo?— evocadoras de las cinco ciudades más importantes. También el comienzo de la historia (y final del relato) se estructura sobre la problemática del origen y la de una separación de éste. La pequeña Yolanda, tentada por el deseo de llevarse consigo a un gato recién nacido y abatida por el desgarramiento que intuye en la separación violenta del hogar materno, reflexiona acerca de su propio desgarramiento y separación del hogar. ¿Qué se pierde y qué se gana en estos viajes de ida y vuelta? ¿Son reprochables moralmente? ¿Qué los legitima y qué los rechaza? Como muchas veces en la narrativa de Álvarez, la interrogante queda abierta y entre una y otra historia se va escenificando la imposibilidad de un asentamiento definitivo.

---

20. Una estrategia que Lucía M. Suárez relaciona con la experiencia del exilio y sus diferentes negociaciones: «Language, here, is used in an exaggerated manner to signal the effects of the loss of identity [...] The story performs the attempt to recuperate an identity—Hispanic, Dominican, female—that is being contested by the very process of assimilation the Yo (and undoubtedly many Latinas) has worked so hard to achieve. In general, How the García Girls Lost Their Accents incites us to think about what it lost and question what is gained. In particular, it posits language (accents) at the fore of the negotiation between assimilation and contestation, memory and self-invention, exposing the need to embrace the two languages as part of a constructive whole for Latina/o communities» (Suárez, 2004:128).

Coda

De Darío a Fernández Retamar, las lecturas de Caliban responden a una necesidad de autodefinición asociada a los grandes relatos y su obligada ruptura frente a lo que se consideraba injerencia foránea. En ese negociar los contornos de un yo colectivo diferenciado y diferenciable del espacio del poder colonizador y/o imperialista, la ciudad letrada impuso una localización en la que se generaba la construcción de un «ser nacional» a la par de un nosotros («esa América nuestra» de la que hablaba Martí), marcado por la tensión entre el deseo de independencia y la voluntad de modernización. En ese doble impulso de unificación hacia lo interior y diferenciación frente a lo exterior, dicho paradigma llegó a naturalizarse como unívoco y estable, pasando por alto, e incluso desacreditando, las narrativas de desplazamiento y mestizaje que llevaba consigo. Como afirma Lechner, la búsqueda de un espacio propio ha dado pie a una postura que ve en la diferencia un signo de disgregación y de incapacidad para la (auto)definición.[21] Sin embargo, bajo ese mantenido relato babélico del miedo se escucha también el quehacer de un constante re-construir y desplazar los territorios de lo propio, en un gesto que asume un afuera como parte constitutiva del adentro. Hoy por hoy resulta innegable que el mismo Caliban es, y no solo al interior del drama de Shakespeare, una figura de la localización que, en sus prácticas espaciales, habla de desplazamientos y reterritorializaciones. Su origen es tan occidental como el mismo Próspero al que se opuso, sus desplazamientos tan trágicos y contradictorios, su localización tan múltiple como irresuelta, igual que la del amo letrado. Es en esa asimilación consciente de los emplazamientos múltiples e inestables del sujeto, apuntada ya en Fernández Retamar, donde, en mi opinión, coinciden las dos novelas que hemos analizado. Desde sus diferentes constituciones narrativas se enfrentan a la problemática de la construcción de un sí-mismo a través de las prácticas del espacio, no tanto fijando su lugar, sino partiendo de una práctica dialógica de espacios interiores y exteriores de representación, en la que los códigos culturales

---

21. «Podría narrarse la historia de América Latina como una recíproca y continua ocupación de terreno. No hay demarcación estable conocida por todos. Ninguna frontera física y ningún límite social otorgan seguridad. Así nace, y se interioriza, de generación en generación, un miedo ancestral al invasor, al otro, al diferente, venga de arriba o de abajo» (Lechner, 1988: 99)

propios se convierten en ajenos y el territorio público de la heterodefinición se mezcla indefectiblemente con el privado de la autodefinición. Sobre esta identidad como continua relocalización, como viaje entre territorios plurales, inestables e intersticiales, aparecerán las voces de un sujeto que, en concordancia con su lugar disperso, es, no sin dolor, él mismo y otro.

Bibliografía

ACHÚGAR, HUGO. «Sobre el "balbuceo teórico" latinoamericano, a propósito de Roberto Fernández Retamar», *Roberto Fernández Retamar y los estudios latinoamericanos*. Eds. ELZBIETA SKLODOWSKA y BEN A. HELLER. Pittsburg: Serie Críticas, 2000. 89-117.

ÁLVAREZ, JULIA. *How the García Girls Lost Their Accents*. New York: Plume, 1992.

____. *Something to Declare*. New York: Plume, 1998.

ARENAS, REINALDO. *El portero* [1990]. Barcelona: Tusquets, 2004.

BARAK, JULIE. «Turning and Turning in the Widening Gyre: A second Coming into Language in Alvarez's *How the García Girls Lost Their Accents*». *Melus* 23 (spring 1994).

BHABHA, HOMI. *El lugar de la cultura*. Buenos Aires: Manantial, 1994.

BLOOM, HAROLD. *Shakespeare: The Invention of the Human*. New York: Riverhead Books, 1998.

BUENO, GUSTAVO. «España y América». *Catauro* 4 (2001). págs. 116-123.

CABRERA RUIZ, LOURDES. «El portero: subalternidad que se sueña otra». *El Navegante* 16 (2005). <www.elnavegante.com.mx/rev-17/ensayo3.htm>.

CASTRO-GÓMEZ, SANTIAGO y EDUARDO MENDIETA, eds. *Teorías sin disciplina Latinoamericanismo, poscolonialidad y globalización en debate*. México D.F.: Miguel Ángel Porrúa, 1998.

CERTEAU, MICHEL DE. *L'Invention du quotidien* [1980]. París: Gallimard, 1990.

CLIFFORD, JAMES. *Routes: Travel and Translation in the Late Twentieth Century*. Cambridge, MA: Harvard University Press, 1997.

____. «Diasporas». *Cultural Anthropology* 3.9 (1994): 302-337.

FANON, FRANTZ. *Peau noir, masques blancs* [1952]. París: Éditions du Seuil, 2001.

FERNÁNDEZ RETAMAR, ROBERTO. *Todo Caliban*. La Habana: Editorial Letras Cubanas. 2000.

FOUCAULT, MICHEL. «Des espaces autres» [1984]. *Dits et écrits II, 1976-1988*. París: Gallimard, 2001. 1571-1581.

GARCÍA CANCLINI, NÉSTOR. *Consumidores y ciudadanos. Conflictos multiculturales de la globalización*. México D.F.: Grijalbo, 1995.

GROUSSAC, PAUL. *De la Plata al Niágara*. Buenos Aires: Jesús Menéndez, 1925.

HALL, STUART. «Cultural Identity and Diaspora». *Colonial Discourse and Post-Colonial Theory*. Eds. PATRICK WILLIAMS y LAURA CHRISMAN. Londres: Pearson, 1994. 392-404.

ISER, WOLFGANG. «La estructura apelativa de los textos» [1968]. *Estética de la recepción*. Ed. RAINER WARNING. Madrid: Visor. 1989. 133-149.

JÁUREGUI, CARLOS. «Caliban: Icono del 98. A propósito de Rubén Darío». *Revista Iberoamericana* 184-185 (1998): 441-455.

KALIMAN, RICARDO J. «Caliban vive. Marxismo y posestructuralismo en los estudios de las culturas latinoamericanas». *Roberto Fernández Retamar y los estudios latinoamericanos*. Eds. ELZBIETA SKLODOWSKA y BEN A. HELLER. Pittsburg: Serie Críticas, 2000. 135-155.

LECHNER, NORBERT. *Los patios interiores de la democracia*. Santiago de Chile: Flacso, 1988.

LEFEBVRE, HENRI. «Dessein de la ouvrage». *La Production de l'espace* [1974]. París: Anthropos, 2000. 7-82.

LUIS, WILLIAM. «A Search for Identity in Julia Alvarez's *How the García Girls Lost Their Accents*». *Callaloo* 23.3 (2000): 839-849.

MIGNOLO, WALTER. «Pos-occidentalismo: el argumento desde América Latina». *Teorías sin disciplina. Latinoamericanismo, poscolonialidad y globalización en debate*. Eds. SANTIAGO CASTRO-GÓMEZ y EDUARDO MENDIETA. México D.F.: Miguel Ángel Porrúa, 1998. 26-49.

MIGNOLO, WALTER. *The darker Side of the Renaissance. Literacy, Territoriality and Colonization*. Ann Arbor: University of Michigan Press, 1995.

PONCE, ANÍBAL. *De Erasmo a Romain Rolland. Humanismo burgués y humanismo proletario* [1938]. México: América, 1962.

QUINTERO HERENCIA, JUAN C. «El espacio de la mardición: escenografías del *Caliban* de Roberto Fernández Retamar». *Roberto Fernández Retamar y los estudios latinoamericanos*. Eds. ELZBIETA SKLODOWSKA y BEN A. HELLER. Pittsburg: Serie Críticas, 2000. 55-88.

RODÓ, JOSÉ ENRIQUE. *Ariel y otros ensayos*. Madrid: Cátedra. 2000

RODRÍGUEZ MONEGAL, EMIR. «Las metamorfosis de Caliban». *Vuelta* 3.25 (1978): 23-26.

RUFINELLI, JORGE. «Caliban y la posmodernidad latinoamericana». *Nuevo Texto Crítico* 9-10 (1992): 297-302.

SAID, EDWARD. «Resistance and Opposition». *Culture and Imperialism*. Londres: Chatto & Windus, 1993.

SEGRE, CESARE. «Tema / motivo». *Principios de análisis del texto literario*. Barcelona: Crítica, 1985. 339-366.

SPIVAK, GAYATRI CHAKRAVORTY. «Three Women's Texts and a Critique of Imperialism». *Critical Inquiry* 12.1 (otoño 1985): 235-261.

SUÁREZ, LUCIA M. «Julia Álvarez and the Anxiety of Latina Representation». *Meridians: Feminism, Race, Transnationalism* 5.1 (2004): 117-145.

WALDE, ERNA VON DER. «Realismo mágico y poscolonialismo: construcciones del otro desde la otredad» *Teorías sin disciplina. Latinoamericanismo, poscolonialidad y globalización en debate*. Eds. SANTIAGO CASTRO-GÓMEZ y EDUARDO MENDIETA. México D.F.: Miguel Ángel Porrúa, 1998. 154-174.

ZAMBRANO, MARÍA. «Las revelaciones del exilio». *Los bienaventurados*. Madrid: Siruela, 2004. 38-42.

Ningún lugar también es un lugar

Fernando Iwasaki

Sospecho que todos estaremos de acuerdo en que los conceptos de «extraño» y «extranjero» suponen unas mínimas nociones acerca de lo «normal» y lo «autóctono», pues solo desde el idílico orden propio —aborigen o nacional— es posible experimentar pánico, estupor, perplejidad o fascinación hacia lo extranjero. A mí, por ejemplo, desde niño me enseñaron que lo extranjero siempre era mejor que lo peruano, ya se tratara de ropa, chocolates o películas. Y así, cuando una dictadura militar gobernó al Perú de 1968 a 1975, suprimiendo todas las importaciones y especialmente las de juguetes, comprendí la diferencia entre los países a pilas y los países de cuerda.

En realidad, el temor y la desconfianza hacia lo propio y lo nacional sobrevivieron a pesar de mi formación universitaria, pues cuando mi esposa estaba preparada para recibir una inyección epidural en la médula espinal y así dar a luz sin dolor a nuestra hija mayor en una clínica de Lima, el ginecólogo sacó dos frascos y me preguntó a bocajarro: «Esta anestesia es peruana y esta otra la importamos del extranjero. ¿Cuál le ponemos a su esposa?». En mi descargo debo decir que todos los patriotismos y doctrinas identitarias se me antojan una suerte de opiáceo narcótico, pero algo me decía que sería más sencillo despertarse de una anestesia extranjera que del patriotismo peruano.

Comprendo que para los puristas mi noción de lo «extranjero» y lo «nacional» esté mediatizada por una serie de factores que me descartan como un «otro» fiable. Sin embargo, aunque antes de 1532 los pobladores de los Andes no conocían las teorías de Todorov ni los proverbios árabes, apenas los chancas, los chimúes, los huancas y los cañaris advirtieron que los conquistadores españoles habían hecho prisionero al Inca Atahualpa, decidieron unirse al ejército invasor para aplastar al Estado quechua, con la misma convicción que reza el adagio beduino: «El enemigo de mi enemigo es mi amigo».

Por supuesto que doy por descontado que la mirada del «otro» ya echaba sus reojazos en el siglo xvi, porque la teoría de la alteridad es como el complejo de Edipo. De hecho, para que haya complejo de Edipo no hace falta un Edipo sino una madre, de la misma forma que para que haya mirada del «otro» no hace falta «otro», sino alguien coqueto y narcisista que piensa que lo están mirando. ¿Y si para los chancas, los chimúes, los huancas y los cañaris los incas eran el «otro»? Los españoles les parecieron extranjeros y extraños, pero sin duda mejores que los incas; tal como sucedió en la conquista de México, cuando los tlaxcaltecas ayudaron a Cortés a escabechar a los aztecas.

Desde Europa quizás no se perciban las diferencias entre un aymara y un quechua o entre un tlaxcalteca y un tolteca, mas estoy persuadido que no hay como ser lo mismo para sentirse totalmente «otro». ¿Por qué a los europeos, acostumbrados a considerar la misma cosa un boliviano que un nicaragüense o un japonés que un coreano, les molesta que confundamos a un francés con un belga o a un holandés con un alemán? Los «otros» latinoamericanos —o sea, nosotros— llevamos mejor que nos aludan en tumulto que —por ejemplo— los vascos y los catalanes con respecto al resto de España, por no hablar de los malagueños que se ofenden cuando se les confunde con un sevillano. Y ¡ay! de aquel que dentro de la misma provincia de Sevilla confunda a un ciudadano de Mairena del Alcor con un vecino del Viso del Alcor, pueblos vecinos y por lo tanto enemigos irreconciliables.

No viajo al Perú con frecuencia porque sale carísimo y además está muy lejos, pero cada vez que voy mis paisanos se esfuerzan en que me sienta o extranjero o extraño, pues siempre me dicen las mismas tres cosas. La primera, «qué gordo estás»; indelicadeza que he aprendido a neutralizar respondiendo «pero tengo pelo». La segunda es una pregunta ofensiva: «¿cuándo te vas?», que aconsejo responder con una mentira elegante: «en cuanto reciba una herencia que he venido a recoger». Sin embargo, hasta ahora no encuentro antídoto para el tercer e inexorable comentario: «tú ya hablas como español». ¿Cómo que yo hablo como español? Nadie en España me ha preguntado de qué parte de España soy y ningún sevillano aceptaría que mi acento es sevillano, a pesar de los veinticinco años que llevo viviendo en Sevilla. Sin embargo, un número indeterminado de peruanos piensa que yo hablo ya como español. Es decir, que unos creen que mi habla es la del «otro», aunque los otros sigan pensando que en mi acento reverbera la voz del «otro».

Tiene que existir alguna relación entre el conocimiento y la mirada del «otro», pues a veces la gente tiene una idea del «otro» que precisamente le impide ver al «otro» como a cualquier otro. Así, cuando alguien me escucha hablar y quiere saber de dónde soy, suele ocurrir que no me encuentra suficientemente peruano. Mas si le digo que mi apellido es japonés puedo sacarlo de quicio, porque para los más exigentes tampoco resulto demasiado nipón. Se supone que la mirada del «otro» es la mía, pero la imagen del «otro» siempre depende del que mira al «otro». O sea, de los otros.

Jamás tuve problemas para sentirme únicamente peruano, hasta que salí del Perú y descubrí que también era japonés. O italiano, por parte de mi abuelo materno y ecuatoriano por el lado de mi abuela materna. ¿Cómo es posible que nadie me hubiera hecho hincapié en semejante zafarrancho identitario hasta que no me instalé en Sevilla? Porque en cierta forma España sigue siendo heráldica y genealógica, ya que si en el siglo xvi se presumía de tener cuatro abuelos hidalgos, ahora en el siglo xxi se presume de los cuatro abuelos catalanes, los cuatro apellidos vascos, los cuatro pueblos castellanos o de cualquiera de las cuatro variantes que cada una de las diecisiete comunidades autónomas consienten. Ante semejante furor endogámico me pregunto: ¿de dónde somos los que tenemos cuatro ramas familiares de distintos países? Obviamente de los árboles —como *El barón rampante* de Italo Calvino—, porque ninguna tierra nos representa de modo cabal.

Y sin embargo, me alegra no ser de ningún lugar, porque ningún lugar también es un lugar, del mismo modo que el acento neutro también es un acento. Mi identidad es igual que el castellano que hablo —*compositum*—, como los analgésicos, los antibióticos y los antiinflamatorios potentes. Soy un genérico sin marca y de amplio espectro, susceptible de ser encontrado en cualquier farmacia del planeta. No me hace falta más. ¿Por qué a las personas físicas se nos exigen unas credenciales nacionales que nadie les demanda a las personas jurídicas? En el imaginario colectivo, un ordenador Macintosh sigue siendo estadounidense aunque sea montado en Taiwán por trabajadores indonesios, de la misma forma que los Volvo seguirán siendo coches suecos aunque se ensamblen en Polonia y los accionistas mayoritarios sean chinos.

No sé si seré cosmopolita o «cosmopaleto», pero desde mi condición extraterritorial reivindico lo «extraño» como normal y lo «extranjero» como autóctono, porque el «otro» para mí siempre será aquel que solo es o desea ser de un único lugar. Y tanto me da que ese «otro» sea del Primer o del Tercer Mundo, porque la identidad programática siempre tendrá los mismos objetivos a pesar de la diferencia de presupuestos para llevarla a cabo.

Mañana, antes de regresar a Sevilla, visitaré como siempre el cementerio de Montparnasse, porque me encanta buscar la compañía rumorosa del argentino Julio Cortázar, del rumano Emil Cioran, del irlandés Samuel Beckett, de la norteamericana Susan Sontag y de mi paisano César Vallejo, quienes nunca se sintieron ni «extranjeros» ni «extraños» en París, porque a todos nos concierne París, contra lo que piensen los puristas, las aduanas culturales o los Ministerios de la Identidad.

Universidad de la Sorbona
París, 16 de abril de 2010

Sobre las editoras y los colaboradores

ADRIANA LÓPEZ LABOURDETTE, Licenciada en Matemáticas y Ciencias de la Informática (Universidad Técnica de Dresde, Universidad de La Habana) y Doctora en Lenguas y Literaturas Hispánicas por la Universidad de Berna (Suiza). Actualmente es profesora de Lengua y Literatura hispánicas en las Universidades de San Gallen y de Ginebra, y ha impartido cursos en la Universidad de La Habana, la Universidad de Friburgo y la Universidad de Berna. Ha publicado numerosos artículos sobre arte y literatura contemporánea. Es autora de *Jorge Luis Borges y el canon literario* (Hildesheim, 2008) y trabaja actualmente en el proyecto de investigación *El retorno del monstruo. Figuraciones de lo monstruoso en las literaturas hispánicas contemporáneas.*

VALERIA WAGNER enseña Literatura hispánica y Literatura comparada en la Universidad de Ginebra, en donde obtuvo su doctorado en Literatura inglesa. Es autora de *Literatura y vida cotidiana. Ficción e imaginario en las Américas* (Madrid, 2005), *Bound to Act: Models of Action, Dramas of Inaction* (Stanford, 1999) y coeditora del número sobre «Dispraître» de la revista *Intermédialités* (2007), así como de la compilación de ensayos *Fiction and Economy* (Londres, 2007). Actualmente trabaja sobre las nuevas constelaciones culturales en las Américas y sobre la incidencia mutua entre las prácticas culturales, políticas y cotidianas.

SILVANA CAROZZI es Licenciada en Filosofía por la Universidad Nacional de Rosario (UNR), Magister en Ciencias Sociales (FLACSO) y Doctora en Humanidades y Artes por la misma UNR. Es miembro de la Carrera de Investigador Científico del Consejo de Investigaciones de la UNR y profesora titular de Filosofía Política (UNR) y Pensamiento Latinoamericano y Argentino (UNR y UNL), siendo éstas las disciplinas de su especialidad, en el campo de la filosofía práctica. Ha sido Directora de la Carrera de Filosofía en la UNR entre los años 2003 y 2007. Actualmente dirige el comité de redacción de la revista *Cuadernos Filosóficos*, también en la UNR. Ha editado *Justicia, filosofía y literatura* (Rosario, 2007), de Alain Badiou. Junto con Juan Ritvo, preparó la edición de *El Desasosiego. Filosofía, historia y política en diálogo* (Rosario, 2001). Es, además, autora de numerosos artículos en libros colectivos y revistas nacionales e internacionales.

SANTIAGO JUAN-NAVARRO enseña Literatura y cine hispánicos en la Florida International University. Doctor en Teoría Literaria por la Universidad de Valencia y en Literatura comparada por la Universidad de Columbia (Nueva York). Autor, entre otros, de *Archival Reflections: Postmodern Fiction of the Americas* (Londres, 2000) y editor de *A Twice Told-Tale: Reinventing the Encounter in Iberian/Iberian American Literature and Film* (Londres, 2001) y *Joan of Castile: History and Myth of the Mad Queen* (Londres, 2007), así como de numerosos artículos sobre literatura y cine transatlánticos. Prepara una monografía sobre la representación de las Guerras de Independencia en las cinematografías de Cuba, España y los Estados Unidos.

JAMES CISNEROS es profesor de Literatura latinoamericana, Cine y Estudios culturales en el Departamento de Literaturas y Lenguas modernas de la Universidad de Montreal. Ha publicado artículos en *Nuevo Texto Crítico, Hispanic Issues, Journal of Latin American Cultural Studies, Intermédialités* y otras revistas especializadas. Su proyecto de investigación actual analiza las representaciones literarias y cinematográficas de las mega-ciudades latinoamericanas durante el periodo neoliberal.

AGNIESZKA SOLTYSIK MONNET es profesora de Literatura y cultura norteamericanas en la Universidad de Lausana. Su primer libro, *The Poetics and Politics of the American Gothic: Gender and Slavery in Nineteenth Century Fiction* (Londres, 2010), examina las dimensiones éticas y políticas de la literatura gótica estadounidense del siglo XIX. También ha publicado artículos sobre el género del melodrama, las películas de guerra, la obra de Diane Arbus, Henry James, Toni Morrison y la teoría *queer.* Trabaja actualmente sobre las representaciones de la guerra en la cultura norteamericana desde 1945.

CARL GOOD es profesor asistente de Literatura hispanoamericana en la Universidad de Indiana, Bloomington. Ha publicado numerosos artículos sobre literatura hispanoamericana, especialmente sobre poesía. Editó en 2001, junto a John Waldron, el volumen *The Effects of the Nation.* Asimismo es coeditor de la revista académica *Discourse.* Próximamente aparecerá *The Politics of Informity in Hispanic American Poetry.*

VÍCTOR SILVA ECHETO es Doctor en Estudios Culturales: Literatura y Comunicación, por la Universidad de Sevilla, Magíster en Comunicación Audiovisual por la

Universidad Internacional de Andalucía y Licenciado en Ciencias de la Comunicación por la Universidad de la República, Montevideo. Profesor e Investigador de la Escuela Latinoamericana de Postgrados (Universidad ARCIS), de la Universidad de Playa Ancha y de la Comisión Nacional de Investigación Científica y Tecnológica de Chile. Sus más recientes libros son *La comunicación en la era de la mundialización de las culturas* (Montevideo, 2009) y *Antropofagias. Las indisciplinas de la comunicación* (Madrid, 2007), este último en coautoría con Rodrigo Browne Sartori.

RODRIGO BROWNE SARTORI es Doctor en Comunicación por la Universidad de Sevilla, Magíster en Comunicación Audiovisual por la Universidad Internacional de Andalucía y Licenciado en Comunicación Social por la Universidad de Playa Ancha. Actualmente ejerce como docente e investigador del Instituto de Comunicación Social y como Director de la Escuela de Graduados de la Facultad de Filosofía y Humanidades de la Universidad Austral de Chile (Valdivia). Ha publicado*De la comunicación disciplinaria a los controles de la comunicación. La antropofagia como transgresión cultural*(Sevilla, 2009) y, junto a Víctor Silva Echeto, *Escrituras híbridas y rizomáticas. Pasajes intersticiales, pensamiento del entre, cultura y comunicación* (Sevilla, 2004) y *Antropofagias. Las indisciplinas de la comunicación* (Madrid, 2007).

CORNELIA SIEBER es profesora asociada en la cátedra de Literaturas y Culturas en el Instituto de Románicas de la Universidad de Leipzig. Fue profesora invitada en la fundación FONTE en la Universidad Humboldt de Berlín (2010) y suplente de cátedra de Ciencias de cultura española, portuguesa y latinoamericana de la Universidad Johannes Gutenberg de Mainz. Doctorada en 2003 y habilitada en 2009. Es coeditora del volumen *Fiestas infinitas de máscara. Escenificaciones de masculinidad y feminidad en México* (en edición); *Passagen: Hybridity – Transmédialité – Transculturalidad* (volumen dedicado a Alfonso de Toro, 2009), *Diferencia minoritaria en Latinoamérica / Diferença minoritária na América Latina* (Hildesheim, 2008), *Estrategias de la hibridez en América Latina: del descubrimiento al siglo XXI* (Frankfurt a. M., 2007) y *Räume der Hybridität. Postkoloniale Konzepte in Theorie und Literatur* (Hildesheim, 2002).

CLAUDIA GRONEMANN es catedrática titular de Filología Románica en la Universidad de Mannheim. Obtuvo su doctorado y la *venia legendi* en la Universidad de Leipzig, mientras colaboraba en el Centro de Investigación Iberoamericana. Es coeditora de la serie de publicaciones *Pasajes: Perspectivas culturales transdisciplinarias*, de la editorial Olms. Sus publicaciones abarcan tanto los campos de la literatura francesa y francófona como los de la hispánica, de manera especial la autobiografía, la poesía, el cine y las teorías de la literatura poscolonial, la historia y teoría de *Gender* y de la intermedialidad. Ha publicado *Postmoderne/Postkoloniale Konzepte der Autobiographie in der französischen und maghrebinischen Literatur. Autofiction - nouvelle autobiographie - double autobiographie - aventure du texte* (Hildesheim, 2002); su segundo libro aparecerá en 2011 y está dedicado a la escenificación textual de la feminidad y la masculinidad en los debates de la Ilustración española. Es coeditora de seis volúmenes colectivos y autora de numerosos artículos en libros y revistas.

FERNANDO IWASAKI (Lima, 1961): Es autor de las novelas *Neguijón* (2005) y *Libro de mal amor* (2001); de los ensayos *rePUBLICANOS* (2008), *Mi poncho es un kimono flamenco* (2005) y *El Descubrimiento de España* (1996); de las crónicas reunidas en *La caja de pan duro* (2000) y *El sentimiento trágico de la Liga* (1995), y de los libros de relatos *España, aparta de mí estos premios* (2009), *Helarte de amar* (2006), *Ajuar funerario* (2004), *Un milagro informal* (2003), *Inquisiciones Peruanas* (1994), *A Troya Helena* (1993) y *Tres noches de corbata* (1987), entre más de veinte títulos.

www.fernandoiwasaki.com

Libros a la carta

A la carta es un servicio especializado para
empresas,
librerías,
bibliotecas,
editoriales
y centros de enseñanza;

y permite confeccionar libros que, por su formato y concepción, sirven a los propósitos más específicos de estas instituciones.

Las empresas nos encargan ediciones personalizadas para marketing editorial o para regalos institucionales. Y los interesados solicitan, a título personal, ediciones antiguas, o no disponibles en el mercado; y las acompañan con notas y comentarios críticos.

Las ediciones tienen como apoyo un libro de estilo con todo tipo de referencias sobre los criterios de tratamiento tipográfico aplicados a nuestros libros que puede ser consultado en Linkgua-ediciones.com.

Linkgua edita por encargo diferentes versiones de una misma obra con distintos tratamientos ortotipográficos (actualizaciones de carácter divulgativo de un clásico, o versiones estrictamente fieles a la edición original de referencia).

Este servicio de ediciones a la carta le permitirá, si usted se dedica a la enseñanza, tener una forma de hacer pública su interpretación de un texto y, sobre una versión digitalizada «base», usted podrá introducir interpretaciones del texto fuente. Es un tópico que los profesores denuncien en clase los desmanes de una edición, o vayan comentando errores de interpretación de un texto y esta es una solución útil a esa necesidad del mundo académico.

Asimismo publicamos de manera sistemática, en un mismo catálogo, tesis doctorales y actas de congresos académicos, que son distribuidas a través de nuestra Web.

El servicio de «libros a la carta» funciona de dos formas.

1. Tenemos un fondo de libros digitalizados que usted puede personalizar en tiradas de al menos cinco ejemplares. Estas personalizaciones pueden ser de todo tipo: añadir notas de clase para uso de un grupo de estudiantes, introducir logos corporativos para uso con fines de marketing empresarial, etc. etc.

2. Buscamos libros descatalogados de otras editoriales y los reeditamos en tiradas cortas a petición de un cliente.